国家出版基金项目
NATIONAL PUBLICATION FOUNDATION

中宣部2022年主题出版重点出版物

“十四五”国家重点图书出版规划项目

纪录小康工程

全面建成小康社会

福建大事记

FUJIAN DASHIJI

本书编写组 编

海峡出版发行集团 THE STRAITS PUBLISHING & DISTRIBUTING GROUP | 福建人民出版社 FUJIAN PEOPLE'S PUBLISHING HOUSE

责任编辑：韩腾飞
特约编辑：夏秋月
封面设计：石笑梦　白　玫
版式设计：胡欣欣　白　玫

图书在版编目（CIP）数据

全面建成小康社会福建大事记 / 本书编写组编 . -- 福州 : 福建人民出版社，
2022.10
（“纪录小康工程”地方丛书）
ISBN 978-7-211-08893-5

Ⅰ . ①全…　Ⅱ . ①本…　Ⅲ . ①小康建设—大事记—福建　Ⅳ . ① F127.57

中国版本图书馆 CIP 数据核字（2022）第 103800 号

全面建成小康社会福建大事记
QUANMIAN JIANCHENG XIAOKANG SHEHUI FUJIAN DASHIJI

本书编写组

福建人民出版社出版发行
福州德安彩色印刷有限公司印刷
福建新华发行（集团）有限责任公司经销
2022 年 10 月第 1 版　2022 年 10 月福州第 1 次印刷
开本：710 毫米 ×1000 毫米 1/16　印张：25.75
字数：309 千字

ISBN 978-7-211-08893-5　定价：90.00 元

邮购地址 350001　福州市东水路 76 号
电话：0591-87604366(发行部)

编写说明

一、指导思想

以马克思列宁主义、毛泽东思想、邓小平理论、“三个代表”重要思想、科学发展观、习近平新时代中国特色社会主义思想为指导，坚持辩证唯物主义和历史唯物主义的立场、观点和方法，按照《地方志工作条例》《福建省实施〈地方志工作条例〉办法》，中宣部、福建省委宣传部关于“纪录小康工程地方丛书”编写出版工作的要求进行编纂。

二、记述范围

以福建省现行行政区划为记述的地域范围（未含金门、马祖）。

三、记述时限

记述上限从1949年6月开始，下限截至2021年7月。

四、记述体裁

大事记采用编年体记述为主，以时为经，以事为纬，逐年记述。为保证记述的完整性，个别条目采用纪事本末体。

五、记述重点

以大事记的体裁，坚持详近略远的原则，记述1949年至2021年期间，尤其是党的十八大以来，在党中央、国务院的领导下，福建省委、省政府团结带领全省人民，打赢脱贫攻坚战，实现全面建成小康社会的重要决策部署和奋斗实践。突出时代特点和福建特色，着力反映习近平总书记在福建工作期间的重要理念、重大实践，重点记录福建省在经济建设、政治建设、文化建设、社会建设、生态文明建设等方面的大事、特事、新事，彰显福建省全面建成小康社会的历史发展脉络。

六、名称称谓

各种机构、会议、文件等名称在第一次出现时一律采用全称，后文多次出现需用简称的，在第一次出现时括注简称，如中国共产党福建省委员会，简称为“省委”，福建省人民政府，简称为“省政府”等。称谓一律使用第三人称。

七、标准使用

数字、量和单位、标点符号的使用，执行国家有关部门颁布的标准规定。以国家语言文字工作委员会1986年10月公布的《简化字总表》为依据，使用标准的简化字书写。标点符号以《标点符号用法》（GB/T15834—2011）为依据。数字以《出版物上数字用法》（GB/T 15835—2011）为准。时间、计量、计数单位执行国家法定单位。书中同一名称、事实、数据、时间、度量衡、术语的表述，前后一致。采用国家统计部门公布的统计数据和业务主管部门的统计数据。

总　序

为民族复兴修史　为伟大时代立传

小康，是中华民族孜孜以求的梦想和夙愿。千百年来，中国人民一直对小康怀有割舍不断的情愫，祖祖辈辈为过上幸福美好生活劳苦奋斗。“民亦劳止，汔可小康”“久困于穷，冀以小康”“安得广厦千万间，大庇天下寒士俱欢颜”……都寄托着中国人民对小康社会的恒久期盼。然而，这些朴素而美好的愿望在历史上却从来没有变成现实。中国共产党自成立那天起，就把为中国人民谋幸福、为中华民族谋复兴作为初心使命，团结带领亿万中国人民拼搏奋斗，为过上幸福生活胼手胝足、砥砺前行。夺取新民主主义革命伟大胜利，完成社会主义革命和推进社会主义建设，进行改革开放和社会主义现代化建设，开创中国特色社会主义新时代，经过百年不懈奋斗，无数中国人摆脱贫困，过上衣食无忧的好日子。

特别是党的十八大以来，以习近平同志为核心的党中央统揽中华民族伟大复兴战略全局和世界百年未有之大变局，团结带领全党全国各族人民统筹推进“五位一体”总体布局、协调推进“四个全面”战略布局，万众一心战贫困、促改革、抗疫情、谋发展，党和国家事业取得历史性成就、发生历史性变革。在庆祝中国共产党成立100周年大会上，习近平总书记庄严宣告：“经过全党全国各族人民持续奋斗，我们实现了第一个百年奋斗目标，在中华大地上全面建成了小康社会，历史性地解决了绝对贫困问题，正在意气风发向着全面建成社会主义现代化强国的第二个百年奋斗目标迈进。”

这是中华民族、中国人民、中国共产党的伟大光荣！这是百姓的福祉、国家的进步、民族的骄傲！

全面小康，让梦想的阳光照进现实、照亮生活。从推翻“三座大山”到“人民当家作主”，从“小康之家”到“小康社会”，从“总体小康”到“全面小康”，从“全面建设”到“全面建成”，中国人民牢牢把命运掌握在自己手上，人民群众的生活越来越红火。“人民对美好生活的向往，就是我们的奋斗目标。”在习近平总书记坚强领导、亲自指挥下，我国脱贫攻坚取得重大历史性成就，现行标准下9899万农村贫困人口全部脱贫，建成世界上规模最大的社会保障体系，居民人均预期寿命提高到78.2岁，人民精神文化生活极大丰富，生态环境得到明显改善，公平正义的阳光普照大地。今天的中国人民，生活殷实、安居乐业，获得感、幸福感、安全感显著增强，道路自信、理论自信、制度自信、文化自信更加坚定，对创造更加美好的生活充满信心。

全面小康，让社会主义中国焕发出蓬勃生机活力。经过长期努力特别是党的十八大以来伟大实践，我国经济实力、科技实力、国防实力、综合国力跃上新的大台阶，成为世界第二大经济体、第一大工业国、第一大货物贸易国、第一大外汇储备国，国内生产总值从 1952 年的 679 亿元跃升至 2021 年的 114 万亿元，人均国内生产总值从 1952 年的几十美元跃升至 2021 年的超过 1.2 万美元。把握新发展阶段、贯彻新发展理念、构建新发展格局、推动高质量发展，全面建设社会主义现代化国家，我们的物质基础、制度基础更加坚实、更加牢靠。全面建成小康社会的伟大成就充分说明，在中华大地上生气勃勃的创造性的社会主义实践造福了人民、改变了中国、影响了时代，世界范围内社会主义和资本主义两种社会制度的历史演进及其较量发生了有利于社会主义的重大转变，社会主义制度优势得到极大彰显，中国特色社会主义道路越走越宽广。

全面小康，让中华民族自信自强屹立于世界民族之林。中华民族有五千多年的文明历史，创造了灿烂的中华文明，为人类文明进步作出了卓越贡献。近代以来，中华民族遭受的苦难之重、付出的牺牲之大，世所罕见。中国共产党带领中国人民从沉沦中觉醒、从灾难中奋起，前赴后继、百折不挠，战胜各种艰难险阻，取得一个个伟大胜利，创造一个个发展奇迹，用鲜血和汗水书写了中华民族几千年历史上最恢宏的史诗。全面建成小康社会，见证了中华民族强大的创造力、坚韧力、爆发力，见证了中华民族自信自强、守正创新精神气质的锻造与激扬，实现中华民族伟大复兴有了更为主动的精神力量，进入不可逆转的历史进程。今天，我们比历史上任何时期都更接近、更有信心和能力实现中华民族伟大复兴的目标，中国人民的志气、骨气、底气极大增强，奋进新征程、建功新时代有着前所未有的历史主动精神、历史创造精神。

全面小康，在人类社会发展史上写就了不可磨灭的光辉篇章。中华民族素有和合共生、兼济天下的价值追求，中国共产党立志于为人类谋进步、为世界谋大同。中国的发展，使世界五分之一的人口整体摆脱贫困，提前十年实现联合国2030年可持续发展议程确定的目标，谱写了彪炳世界发展史的减贫奇迹，创造了中国式现代化道路与人类文明新形态。这份光荣的胜利，属于中国，也属于世界。事实雄辩地证明，人类通往美好生活的道路不止一条，各国实现现代化的道路不止一条。全面建成小康社会的中国，始终站在历史正确的一边，站在人类进步的一边，国际影响力、感召力、塑造力显著提升，负责任大国形象充分彰显，以更加开放包容的姿态拥抱世界，必将为推动构建人类命运共同体、弘扬全人类共同价值、建设更加美好的世界作出新的更大贡献。

回望全面建成小康社会的历史，伟大历程何其艰苦卓绝，伟大胜利何其光辉炳耀，伟大精神何其气壮山河！

这是中华民族发展史上矗立起的又一座历史丰碑、精神丰碑！这座丰碑，凝结着中国共产党人矢志不渝的坚持坚守、博大深沉的情怀胸襟，辉映着科学理论的思想穿透力、时代引领力、实践推动力，镌刻着中国人民的奋发奋斗、牺牲奉献，彰显着中国特色社会主义制度的强大生命力、显著优越性。

因为感动，所以纪录；因为壮丽，所以丰厚。恢宏的历史伟业，必将留下深沉的历史印记，竖起闪耀的历史地标。

中央宣传部牵头，中央有关部门和宣传文化单位，省、市、县各级宣传部门共同参与组织实施“纪录小康工程”，以为民族复兴修史、为伟大时代立传为宗旨，以“存史资政、教化育人”为目的，形成了数据库、大事记、系列丛书和主题纪录片4方面主要成果。目前已建成内容全面、分类有序的4级数据库，编纂完成各级各类全面小康、脱贫攻坚大事记，出版“纪录小康工程”丛书，摄制完成纪录片《纪录小康》。

“纪录小康工程”丛书包括中央系列和地方系列。中央系列分为“擘画领航”“经天纬地”“航海梯山”“踔厉奋发”“彪炳史册”5个主题，由中央有关部门精选内容组织编撰；地方系列分为“全景录”“大事记”“变迁志”“奋斗者”“影像记”5个板块，由各省（区、市）和新疆生产建设兵团结合各地实际情况推出主题图书。丛书忠实纪录习近平总书记的小康情怀、扶贫足迹，反映党中央关于全面建成小康社会重大决策、重大部署的历史过程，展现通过不懈奋斗取得全面建成小康社会伟大胜利的光辉历程，讲述在决战脱贫攻坚、决胜全面小康进程中涌现的先进个人、先进集体和典型事迹，揭示辉煌成就和历史巨变背后的制度优势和经验启示。这是对全面建成小康社会伟大成就的历史巡礼，是对中国共产党和中国人民奋斗精神的深情礼赞。

历史昭示未来，明天更加美好。全面建成小康社会，带给中国人民的是温暖、是力量、是坚定、是信心。让我们时时回望小康历程，深入学习贯彻习近平新时代中国特色社会主义思想，深刻理解中国共产党为什么能、马克思主义为什么行、中国特色社会主义为什么好，深刻把握“两个确立”的决定性意义，增强“四个意识”、坚定“四个自信”、做到“两个维护”，以坚如磐石的定力、敢打必胜的信念，集中精力办好自己的事情，向着实现第二个百年奋斗目标、创造中国人民更加幸福美好生活勇毅前行。

目　录

一九四九年

6月19日　经中共中央批准，由张鼎丞等12人组成中国共产党福建省委员会（以下简称省委），张鼎丞任书记。7月25日，新省委在建瓯成立，原中共闽浙赣省委撤销。8月17日，福州解放。8月19日，省委机关从建瓯进驻福州。

8月24日　福建省人民政府（以下简称省政府）在福州正式成立，主席张鼎丞。

10月2日　省及福州市5万军民在福州市公共体育场举行庆祝中华人民共和国中央人民政府成立、福州解放及拥护世界和平大会。

11月6日　省委发布《关于如何具体执行华东新区农村减租暂行条例的指示》。次日，省政府公布实施减租暂行条例。

11月24日　中共福建省第一至第八地方委员会改称建瓯、南平、福安、林森、泉州、漳州、永安、龙岩地委。

一九五〇年

3 月 14 日 省政府将第一至第八行政督察专员公署名称分别改为建瓯行署、南平行署、福安行署、闽侯行署、泉州行署、漳州行署、永安行署、龙岩行署。

6 月 30 日 省委发出《关于废除保甲制度，建立乡村人民民主政权的指示》。12 月 1 日，省政府发布《关于结合土改加强民主建设工作的指示》。至 1951 年底，全省各地先后新建立乡人民政府 5967 个。

7 月 20 日 省委发布《关于省直属机关整风的计划》，决定自 8 月起开始整风学习。

11 月 15 日 省政府发布《关于开展老革命根据地地区工作的指示》。

一九五一年

2月　中华人民共和国成立后福建省第一个规模较大的基本建设工程——古田溪梯级水电站一级一期主体工程破土动工，工程装机容量 1.2 万千瓦。

3月2日　省政府发出《关于 1951 年开展全省合作工作的指示》，指出：合作工作将是土改完成后农村生产建设中的一项重要任务，是组织发展城乡物资交流的重要环节。

6月　从本月起，全省广泛开展抗美援朝捐献运动。到 12 月 15 日，全省捐献款达 1135 万多元，折合捐献飞机 75 架（较原计划超额完成 89%）、大炮 1 门。

12月1日—8日　中国共产党福建省第一次代表会议在福州召开，会议选举张鼎丞为省委书记。

12月15日—25日　省首届各界人民代表会议在福州召开。会议选出 37 人组成省政府委员会，选举张鼎丞为省政府主席，选出 47 人组成省首届各界人民代表会议协商委员会，张鼎丞为主席。

12月26日　省委召开省直属机关党员干部“三反”动员大会。至 1952 年 7 月，全省“三反”运动全部结束。

一九五二年

2月10日 省政府召开6万余人参加的“反行贿、反偷税漏税、反盗骗国家资财、反偷工减料、反盗窃国家经济情报”的“五反”运动动员大会。“五反”运动在全省主要城市同时展开。

4月10日 省委发出《关于发展供销合作社工作的指示》，要求迅速在全省范围内开展大规模的合作社运动。

5月 福州市开始日夜供电，结束白天不供电的历史。福建省第一座35千伏、容量为1800千伏安的福州三叉街变电站建成投产。

6月28日 《福建日报》报道，全省土地改革基本结束，全省66个县、2个市的郊区共6058个乡已全部重新分配土地。

8月12日 省政府发布关于福建省难侨和贫苦归侨的处理方案。

9月 仙游县郊尾乡报告1例鼠疫后，省内再无发现鼠疫病例。从此福建省消灭了流行69年的鼠疫烈性传染病。

10月10日 省政府发出《关于加强老革命根据地工作的指示》，要求把经济建设作为老区工作的中心环节，帮助老区人民重建家园，恢复生产。10月29日，省老区建设委员会成立。

12月16日—22日 省第一届人民体育运动大会在福州举行。

一九五三年

5月 建阳县报告1例天花后，省内再无发现此病例。至此，全省消灭了天花。

6月 省政府发布《福建省调整乡行政区划方案》，进一步缩小乡的行政区划：山区为200～1000人，纵横不超过20里；平原1000～2500人，纵横不超过10里。每个区领导14个乡为准。至1955年农业合作化前夕，全省共调整为539个区、7787个乡和253个镇。“乡（镇）人民政府”改称为“乡（镇）人民委员会”。

6月 国内第一个连接海岛的填海工程——厦门高（崎）集（美）海堤开始动工。1955年10月1日海堤筑成，全长2212米。

12月1日 全省开始实行粮食统购统销。

本年 全省完成新建、改建公路18条，全长800多公里，2/3以上县通汽车。到1954年底，全省公路交通运输网初步建成。

一九五四年

4月　福建省基层选举工作结束，普遍建立人民代表大会制度的基层政权，保证了党在过渡时期总路线在全省城乡的贯彻执行。

6月18日—28日　省委召开全省农业生产互助合作会议，讨论农业增产和发展合作社的计划，以及今后继续发展合作社的准备工作等问题。至6月底，全省农业生产合作社已发展至1751个，入社的农户占总农户的60%，参加供销社、信用合作社的农户分别占农户总数的45%和20%。

一九五五年

1月14日—17日　政协第一届福建省委员会第一次会议在福州召开。选举曾镜冰为一届省政协主席。

2月6日—12日　福建省第一届人民代表大会第二次会议在福州举行。决定省政府于2月14日改称福建省人民委员会。选举叶飞为省长。

2月14日—24日　省人民委员会举行第一次会议，通过省人民委员会组织机构及负责人名单。决定在建阳、南平、福安、闽侯、晋江、龙溪、永安、龙岩8个地区设立专员公署，为省人民委员会派出机关。

2月　铁道兵6个师入闽动工兴建鹰厦铁路。1956年9月1日，鹰厦铁路南平—鹰潭段通车。这是福建省第一条出省铁路通道。

8月27日　省委召开全体委员会议，研究农村合作化的规划问题，会议决定大胆放手发展农业生产合作社，供销合作社、信用合作社和渔业合作社也要相应发展。

8月29日—9月6日　省委扩大干部会议在福州召开。会议传达毛泽东主席关于农业合作化问题的指示，布置农业合作化工作，贯彻粮食“三定”（定产、定购、定销）政策。

11月10日　南平水泥厂建成投产。这是福建省第一座现代化水泥厂。

11月12日—13日　全省教育行政会议部署农民识字教育工作。

会议要求在1955年至1962年必须扫除农村青壮年文盲、半文盲约250万人（占全省青壮年文盲数的60%）。

12月 全省实现区区通电话。至1958年10月，全省实现乡乡通电话。

一九五六年

1月14日 省委提出《关于把对资本主义工商业改造工作推向高潮的意见》，要求各地、各行业根据中央关于资本主义工商业改造问题的决议，按照省委提出的步骤，迅速开展改造工作。

1月18日 福州、厦门市私营工商业的所有行业集体向人民政府提出全行业公私合营申请。1月19日，福州、厦门市的资本主义工商业全部实行公私合营。

3月1日 古田溪梯级水电站一级一期工程竣工，开始向福州市送电。

3月17日 省委印发《福建省农业生产合作社章程（草案）》。

3月26日 国务院批准：撤销建阳专区，所属各县划归南平专区；撤销闽侯专区，所属闽侯县划归省直辖，闽清县划归南平专区，长乐、连江、罗源县划归福安专区，永泰、福清、平潭县划归晋江专区；撤销永安专区，所属三元、明溪县划归南平专区，大田县划归晋江专区，永安、清流、宁化、宁洋县划归龙岩专区。

3月 外（洋）福（州）铁路动工。

6月27日—7月13日 中共福建省第一届代表大会第一次会议在福州市举行。会议研究进一步贯彻4月25日毛泽东主席关于《论十大关系》的指示，调动各方面积极性，加快福建省社会主义建设和继续完成社会主义改造的措施。会议选出新的省委。7月14日，选出常委11人，叶飞任第一书记。

8月　全省已有89.22%的农户加入农业合作社，83.3%的手工业劳动者加入手工业合作社；87.95%的私营工业户和82.29%的私营商业实现了全行业的公私合营。至此，福建省基本上实现对农业、手工业和资本主义工商业的社会主义改造。

10月　中华人民共和国副主席朱德视察福建。

11月2日　省委全体委员会议决定加强和改善对市场的领导和管理工作。逐步开放国家领导下的自由市场，改善副食品、小土产的供应，活跃城乡交流，促进生产发展，满足人民需要。

12月7日　厦门集美—杏林海堤竣工。海堤全长2820米，为铁路、公路两用。

一九五七年

1月25日 省委、省人民委员会发出《关于开展增产节约运动的指示》。省委决定从省直各部门、各单位抽调1300余名干部深入基层，开展增产节约运动，改进领导作风。

4月27日—5月2日 省委在厦门召开地、市委书记会议。会议集中学习和讨论毛主席关于正确处理人民内部矛盾问题的指示，决定在这些地区县以上机关党组织中开始整风运动。

7月15日—18日 省委在福州召开地、市委书记会议，研究反右派斗争和农村的主要工作。

8月15日—19日 省委1957年第二次扩大会议在福州召开。会议决定在全省农村中开展大规模的社会主义思想教育运动。

9月21日 福建省1957年工业建设三大重点工程之一——福州造纸厂扩建工程第一期工程完成。

12月1日 福州市各界3万人在省人民体育场集会，欢送首批参加山区生产劳动的2700多名省、市机关干部。此后一年内，省级机关及各地、市、县下放干部11365名。

本年 全省工农业总产值（按1952年不变价，下同）22.36亿元（其中农业总产值13.55亿元，工业总产值8.81亿元），比1952年分别增长64.17%、43.84%和109.76%。财政收入32213万元，财政支出24725万元，分别比1952年增长46.42%和97.26%。1953年至1957年全民所有制基本建设投资总额85470万元。新增固定资产7.08亿元。城乡居民储蓄存款1957年年末余额13866万元。

一九五八年

1月8日 省委发布《福建省精简整编和下放干部工作方案》。

2月25日—26日 省委召开紧急会议，决定动员广大城乡人民迅速行动起来，为实现全省的“大跃进”任务而奋斗。

2月 省委选定在三明县建设福建省重工业基地。6月，三明重工业建设委员会成立，为省委负责三明工业建设的派出机构。

4月3日 省委决定成立两个经济协作区，一是以福州为中心的闽北经济协作区，由福州、南平、福安、闽侯等地、市参加，二是闽南经济协作区，由厦门、龙溪、晋江、龙岩等地、市参加，以便在农业生产和文化“大跃进”中发挥城乡互助作用。

4月4日 省委发出《关于农业合作社普遍建立专业耕山队的指示》。至6月初，全省建立耕山队1.1万个，拥有队员17.28万多人。

6月10日 年生产能力10万吨钢的三明钢铁厂破土动工。

9月1日 1958年福建省增设的19所高等院校开学。

10月6日—10日 省委第一届第十次全会在福州召开。会议传达中共中央北戴河会议精神，讨论钢铁生产、基建、农业生产和人民公社等问题。

年底 全省农村实现人民公社化，实行政社合一的体制。

一九五九年

1月1日 南（平）福（州）铁路全线通车。

1月2日 福建省第一个现代化钢铁联合企业——三明钢铁厂一号炼炉建成并炼出第一炉样钢。

1月25日—2月4日 省政协召开二届一次会议，选举叶飞为二届省政协主席。

1月29日—2月10日 省二届人大一次会议举行。会议选举江一真为省长。

3月10日—21日 全省六级干部会议在福州召开。会议贯彻中共中央郑州会议精神，纠正“一平二调”的共产风和公社集权过多的偏向。

5月7日 省委、省人民委员会联合发出调整基建计划的通知。指出，为贯彻全国一盘棋、缩短战线、集中力量、保证重点的方针，决定省计划的218个工业建设项目下马114个。

7月11日 福建省第一所理工科大学——福州大学在福州创办，卢嘉锡任校长。

8月—10月 省委在福州连续召开重要会议，贯彻中共中央政治局扩大会议和八届八中全会（合称庐山会议）精神，部署在全省范围内开展“反右倾”运动。

9月30日—10月10日 福建省体育代表团330人参加在北京举行的第一届全国运动会，获得17项团体奖杯、12块单项金牌。

12月 省文管会首次试掘崇安县汉城遗址，揭露面积864平方米，发现大型宫殿基址1座，出土遗物41817件。

一九六〇年

2月5日 省委、省人民委员会召开春季造林广播大会，号召全省人民进一步开展一个以造林基地化、林场化、丰产化为中心的全民造林运动。

3月6日 《人民日报》报道，福建省已逐步形成一个以鹰厦铁路和各公路干线、闽江和九龙江等水陆交通大动脉为骨干，以无数条简易公路、轨道、索道等为支线的山区水陆交通运输线。

同日 870名印度尼西亚归侨到达厦门市集美镇。10日，第二批430多名印度尼西亚归侨返抵厦门。12日，570名归侨到达云霄县常山华侨农场安家。15日，580余名归侨到达永春县北硿华侨茶果场安家。

3月25日—4月5日 全省六级干部会议在福州市召开。会议传达毛泽东主席的谈话精神，讨论工农业生产等问题。会议认为，必须坚持"三级所有，队为基础"的原则，坚决纠正"一平二调"的办法，放手发展队有经济。会议要求上半年首先在福州、厦门、漳州、泉州、南平、三明6个城市实行人民公社普遍化。

7月9日 省委举行下乡干部动员大会，省、市、县三级有3.6万名干部到农业生产第一线，加强农业生产领导。

8月19日—9月26日 省委工作会议在福州市召开。会议传达中共中央北戴河会议精神，制定省委关于集中人力、物力、财力，坚决缩短基本建设战线，保证重点的几项规定。

10月1日　福建省第一座电视台——福州电视台建成。

11月27日—12月17日　省委三级会议先后在漳州市和福州市召开。会议进一步讨论贯彻中央关于农村人民公社当前政策问题的12条紧急指示的措施，检查“大跃进”以来省委的领导工作，总结经验教训，批判“五风”（“共产”风、浮夸风、强迫命令风、生产瞎指挥风和干部特殊化风）。

一九六一年

1—2 月　各地传达贯彻中共中央八届九中全会提出的关于国民经济进行“调整、巩固、充实、提高”的八字方针。农村深入贯彻《关于农村人民公社当前政策问题的紧急指示信》（简称“十二条”），继续进行整风整社。

7 月 9 日　省委常委扩大会议在福州召开。会议研究压缩城镇人口与粮食销量问题，决定压缩城镇人口 40 万，当年先减 20 万，做到 4 个农村人口养一个统销人口。

8 月 5 日　省委发出《鼓足干劲，克服困难，千方百计完成今年工农业生产的指示》。

8 月 26 日　省委发出《关于抓好当前农村生活安排和粮食工作有关问题的通知》，指出要坚持“一手抓生产，一手抓生活”的方针，全面作好群众生活安排工作。

10 月 6 日　省委发出关于贯彻执行《中央关于确定林权、保护山林和发展林业的若干政策规定（试行草案）》的通知。

一九六二年

5月21日 教育部发出关于1962年全国高等学校调整方案，福建原有高等学校16所调整为11所。

9月10日—14日 省委在福州召开地（市）委书记会议，传达中央北戴河会议精神，确定全省的中心工作是：搞好生产，抓精简工作，重点是调整和整顿社队企业，压缩农村商品粮的供应。

11月23日 省委发出《进一步调整、整顿农村人民公社和生产大队企业的指示》。

一九六三年

2月19日　省委发出《在农村中放手发动群众，厉行增产节约，开展社会主义教育运动的紧急指示》。

3月13日—18日　省委工作会议讨论在农村中深入开展社会主义教育运动，在城市开展“五反”（反对贪污盗窃、反对投机倒把、反对铺张浪费、反对分散主义、反对官僚主义）运动的准备，以及抗旱保种等问题。

8月9日　省委发出《关于农村社会主义教育开展“四清”运动试点工作的通知》。

一九六四年

3月—6月 全省进行第二次人口普查工作。截至6月30日，全省总人口为16767223人。

9月7日—17日 省政协举行三届一次会议，选举范式人为三届省政协主席。

9月8日—17日 省人大三届一次会议在福州举行。会议选举魏金水为省长。

9月10日 省委在福州召开常委会，讨论城市社教运动问题。会议决定成立城市社教运动工作总团和厦门工作团。11月16日至23日，省委面上社教工作会议在福州召开。12月8日，省委作出关于社教工作队必须彻底实行“三同”（同贫下中农同吃、同住、同劳动）的决定。

年底 为贯彻落实毛泽东主席“备战、备荒、为人民”的战略方针，确定全省第一批内迁企业名单。

本年 全省完成新修水利工程2.36万多处，整修原有水利工程27万多处，合计增加有效灌溉面积32万亩。电业生产方面，全年完成发电量5.777亿千瓦时，比1963年增长17%；标准煤耗全年平均为0.678公斤/千瓦时，比1963年降低8.88%。

一九六五年

3月27日 古田溪水力发电站第一台1.6万千瓦机组并网发电，向福州、南平、三明及闽北林区输电。这是由中国自己设计、制造、施工、安装的，福建省当时单机容量最大、自动化程度最高的一座水电站。

4月29日 《福建日报》发表关于福清县音西大队投工5万余，在卵石遍地的溪滩上“造”出100多亩甘蔗田的文章。此后，全省各地掀起“学音西、赶音西、创造更多的音西”的群众运动。

9月1日—28日 第二届全国体育运动会在北京举行。福建省200名运动员参加了19个项目的比赛，获8金、8银、9铜，8人9次破全国纪录。

本年 长乐县在沿海营造50公里长、面积4.2万亩的固沙防风林带，变沙滩为绿洲，解除该县沿海6000公顷沙滩风沙之害。

一九六六年

5 月　“文化大革命”开始。

11 月 25 日—12 月 6 日　在柬埔寨金边举行的第一届亚洲新兴力量运动会上，福建省选手为中国夺得 14 枚金牌、8 枚银牌、2 枚铜牌。

本年　福建省探明大型斑岩型钨矿——行洛坑钨矿，储藏量达 30 万吨。

一九六七年

1月　南安山美水库动工兴建。该水库是以灌溉为主、结合防洪发电兼有综合经营的大型水利枢纽工程，设计总投资9699.55万元，1983年竣工。

一九六八年

4 月 29 日　省军管会生产指挥部发出做好接待和安置归国华侨的通知。

11 月 19 日　福建省自行设计、制造了全省第一台高达 62.5 米、起重量 60 吨的大型起重机械——大扒杆，并实现垂直整体移位一次成功。

12 月 22 日　《人民日报》刊登毛主席语录："知识青年到农村去，接受贫下中农的再教育，很有必要。"随后，全省各地开展知识青年上山下乡、奔赴农业第一线的运动。

一九六九年

1月23日 省和福州市革委会举行大会，欢送福州市首批知识青年1264人赴闽北顺昌县山区插队落户。

3月30日 古田溪二级水电站第一台6.5万千瓦的水轮发电机组并网发电。

5月5日 省革委会批复同意开辟福州、厦门至新加坡直达海运航线。

5月 省微生物研究室、福建师范学院生物系研制的庆大霉素在上海第四制药厂、四川制药厂、四川抗菌素工业研究所、福州部队总医院等36个单位投入生产，填补了中国抗菌素工业的一项空白。

7月28日 省革委会召开全省农业会议。提出贯彻落实“备战、备荒、为人民”和“抓革命、促生产、促工作、促战备”方针的措施，布置开展“农业学大寨”群众运动。

9月20日 省革委会发出关于下放干部问题的通知。

一九七〇年

4月1日 省汽车修造厂制造的首批福建牌汽车出厂。

4月20日 福州乌龙江大桥动工兴建。1971年9月26日大桥通车，桥长552.22米，结束了福（州）厦（门）线靠轮渡过江的历史。

8月12日 省革委会发出关于大学招生（试点）的通知，要求从有实践经验的工人、贫下中农及复退军人、上山下乡劳动锻炼两年以上表现较好的知识青年中推荐学生。11月1日，首批727名工农兵大学生入学。

9月21日 厦门高崎码头建成。码头岸线总长530米，堆场面积3.23万平方米。

11月8日 福建省跳高运动员倪志钦跳过2.29米的高度，创造世界男子跳高纪录。

一九七一年

3月30日—4月3日 中共福建省第二次代表大会在福州召开，选举产生中共福建省第二届委员会。4月4日，省委二届一次全会选举15人为省委常委，韩先楚任第一书记。

5月1日 古田溪四级电站第1台1.7万千瓦机组并网发电。

10月 青州造纸厂正式投产。该厂设计年产纸袋纸5万吨。

12月28日 省革委会政治部发出通知，要求各地把普及小学和扫盲作为农村教育的重点，坚持公办、民办两条腿走路的方针，充分发动群众，以全日制学校带业余学校与夜校相结合，定点办学与巡回教学相结合的形式做好小学和扫盲教育工作。

12月 福州汽车厂试产福州牌吉普车和轻便旅行车获得成功。

一九七二年

4月9日 全省最大的现代化水泥厂——永安水泥厂第一号窑建成投产。2号立波尔窑1975年1月投产，形成生产水泥能力47万吨。

4月 闽西北林区（建阳、三明两地区）被正式列入国家大中型项目进行建设。

10月1日 省委决定恢复设立省高级人民法院，各地区（市）设中级人民法院，各县（市）（福、厦两市所属之区）设人民法庭。

10月22日 福建省第一条22万伏高压输电线路投入运行。

12月1日 龙岩通往永定矿区坎市的龙坎铁路建成。

12月14日 福建省公路大桥中吊装跨度最大的双曲拱桥——漳平九龙江公路大桥建成通车。

12月26日 厦门水声仪器厂（电控厂）研制成功7.5千瓦二频道黑白电视发射机，在福州鼓山顶投入使用。福建省第一座电视调频转播发射骨干台建成。

一九七三年

2月8日 南靖至龙岩110千伏61公里的输电线路竣工，闽西、闽南电网联成闽西南电网。

4月10日—5月8日 省计划会议在福州召开，强调处理好农、轻、重关系，积极加强农业，推进粮食生产，缩短基本建设战线，压缩职工队伍，继续整顿和加强企业管理。

5月12日 跨越云霄、东山两县的渡海引水工程向东渠建成。

8月15日—28日 省委和福州军区党委联合召开全省知青上山下乡工作会议。会议讨论制定《福建省知青上山下乡若干问题的试行规定（草案）》等。

8月28日 古田溪二级电站第二台6.5万千瓦机组发电。12月29日，三级电站第二台1.7万千瓦机组发电。至此，古田溪几个梯级电站12台机组（装机容量25.9万千瓦）全部并网发电。

10月28日 省委发出大力开展造林绿化工作的指示，提出要在1976年实现全省“四旁”绿化，1980年实现绿化宜林荒山荒地，建立大片优质速生丰产的用材林基地。

12月下旬 福州马尾港新建码头部分建成并投入使用，能同时停靠万吨级和5000吨级轮船各1艘。

一九七四年

1月30日—2月3日 省委召开常委扩大会议，着重讨论福建省开展“批林批孔”问题。

8月 古田县通过省、地、县三级联合考核，确认丝虫感染率下降到1%以下，成为全国第一个实现基本消灭丝虫病的县。

11月8日 中共中央决定，廖志高任福建省委委员、常委、第一书记，省革委会委员、常委、主任。

12月22日 省委发出“关于迅速掀起更大规模的农田基本建设高潮”的电话通知，要求各地以大寨、昔阳为榜样，加强党的基本路线教育，迅速掀起“农业学大寨”的新高潮，加快福建省社会主义农业发展的步伐。

12月 马尾港新建4个简易泊位投入使用，其中一、二泊位为万吨级。是年，马尾港年吞吐量突破百万吨大关。

一九七五年

6月30日—7月10日 全省“工业学大庆”经验交流大会在福州召开。大会通过给全省工业战线干部职工的《倡议书》。

10月3日 省委在福州召开血吸虫病防治会议，正式宣布全省13个染疫县已基本消灭血吸虫病。

10月13日 福建省第一台1600吨自由锻造水压机在三明重型机器厂安装成功并正式投产。

12月 厦门大学研制成功中国第一台化学综合测试仪。

本年 首次开通福州至8个地（市）和南平、福清、平潭、永安、闽侯以及三明至永安半自动长途电话电路共16路。

本年 全省工农业总产值（1970年不变价，下同）70.97亿元，其中农业总产值26.53亿元，工业总产值44.44亿元，分别比1970年增长74.03%、74.54%和73.73%。财政收入9.59亿元，财政支出9.86亿元，分别比1970年增长48.58%和18.14%。1970年至1975年全民所有制基本建设投资总额25.61亿元，新增固定资产15.15亿元，分别比“三五”时期增长146.98%和221.66%。年末城乡居民储蓄存款余额为4.76亿元，比1970年增长60.19%。

一九七六年

4月 漳泉铁路安溪境内的西坑隧道建成，全长4652米，为当时福建省最长的铁路隧道。

7月 1971年8月动工兴建的，由中国自己设计、制造设备、施工安装的化纤联合企业——福建维尼纶厂基本建成投产。

10月 中共中央政治局执行党和人民的意志，粉碎江青、张春桥、王洪文、姚文元反革命集团。“文化大革命”结束。

12月15日 福建省第一座钢筋混凝土箱形拱桥——闽清大桥建成通车。该桥全长733.7米（包括引桥引道），成为横跨闽江最长的公路桥。

12月21日—26日 省委召开地、县委书记会议，进一步部署揭、批、查江青反革命集团工作和深入开展“工业学大庆，农业学大寨”活动。

一九七七年

3月25日—31日 省委和省革委会召开省第二次“工业学大庆”会议。会议提出更高地举起大庆红旗，掀起“工业学大庆”群众运动的新高潮。

3月26日—4月5日 福建运动员郭跃华在第三十四届世界乒乓球锦标赛上为中国队获得男子团体第1名和男子单打第2名。

7月14日 省委召开向科学技术现代化进军动员大会。

8月12日—18日 中共十一大在北京召开，会议宣告“文化大革命”结束，重申新时期党的根本任务是在本世纪内把中国建设成社会主义现代化强国。

11月 福建省自行设计、施工、安装的省内最大的矿井——邵武煤矿箕斗斜井建成投产。

秋 全省大中专院校招生废除“文化大革命”中实行的推荐办法，恢复考试制度，择优录取。

12月27日—1978年1月5日 省政协举行四届一次会议。选举廖志高为四届省政协主席。

一九七八年

12 月 18 日—22 日　中共十一届三中全会召开。全会作出把党和国家工作中心转移到经济建设上来、实行改革开放的历史性决策，实现新中国成立以来党的历史上具有深远意义的伟大转折，开启了改革开放和社会主义现代化的伟大征程。

本年　龙海县粮食总产量达 212408 吨，成为福建省第一个实现粮食亩产跨“双纲”县。

本年　经国务院批准，复办华侨大学，福建医科大学迁回福州，复办福建体育学院，集美航海学校升格为集美航海专科学校，创办莆田、建阳和宁德 3 所师范专科学校。

本年　全省国民生产总值 62.83 亿元，比上年增长 27.2%。工农业总产值 95.93 亿元，比上年增长 16.92%。其中农业总产值 35.03 亿元，比上年增长 11.88%，粮食总产量达 745 万吨，比上年增长 11.69%，工业总产值 60.9 亿元，比上年增长 20.02%。农、轻、重产值分别占 36.52%、37.4% 和 26.08%。基本建设投资总额 6.9966 亿元，比上年增长 54.93%。

一九七九年

1月1日　中美正式建立外交关系。同日，全国人大常委会发表《告台湾同胞书》，宣布争取和平统一祖国的大政方针。国防部长徐向前发表《关于停止炮击大、小金门等岛屿的声明》。至此，中国人民解放军结束炮击金门的军事行动。

1月3日—23日　省委工作会议在福州召开。会议传达、学习、贯彻中共十一届三中全会和中央工作会议精神，讨论如何把党的工作重点转移到社会主义现代化建设上来，研究解决福建省“文化大革命”以来的遗留问题。会议还学习讨论了中共中央《关于加快农业发展若干问题的决定（草案）》和《农村人民公社工作条例（试行草案）》，提出向中央请示的几个政策性问题。

1月20日　国务院批准福建投资企业公司（以下简称华福公司）成立。该公司的业务是为福建省吸收侨资外资、引进先进技术、进口国外产品。5月12日，华福公司正式成立。这是全国第一个被批准从事信托投资为主的省级国际金融服务机构。

1月26日　经省委批准，福建广播电视大学创办。

1月　省委分段召开全省理论工作务虚会，深入开展真理标准问题的讨论。9月12日至23日，省委在福州召开全省理论讨论会，再度组织关于真理标准问题的学习和讨论，为全省各领域的全面拨乱反正在政治上、思想上和组织上准备了前提条件。

1月　中共中央下达《关于加快农业发展若干问题的决定（草

案)》和《农村人民公社工作条例(试行草案)》，为农村生产发展提供了一个宽松的环境，福建一些乡村的群众自发试行包产到户、包工到劳等。3月19日，省委召开地、市委书记碰头会，讨论农业生产问题，会议提出，农村社员的生产劳动按临时作业组，小段包干，定额管理，完成定额好的予以奖励，不实行分田包干和小组核算。

2月9日 省委同意省高级人民法院党组《关于加强领导，抓紧复查纠正冤假错案的报告》，并批转各地贯彻执行。按照中共十一届三中全会关于“平反假案，纠正错案，昭雪冤案”的决定和中共中央关于落实政策、解决历史遗留问题的部署，福建省各级人民法院先后复查各类案件9万多件，从中纠正、改判2.35万件，并分别做好善后工作。

2月25日 省革委会发出《关于扩大对农村社队减税、免税范围的决定》。

2月26日—3月4日 省委召开全省侨务工作会议。会议要求：认真落实党的侨务政策，巩固和发展安定团结的政治局面；充分调动归侨、侨眷和海外华侨的积极性，为社会主义现代化建设服务；大力发展旅游事业，积极争取旅游外汇；努力办好华侨农场、工厂，坚决完成接待和安置归侨任务；加强对侨务工作的领导。4月4日，省委发出《关于认真贯彻中共中央〔1979〕7号文件，积极开展侨务工作的意见》。

2月 根据第七次全国民政会议关于“对农村贫困户实行规划扶贫”的要求，省民政厅派人协同晋江地区民政局在惠安县山霞公社进行第一个扶贫试点，紧接着在28个县的30个公社和35个大队进行面上试点。1980年2月，省民政厅在漳平县召开扶贫试点工作经验交流会。会后，省政府批转省民政厅关于开展对农村贫困户实行规划扶贫的报告，提出在农村中分期分批开展扶贫工作。至1981年底，全省首批404个公社和190个大队完成扶贫任务，共扶持贫困户 53808 户 30 多万人。通过扶持，有 19415 户脱贫，3 万户生活明显好转。

3 月 24 日 《福建日报》刊登厦门瓷厂生产的远红外辐射器广告，这是《福建日报》、也是福建报纸在“文化大革命”后的第一则工商广告。

3 月 30 日 省革委会办公会议决定，建立武夷山自然保护区。4 月 24 日，向国务院提出《关于将武夷山自然保护区列为国家重点自然保护区的请示报告》。7 月 3 日，国务院批复同意报告。

3 月 省委召开全省复查改正工作经验交流会。会后，全省有 7100 多人的错划右派问题得到改正。因右派问题受株连的 200 多名家属也都得到复查改正。对被划为“中右分子”的 4584 人也基本落实了政策。

3 月 仙游县盖尾公社莲井大队农民李金耀，向莲井大队党支部提出承包经营马山林场 1200 亩林地的申请。福建乃至全国第一家向集体承包山地创办的家庭林场诞生。

4 月 中央工作会议在北京召开，正式提出对广东、福建两省在对外经济活动中实行“特殊政策、灵活措施”，以及“试办出口特区”的意见。7 月 15 日，中共中央印发《中共中央、国务院批转广东省委、福建省委关于对外经济活动实行特殊政策和灵活措施的两个报告》。中央确定，对广东、福建两省对外经济活动实行特殊政策和灵活措施，给地方以更多的主动权。

5 月 6 日—17 日 省委在福州召开工作会议，传达、学习、贯彻 4 月中央工作会议精神，着重讨论调整福建省国民经济计划、加强外贸进出口工作、做好思想政治理论工作和揭、批、查运动的定案处理等问题，强调要坚持四项基本原则，正确估计形势，充分利用本省的特殊条件，加快发展国民经济。

5月7日 省革委会颁发《关于计划生育工作若干问题的暂行规定》，要求计划生育必须坚持“晚、稀、少”原则。农村提倡男25周岁、女23周岁以后结婚；城镇提倡男26岁、女24岁以后结婚。大力推行“一对夫妇生育子女最好一个，最多两个”。

5月20日 国务院副总理谷牧到福建视察，了解研究加快经济建设步伐和体制改革问题。

5月21日 福建电影制片厂恢复建制。

6月8日—17日 省委宣传部召开全省党的思想理论工作会议，中心议题是解放思想，坚持四项基本原则，肃清林彪、江青两个反革命集团极左路线的流毒，把全省人民的思想统一到中共十一届三中全会精神上来，动员起来，奋发努力，同心同德奔向四个现代化。

6月9日 省委、省革委会向中共中央、国务院提出《关于利用侨资、外资，发展对外贸易，加速福建社会主义建设的请示报告》。

6月29日 省委为进一步加强对本省进出口工作和引进工作的领导，决定成立省革委会进出口领导小组。

7月18日—19日 省委先后批复厦门市委、福州市委《关于开放少量教堂、寺庙问题的请示报告》，恢复基督教三自爱国会、天主教爱国会、佛教协会和伊斯兰教协会等爱国宗教团体的活动。

9月9日—19日 省委在福州召开工作会议，传达和贯彻执行中共中央关于福建对外经济活动实行“特殊政策、灵活措施”的精神，着重解决思想认识、经济规划、体制等问题。

9月12日—23日 省委召开全省理论讨论会，认真讨论真理标准问题。会议听取《关于深入开展真理标准问题的学习和讨论》的报告。

9月15日—30日 第四届全国运动会在北京举行。福建代表团

230人参加24个项目的比赛，共获得6个项目的9个团体总分前8名，夺得单项第1名5个、第2名6个、第3名7个，列全国第21名。

9月 福州华侨塑料厂与香港金港有限公司合资成立福建省建侨企业公司。这是改革开放后福建省第一家中外合资企业。

10月3日 省委召开全省扩大企业经营管理自主权试点工作会议，指出扩大企业自主权势在必行，各级党委一定要切实加强领导，使试点工作健康地向前发展。

10月15日 福州海运公司“鼓山轮”从马尾港沿台湾海峡直航香港，结束了30年来外贸靠租船的历史。

10月19日 省委批复省委统战部、省计委、华福公司、省外贸局、省侨办，同意在香港设立香港华闽公司，作为省委、省革委会派驻香港的办事处，受福建省委和港澳工委双重领导。1980年10月6日，华闽公司在香港正式开业。

11月8日 省革委会在福州召开国营工业企业进行扩大企业经营管理自主权试点会议。经国务院有关部门批准，福建省50个国营工业企业进行扩大企业经营管理自主权试点。会议研究讨论试点工作的政策、做法和要求，核定各试点企业的利润留成比例。

11月 云霄县消灭血吸虫病，成为福建省14个血吸虫病流行县中第一个消灭血吸虫病的县。1987年10月，全省消灭了血吸虫病。

12月6日 邓小平在会见日本首相大平正芳时指出，我们要实现的四个现代化，是中国式的四个现代化。我们的四个现代化的概念，不是像你们那样的现代化的概念，而是“小康之家”。邓小平第一次以“小康”来诠释中国式现代化，并指出中国20世纪实现小康的目标。

12月8日—12日 中共福建省第三次代表大会在福州举行。会议听取《同心同德，鼓足干劲，为加快福建的社会主义现代化建设而奋斗》的工作报告。会议提出：要进一步动员全省党员和人民群众，坚决贯彻中共十一届三中全会、四中全会和叶剑英委员长在国庆30周年大会上讲话的精神，坚决执行中共中央关于福建省对外经济活动实行特殊政策、灵活措施的指示。大会一致通过关于省委工作报告的决议，选出省委委员69名，候补委员25名，组成中国共产党福建省第三届委员会。12月13日，省委三届一次全会选举廖志高为省委第一书记。

12月16日—22日　政协福建省第四届委员会举行第二次会议，进一步动员和团结全省人民和一切爱国力量，为加速福建的社会主义现代化建设而奋斗。大会选举伍洪祥为省政协主席。

12月18日—23日　福建省五届人大二次会议在福州召开。会议选举产生了省人大常委会，选举廖志高为福建省人大常委会主任，决定撤销省革命委员会，恢复设立福建省人民政府，选举马兴元为福建省省长。

12月30日　截至本年底，在全省农村人民公社的13.17万个核算单位中，建立起不同形式生产责任制的有8.2万多个。

本年　福建省渔区逐步改变渔业生产核算单位，海洋捕捞改为以生产队核算，养殖业改为以作业组核算，允许富余劳力自筹资金合股经营渔业。

本年　根据国务院规定，福建省在1—10月份先后调整猪、禽、蛋等8类食品购销价格，平均每百斤中等生猪收购价由50元提高到62.11元。统肉零售价由73.1元提高到98元。提高生猪收购价，全省养猪户一年可增收4800多万元。8大类农产品收购价格平均提高25%，全省农民全年可增收2亿元。

本年　全省完成工农业总产值105.72亿元。粮食总产量782.5万吨。工业总产值达66.9亿元。

一九八〇年

1月1日　由省轮船公司和香港益丰船务有限公司合资经营的大型豪华客轮“鼓浪屿号”正式开通厦门至香港航线客运，恢复了中断几十年的厦门至香港客运航线。

1月24日—29日　中国致公党福建省第一次代表大会在福州召开，大会选举产生致公党福建省第一届委员会。台湾民主自治同盟福建省第一次盟员大会在福州举行，大会通过《致台湾父老兄弟姐妹的一封信》。中国民主同盟福建省委员会召开第六次代表大会，选举产生民盟福建省第五届委员会。省工商联第三届会员代表大会与省民建第一次代表大会合并在福州召开，选举产生省工商联第三届执行委员会。此前，省工商联机构于1978年5月正式恢复，与民主建国会福建省委员会合署办公。1月26日至29日，中国国民党革命委员会福建省第六次代表大会在福州召开。这是1979年民革恢复活动后首次召开的全省代表大会。1月25日至29日，中国农工民主党福建省第四次代表大会在福州召开。这是1978年农工民主党恢复活动后，首次召开的全省代表大会。

2月1日　省政府决定，从1980年起，县办小水电利润全部留县，以电养电，促进小水电发展。

2月7日—11日　省委、省政府召开全省计划生育工作会议，提出将计划生育工作重点放到一对夫妇只生一个孩子上来。

2月15日　经国务院、中央军委批准，台湾海峡恢复自由通航。

2 月 20 日 省政府发布《关于财政预算管理体制的若干暂行规定》，决定从 1980 年起，省对地（市）、县实行“增收分成、收支挂钩”的预算管理体制。

2 月 25 日—30 日 省政府召开全省进出口工作会议。会议强调对外经济贸易工作在加快福建经济发展中的特殊重要性。会议确定，要立足现有工农业生产的基础，扩大出口货源，积极慎重地利用侨资、外资；大胆改革外贸经营体制，加强对外经济工作的领导，大力发展对外贸易。这是中华人民共和国成立后福建省第一次以对外经贸为主题的工作会议。

2 月 29 日 110 千伏莆田至泉州（长 76.29 公里）输电线路建成送电，闽北电网南端莆田与闽西南电网北端泉州相接，形成福建电网。至 1980 年底，全网共有装机容量 111.37 万千瓦，其中水电占 66.75%（含联网小水电 22.2 万千瓦）。供电范围达 40 个市县，电网基本适应社会用电需要。

3 月 1 日 福建出口陶瓷展销会在厦门市开幕。这是福建省第一次举办出口商品展销会。展销会共展出 9 类 758 种日用瓷和陈列瓷，港澳地区 42 家客户参会。

3 月 10 日 省委、省政府召开全省植树造林动员大会，贯彻中共中央、国务院 3 月 5 日发出的《关于大力开展植树造林的指示》，并印发《关于迅速发展林业，充分合理地利用森林资源的若干规定》，提出“大兴山海之利”。

3 月 24 日—30 日 国务院副总理谷牧在广州主持召开广东、福建两省会议。检查总结中央 1979 年 50 号文件对两省对外经济活动中实行特殊政策和灵活措施的指示的贯彻执行情况，并同意把原拟为“出口特区”的名称改为“经济特区”。会议提出，要积极稳妥地抓好经济特区建设，试办经济特区，必须采取既积极又慎重的方针；福建省厦门市建设经济特区，可先进行规划，做好准备，逐步实施。

3月30日 国务院、中央军委批准，福州、厦门、漳州、泉州对外开放。

4月4日—11日 省政府召开全省教育工作会议，传达全国教育工作会议等精神，着重研究中等教育结构改革和农村教育问题，强调大力发展职业中学，搞好业余教育，早日实现全省普及小学教育目标。

4月28日—5月4日 省五届人大常委会第三次会议在福州举行。会上通过《关于县（市）、市辖区建立人大常委会和选举决定县（市）、市辖区人民政府负责人员有关问题的决定》《关于县级直接选举工作的决议》《关于实施〈刑事诉讼法〉规划问题的决议》。会议要求抓好三件事：一是继续贯彻中央关于福建对外经济活动的文件精神，积极开展对外经济活动，加快“四化”建设步伐；二是搞好工农业生产和各条战线工作，特别要进一步落实农村经济政策，加强社队经营管理，在搞好粮食生产的同时，大力发展多种经营；三是要抓好县级直接选举工作。

4月30日 《福建日报》发表省委关于大力加强党员思想政治教育的通知，要求以党章修改草案和《关于党内政治生活的若干准则》为党员教育的主要内容；紧密联系实际，认真解决党内政治生活和党员特别是党的各级干部中存在的主要问题，坚持党的政治思想路线，坚持党的民主集中制，实行集体领导分工负责制，根绝派性，发扬艰苦奋斗的优良传统和作风，防止和克服资产阶级思想侵蚀。

5月1日 九龙江北溪引水工程建成通水。九龙江北溪引水工程引水40立方米/秒，是当时福建最大的跨地市引水工程。

5月2日 省委发出《关于做好我省台籍同胞工作的几个问题的通知》，要求做好台籍同胞的政策落实、干部培养、子女就业和关心其生产、生活等项工作。当年，省委成立省落实台属、台胞政策临时机构。

5月4日—10日 省政府在福州召开福、厦、漳、泉4市（地）对外开放工作会议。会议要求各级党委和政府要把做好对外开放工作摆上重要的议事日程。

5月16日 中共中央、国务院决定，在厦门市划出一定范围的区域试办经济特区。同年10月7日，经国务院批准，成立厦门经济特区，指定在厦门湖里划出2.5平方公里的土地，进行总体规划。11月26日，厦门经济特区管理委员会成立，直属省政府领导。

同日 中共中央、国务院同意将《广东、福建两省会议纪要》转发广东、福建和中央有关部委研究执行。

6月2日—6日 全省农村扶贫会议在漳平召开。会议讨论贯彻中共民政部党组《关于农村扶贫工作向中央的报告》，总结交流1979年30个公社扶贫试点经验，部署全面开展农村扶贫工作任务。决定用3年时间完成全省884个公社中360个贫困社的扶持任务。会后，省政府批转了省民政局《关于对农村贫困户实行规划扶贫的请示报告》。

6月13日—16日 省委在福州召开全省宗教工作会议，学习讨论中共中央、国务院有关宗教方面文件，并研究贯彻意见，要求全党重视，多方协作，继续落实党的宗教政策，尽快解决信教群众过宗教生活的场所和教会的自养问题，加强对宗教活动的管理。

6月 全省出现严重旱情。特旱级和大旱级有13个县（市），旱级有21个县（市）。旱情最严重的是晋江、莆田、龙溪地区。省委、省政府及灾区各级党政领导机关组织抗灾斗争，省政府先后拨出797万元救灾款和一批救灾物资。

9月 中共中央发出《关于进一步加强和完善农业生产责任制的几个问题》。省委根据中央的精神，提出对已经出现的各种生产责任制，要承认现实；对实行小段包工、定额计酬、包工包产、联产计酬或专业承包等生产责任制的，要帮助提高，使之完善。但还是坚持福建省情况特殊的观点，“不加区别地笼统地反对包产到户”，限制了福建落实农业生产责任制的前进步伐。

10月4日—20日 省委召开全省组织工作会议，学习贯彻中共中央1980年66号文件精神，要求各级党委进一步提高实行领导人员革命化、年轻化、知识化、专业化的重要性、紧迫性的认识，切实做好选拔中青年干部的工作。

11月3日 针对全省出现采伐失控、乱砍滥伐的高潮，省政府颁发《关于迅速制止乱砍滥伐保护森林资源的布告》。12月20日，再次发出《关于坚决制止乱砍滥伐森林的通知》。1981年9月10日，省委、省政府召开电话会议，要求各级党委采取切实有力措施，迅速制止乱砍滥伐森林的歪风，保护森林资源。全省建立健全林业执法机构，严肃查处毁林案件，打击破坏森林资源的犯罪分子。

11月15日 省轮船公司“鼓山号”轮船装载3400多吨红砖等出口物资，从福州马尾港首航新加坡。这是中华人民共和国成立后，福建船舶首次开辟东南亚航线。

11月28日 福厦公路新建泉州大桥开工建设。1984年9月大桥建成通车。桥长848.53米，是福建省当时最长的永久性特大型桥。

12月9日 中共中央决定，项南任福建省委委员、常委、常务书记，主持省委工作。年底，廖志高因病离职休养。1981年1月14

日，项南到任。

12月11日 为贯彻执行国务院关于严格控制物价、整顿议价的通知，福建省及福州市物价联合调查团在福州成立，对全省物价进行大检查，刹住乱提价、乱收费、变相涨价、哄抬议价等歪风。16日，省政府发出通知，要求各地区、各部门坚决贯彻国务院通知，决定自12月8日起，凡由国家定价的工农业商品在全省各地的零售价格，一律执行国家定价，严格整顿住房、水电、交通、邮电、学校、卫生、城市管理、文化娱乐、公安、街道等部门收费。议价议销的商品，实行专摊、专柜、专店供应，标明“议价”，不许与平价商品混合经营。

12月13日 福建华福公司、福建电子进出口公司与日本株式公社日立制作所、日立家电贩卖株式会社、株式会社东荣商行在福州正式签订合资经营福建日立电视机有限公司合同。这是福建与日本电子工业合资经营的第一家企业，也是全国电子工业第一个中外合资企业。

12月24日 福建省邮电管理局与日本富士通株式会社正式签订福州程控电话交换系统合同，引进市内电话1万门，长途交换600线。这是全国第一套万门程控电话交换系统。1982年11月，从日本引进的万门数字程控电话投入运行，福州电信局成为全国第一个开通程控电话的电信局。

同日 中共中央总书记胡耀邦召集广东、福建两省的省委负责人开会，就两省实行特殊政策、灵活措施的问题进行座谈。会议就广东、福建要充分利用外资，中央各有关部门对特区要多加关照和支持，坚决简化各种审批手续，下放部分审批权等方面研究制定了政策。

本年 福建省设市城市和县城全面开展城市总体规划的编制工

作。至 1987 年，全省 10 个城市、58 个县城、14 个建制镇第一轮总体规划的编制、审查和报批工作完成。

本年 全省工农业总产值达到 116.83 亿元。农业生产战胜严重的自然灾害，获得较好收成，粮食总产量 802 万吨，比上年增长 2.49%，农业总产值 35.65 亿元。工业总产值达 81.18 亿元。财政收支大体平衡。社会商品销售额 54.2 亿元，比上年增长 23.7%。出口总值比上年增长 47.4%，来料加工、装配签约成交额达 2708 万美元，合资合作经营额 1086 万美元，补偿贸易进口设备金额 950 万美元。

一九八一年

1 月 15 日 福州市小商品批发市场建成营业。这是福建省第一家专营小商品的市场。

1 月 9 日—18 日 省委召开地、市、县委书记会议，传达贯彻 1980 年 12 月中共中央工作会议和邓小平在会议上的总结讲话精神。邓小平在讲话中指出：在广东、福建两省设置几个经济特区的决定，一定要继续下去。

1 月 16 日—22 日 中共福建省代表会议在福州召开。会议总结福建经济工作的经验教训，讨论研究如何实现中央提出的经济上实行进一步调整、政治上实现进一步安定团结的方针，以及加强、改善党的领导。会议作出迅速落实农业生产责任制的紧急部署。随即，省委把落实农业生产责任制作为农村工作的中心任务来抓。项南作了题为《谈解放思想》的总结报告，提出要发挥福建优势，经济要起步，思想要解放，要进一步消除“左”的思想影响，并提出要念好“山海经”，建设林业、牧业、渔业、经济作物、轻纺工业、外贸、科教和统一祖国的 8 个基地。

1 月 19 日 省委、省政府召开联合办公会议，讨论开展打击走私活动，取缔外贸黑市交易等问题。21 日，省政府发出《关于打击走私活动，取缔外贸黑市交易的通知》。

1 月 21 日 中共中央办公厅转发《广东、福建实行特殊政策、灵活措施座谈会纪要》。

1月　连江大官坂围垦工程堵口合龙。大官坂围垦工程是1990年前建成的福建省最大的一项围垦工程，围垦面积4.13万亩。1978年主体工程正式动工，1982年底建成竣工。

2月20日—27日　省侨办召开全省侨办主任会议。会议要求，把侨务工作、对台工作和经济工作列为福建省三大任务，指出做好华侨工作，是一件具有战略意义的伟大任务。

2月　三明市三明化工厂利用化工余气，首先在200户职工中作宣传性、试用性供气，福建省开始了使用燃气的历史。

3月5日　省委下达1981年工作要点：总的要求是贯彻执行中央工作会议关于在经济上进一步调整，在政治上进一步安定的方针。会议要求，要认真学习中共中央1981年1、2号文件，进一步加强政治上的安定团结，认真搞好经济调整，放宽农、林、牧、副、渔的政策，加强经济特区建设和外经活动，制订中长期经济建设的初步规划，第一季度召开省人代会，实行党政分开，进一步加强和改善党的领导，改进领导作风。

3月30日—4月8日　省五届人大三次会议在福州召开。项南在会上作《解放思想和特殊政策》的讲话。

4月27日—5月1日　福建省第一次台湾同胞代表会议在福州召开。会议通过《福建省台湾同胞联谊会章程》和《福建省第一次台湾同胞代表会议决议》，选举产生省台胞联谊会第一届委员会。

4月　国务院批准泉州港恢复对外籍船舶开放，秀屿、东山港临时对外籍船舶开放。

5月2日—9日　省委召开政法工作会议。会议强调，要加强党对整顿治安工作的领导，认真落实综合治理措施，从重从快打击处理严重危害社会治安的刑事犯罪分子，狠狠打击重大走私、投机倒把犯罪活动，争取社会治安情况的根本好转。

5月4日 省委、省政府发出《关于贯彻执行中共中央、国务院〈关于普及小学教育若干问题的决定〉的意见》，要求各县委、县政府加强领导，把普及小学教育作为一项战略任务摆上重要议事日程。对尚未普及小学教育的县（市），要求分3批完成：第一批是经济条件和教育基础比较好的县、市，在1985年以前普及；第二批是经济条件和教育基础属中等水平的，在1987年以前普及；第三批是目前条件尚未具备的，最迟在1989年以前基本普及。

5月16日 省委作出《关于加强对台工作的决定》。

5月27日—6月14日 国务院在北京召开广东、福建两省和经济特区工作会议。7月19日，中共中央、国务院将《广东、福建两省和经济特区工作会议纪要》转发给广东、福建两省及有关部、委、总局。纪要总结了两年来两省对外经济活动实行特殊政策、灵活措施和筹建经济特区的经验，提出了进一步做好工作的政策措施。

6月4日 项南在全省社队企业工作会议上讲话，强调发展社队企业是致富之道，阐述了社队企业的方针、方向、联合、动力几个问题。

6月10日 福州至马尾公路扩建工程开工。8月17日，公路全线通车，全长19.3公里，其中廨院至马尾12.7公里为一级公路。这是福建省首条一级公路，该路段的鼓山、马尾隧道是我国第一条公路双向隧道。

同日 经省政府批准，教育部备案，厦门市政府创办福建省第一所全日制高等职业学校——鹭江职业大学。

6月26日 省五届人大常委会第十次会议审议通过省政府《关于稳定山权林权若干具体政策的规定》。该规定指出，保护森林、发展林业是一项十分紧迫的战略任务，必须引起各级政府和全省人民的高度重视。稳定山权林权，落实林业生产责任制，是保护森林、发展林业的根本问题。8月28日，全省山林定权发证工作全面展开，至1984年基本完成，全省98%的山地和林木明确了权属，由县级以上人民政府发放山林权证书。

同日 福建省第一个环境保护单行地方性法规《福建省对超标准排放污染物实行收费的暂行规定》实施。

6月 全省县、社两级人民代表大会直接选举工作结束。全省75个县级行政单位共选出县级人民代表26334名，870个公社、镇选出社级人民代表152910名。

7月23日 省政府决定，划出30万亩滩涂给农民作自留滩，发展贝藻类养殖业。

7月26日 省委、省政府作出《关于加强革命老根据地建设的决定》，提出应尽快把革命老根据地的农业生产搞上去，要加快公路、水电建设，努力办好文教卫生事业，要从经济上扶持革命老根据地的建设，做好优抚、救济和落实政策等工作，把革命老根据地建设成繁荣富强的社会主义新农村。

8月11日 省委作出《关于加强教育工作的决议》。决议指出，小学学制在今后一段时间内，5年制与6年制并存。城市小学要积极创造条件逐步改为6年制。广大农村应尽快普及5年制小学教育，有条件的农村中心小学也可以试行6年制。

8月21日 省政府决定，划出2000多万亩荒山给社员作自留山，全省400万农户平均每户可有4 ~ 5亩自留山。

8月28日 省政府决定，对工业烧柴实行行政干预和经济措施：限定两三年内所有烧柴工厂改为烧煤，限期不改，责令停产关闭；今后不准再建以木柴为燃料的工厂。

8月28日—9月3日 省委召开全省落实政策工作会议。会议要求贯彻中共十一届六中全会精神，加快落实政策步伐。会议总结交流福建省平反历次政治运动中冤假错案、落实干部政策的工作经验，讨论加快落实政策的措施和有关具体政策问题，要求1981年基本完成落实政策的任务。

8月 至本月底，全省94.5%的生产队建立了多种形式的责任制，其中最受农民欢迎的是包产到户责任制。

9月20日 省委、省政府召开第二次打击走私工作会议，强调坚决把沿海走私和贩私活动打下去，要求各级领导迅速集中力量，打击大犯、要犯，对首犯、惯犯要从快从严判处。

9月30日 省人大常委会、省政协联合举行座谈会，拥护全国人大常委会委员长叶剑英向新华社记者发表的关于台湾回归祖国的谈话。与会人员一致认为，福建可以先办4件事：闽台两省政府立即开始接触；闽台两省人民探亲访友，应不受任何限制；欢迎台湾同胞到福建定居；欢迎台湾工商界人士到福建投资。

10月15日 全省对外经济工作会议召开，强调要继续解放思想，把对外经济工作搞活，逐渐改变出口商品结构，加快基础设施建设。

同日 厦门经济特区湖里加工区第一期工程正式破土动工。

10月18日 省航管局、民航局分别作出决定，准备随时与台湾通航。10月，根据叶剑英委员长宣布的关于实现祖国和平统一的政策，省邮电管理局作出与台湾通邮通电的3项决定：1. 建议开辟厦门—金门和连江—马祖的海上邮路，双方直接交换邮件，开通福、厦到台湾各城市的报话业务。2. 台湾的报话都优先拍发、接续，邮件及时经转；凡台湾发来电报迅速递送，长话千方百计接通，邮件迅速准确投递，保证邮电通信自由。3. 欢迎台湾邮电界来闽参观访问，交流邮电技术，加强业务联系。

同日　省委、省政府决定，增拨3000万元作为商品房建设周转资金，由福州市统筹规划，集中建设一批住宅，按商品房性质，出售给厂、矿、商店、企业单位和个人。

11月26日　第五届全国人大常委会授权福建省人大及其常委会制定所属经济特区的各项单行经济法规。

11月26日—12月5日　省委召开农村工作会议，提出1982年农村工作的指导方针：继续解放思想，放宽政策，实行两个稳定、两个转变（即在稳定和完善农村生产责任制的基础上，把工作重点转到科学技术上来，在保证粮食生产逐年稳定增长的基础上，把工作重点转到林、牧、渔业和社队企业等多种经营上来）；开展社会主义和爱国主义教育。

12月10日　国务院批准，厦门大学为首批博士学位授予单位；华侨大学、福州大学、福建师范大学、福建农学院、福建林学院、福建医科大学为首批硕士学位授予单位。

12月29日　省政府拨款1700万元，在全省沿海前沿岛屿建设416个项目。这些项目建成后将解决沿海100多万人吃水、用电照明困难，改善海陆交通。

本年　全省粮食总产量达162亿斤，为中华人民共和国成立至当年产量最高的一年。由省农科院稻麦研究所，福建农学院农学系，莆田、宁德地区农科所参与研究成功的“籼型杂交水稻”，获国家发明特等奖。

本年　为进一步解放思想，加快福建经济发展，省委提出了“三个更加”和“三个要干”的政策，即：对侨商、外商投资从税收、审批手续等方面实行更加特殊、更加灵活、更加优惠的政策；与侨商、外商合作，双方都有利的要干，我方利小的要干，我方暂时吃亏但从长远和整体看对我方有利的也要干。

本年 全省工农业总产值达125亿元。其中农业总产值超额完成计划5.5%，比上年增长7.2%；工业总产值超额完成计划4%，比上年增长7.5%。

一九八二年

1月1日 省政府决定，厦门市实行财政包干制，即“划分收支，核定基数，递增上缴5%，三年不变”的财政预算管理体制。

1月4日—12日 省委召开地、市委书记和省各部委办负责干部会议，传达和讨论1981年12月中共中央召开的省、市、自治区党委第一书记座谈会和中央领导的讲话精神，检查总结福建省1981年工作，安排当前工作。会议认为，今年全省要一手抓物质文明建设，一手抓精神文明建设。要保证经济年增长率7%以上；在党风、民风和社会治安方面，要取得进一步好转。

1月5日 中共福建省纪律检查委员会发布《关于严禁党员干部利用职权违法乱纪建造私人住宅的暂行规定》。

1月10日 厦门国际机场修建工程破土动工。1983年10月22日，厦门国际机场通航。该机场是我国第一个利用国际贷款修建的地方机场。

1月12日—16日 福建省第一次革命老根据地生产建设工作会议在福州召开，提出革命老根据地要发挥山区优势，念好“山字经”。会议要求，各级党委都要把革命老根据地工作摆到重要的议事日程，继续抓好落实政策、平反冤假错案的工作，进一步调动革命老根据地人民建设社会主义的积极性，提高扶持革命老根据地生产建设的经济效益。

1月13日 省委常委会会议学习讨论《中共中央紧急通知》，初步检查干部中走私贩私、贪污受贿、违法犯罪的情况。研究提出贯彻紧急通知的6条意见：春节前后，集中查处一批涉及领导干部的重大经济案件；对社会上走私获得暴利的犯罪分子，要依法严惩；对沿海一些地区地、县的政法、侨务和涉外部门进行整顿；大造社会舆论，揭露重大案件，表彰秉公执法的好干部；要讲政策，区别正当贸易和非法活动的界限；春节前后，县以上党委成员都要过一次组织生活，进行对照检查。2月21日至24日，省委又在福州召开地（市）、县委书记会议，专题讨论贯彻落实的措施。

1月14日—16日　福建省城市社会主义精神文明建设座谈会在福州召开。会议强调，省委对党内的不正之风和社会上的歪风邪气决不会让步，指出要把搞好卫生和刹住铺张浪费、走私和投机倒把、封建迷信、聚众赌博、乱砍滥伐五股歪风作为突破口，抓好社会主义精神文明建设。

1月29日　福建省绿化委员会成立。2月3日，省政府发布《关于开展全民义务植树运动的决定》。

年初　省委根据中央批转的《全国农村工作会议纪要》精神，结合省内许多农民担心政策会变的实际情况，部署宣传贯彻“两个长期不变”的工作，即在土地等基本生产资料公有制基础上的农业集体化道路长期不变，集体经济要建立生产责任制长期不变。同期，省政府出台《关于包产到户、包干到户若干政策问题的通知》和《关于保护集体财产、清理社队财务的通知》等文件，及时加强指导。到1982下半年，全省农业生产责任制基本落实。在进一步稳定和完善农业生产责任制的同时，福建省农村的承包责任制扩展到林业、渔业等农村经济各个领域。

2月1日　福州至香港直达长途电话开通。1983年5月20日，厦门直达香港的公共电话线路开通。

2月3日 中共中央决定免去廖志高福建省委第一书记职务，由项南任福建省委第一书记。

2月8日 国务院公布24个城市为第一批国家历史文化名城，泉州市被定为第一批国家历史文化名城。2月23日，国务院公布第二批全国重点文物保护单位，福州华林寺大殿、泉州开元寺和南安郑成功墓被列为全国重点文物保护单位。

2月11日—13日 中共中央在北京召开广东、福建两省座谈会。会议主要讨论进一步贯彻1月11日《中共中央紧急通知》；认真总结经验，端正对外活动的指导思想，更好实行特殊政策和灵活措施，发展两省经济。

3月1日 省委常委会会议集中讨了改革体制和精简机构的指导思想及原则。省级机关机构改革的指导思想和原则是：党政分开、政企分开，精简机构要和体制改革结合进行，行政编制要大力精减，厅（局）都不直接管理企业，现有的省属企业要分批尽快下放给地、市管理，科研要和生产、教学结合，企业的专业公司不能成为变相的行政机构。

同日 省委、省政府批转省打击走私、投机倒把领导小组上报的《1981年打击走私、投机倒把活动的情况报告》，要求各级党委、政府根据中央紧急通知和中央召开的闽粤两省会议精神，抓住有影响的大案要案，逐件查清，严肃处理。省、地、县三级都要抽调得力干部组成工作组，对走私严重的社队，分批进行整顿。

3月5日—12日 全省科技工作会议在福州召开。会议提出“突破中间，武装两头”的战略思想，对全省农轻重结构作重大调整。

3月8日 省委、省政府发出贯彻中共中央、国务院《关于进一步做好计划生育工作的指示》的通知。中央的指示要求国家干部和职工、城镇居民，除特殊情况经批准外，一对夫妇只生育一个孩子，农村普遍提倡一对夫妇只生育一个孩子，某些群众确有实际困难要求生两胎的，经过审批可以有计划地安排，不论哪一种情况，都不能生第三胎。

3月11日 省五届人大四次会议审议通过《福建省厦门经济特区条例》。1984年7月14日，省六届人大常委会第六次会议原则通过《厦门经济特区条例修正草案》及厦门经济特区6个单行法规。

3月12日 省委召开电话会议，号召全省人民把“全民文明礼貌月”活动推向高潮。22日至25日，省委、省政府在三明召开“全民文明礼貌月”活动现场会，号召全省学习三明市经验，巩固文明礼貌月活动的成果。

同日 省政府发出《关于解决当前农村小学教育中一些问题的通知》，要求各地根据中央有关文件精神，妥善安排教师“责任田”，处理好教学与生产的矛盾，落实民办教师报酬，稳定农村教师队伍，改善小学办学条件，保护学校正当权益，决不允许侵占校舍和学校场地。

3月15日 省委、省政府批转中共晋江地委、行署《关于迅速刹住农村占地建房歪风的紧急通知》，要求各地都对本地区农村占地建房情况进行一次认真的检查、清理。坚决制止农村建房和兴办社队企业乱占滥用耕地现象。当月，省政府颁布《关于农村建房用地管理的暂行规定》。

3月29日 省委、省政府发出《关于认真学习、宣传和贯彻执行全国人大常委会〈关于严惩严重破坏经济的罪犯的决定〉的通知》。要求正确掌握政策，对犯罪分子进行检举揭发，造成一个打击经济领域中违法犯罪活动的强大攻势。4 月 20 日，省委决定打击经济领域中严重犯罪活动的斗争由省委直接领导，省纪委为省委领导这场斗争的办事机构。

4 月 3 日 福建省第一条广播电视专用微波线路——福州至厦门微波线路建成并运行。

4 月 22 日 省委、省政府联合发出《关于切实做好农村五保户供给工作意见》。根据该文件要求，省民政部门全面开展对五保户的普查、登记、评定和发证工作，并逐户造册建卡，落实供养标准和确定供养形式，使全省五保户生活得到可靠保障。

5 月 根据中共中央、国务院颁发的《国营工厂厂长工作暂行条例》，省政府批准在 48 个国营工业企业中开始实行厂长负责制。

6 月 13 日—19 日 建阳、三明、宁德地区持续 7 天下暴雨或大暴雨。莆田、晋江、龙岩和漳州 4 个地（市）也相继出现中、大雨。全省受灾 5 个地（市）、34 个县（市），受灾户 36.43 万户 171 万多人。省委、省政府领导到灾区视察并指导抢险救灾。

7 月 1 日 全省按时开始第三次人口普查登记工作，至 7 月 10 日完成调查登记。11 月，省人口普查领导小组、省统计局发布《福建省第三次人口普查主要数字的公报》，1982 年 7 月 1 日零时全省人口 25872917 人。

7 月 24 日—27 日 省委三届五次全会在福州举行，专题讨论加强教育工作问题。会议一致通过《关于加强教育工作的决议》，强调要用极大的热情，采取有力措施，抓教育工作，抓智力投资，抓人才培养。明确提出，智力投资的增长率应略高于经济发展的增长率。全省教育经费以 1981 年为基数，每年递增 6% 以上，同时增加教育基建投资总额。

7月 中国与联合国儿童基金会商定建立“冷链”合作项目。卫生部确定福建省为我国“冷链”装备五个试点省之一。当年，经省政府批准，先在建阳、三明、龙岩三个地区的所属县、市和莆田、惠安、南靖等31个县、市近1000万人口地区进行试点。

7月 福州市动工兴建东区污水处理实验厂。该厂处理能力为5000吨/日，主体工程于1986年8月建成，是福建省建成的首座污水处理厂。

8月14日 省政府批复同意复办福建省直机关业余大学、福建工人业余工学院、福州业余大学、福州工人业余大学、厦门工人业余大学。

8月17日 国务院发布《关于加强对广东、福建两省进口商品管理和制止私货内流的暂行规定》。10月，省政府发出《关于贯彻国务院〈关于加强对广东、福建两省进口商品管理和制止私货内流的暂行规定〉的意见》，要求对汽车、电视机、化纤及其制品等17种进口商品，包括成套散件和组装件，实行严格管理。

8月 福建省最大的邮电建设工程、省内第一条长途地下电缆工程，福州—厦门、漳州480路长途通信对称电缆载波工程全线开通，投入试运转。

9月1日—4日 省政府召开全省落实华侨私房政策会议，成立省落实华侨私房政策领导小组。会议要求全省各地要集中力量，采取有力措施，争取在1982年以前全部退还“文化大革命”中被挤占的华侨私房。到1982年底，全省在“文化大革命”中被挤占的华侨房屋506户5.4万多平方米已退还完毕，被统管的侨房1075户22.1万多平方米，也已全部归还产权，结算了租金。

9月1日—11日 中国共产党第十二次全国代表大会在北京举行。

邓小平致开幕词，提出把马克思主义的普遍真理同我国的具体实际结合起来，走自己的道路，建设有中国特色的社会主义。大会通过《全面开创社会主义现代化建设的新局面》的报告，提出分两步走，在20世纪末实现工农业年总产值翻两番的目标。9月18日至27日，省委三届六次全委扩大会议在福州召开，传达、学习中共十二大精神，对全省进一步学习、宣传和贯彻提出要求。

9月23日—10月4日 省对外贸易总公司和香港华闽公司联合在香港举办福建出口商品展览会。这是福建省第一次在香港举办大型综合性展览会。

9月28日—10月3日 福建省第八届运动会在福州举行，共3000余名运动员参加比赛。大会进行了田径、游泳、篮球、排球、足球、乒乓球等13个项目的竞赛。有21队76人次破57项省纪录。

11月2日—8日 中共中央总书记胡耀邦来福建视察工作，先后到厦门、福州、晋江、莆田、宁德等地，深入基层视察和调查。胡耀邦强调：中央对福建、广东采取特殊政策、灵活措施，举办特区的方针是不变的；要搞中国式的农村电气化；要继续肃清“左”的影响，放宽政策，把各项工作搞上去，希望福建走在“四化”建设的前头。

11月6日 农牧渔业部在福州召开全国海水养殖会议。此后，福建省滩涂浅海开放承包制得到实施，闽东海水养殖业开始呈现勃勃生机。

11月8日 福建武夷山被列为首批国家重点风景名胜区。

11月20日 省政府发布关于严禁海上走私贩私活动的布告。12月9日至12日，省委、省政府召开沿海工作会议，研究抓好冬汛渔业生产，加强海上缉私工作，尽快把走私回升势头打下去的具体措施。1983年4月2日，省政府发布《关于坚决打击海上走私活动的布告》。

12月16日 省委、省政府发出关于在全省开展计划生育宣传月活动的通知。18日全省计划生育宣传月动员大会召开。

12月28日—30日 福建省社会主义精神文明建设先进集体、积极分子表彰大会在福州召开。会议提出，1983年全省精神文明建设要以7个城市为重点，继续抓好，同时推向广大集镇、农村。全省各地要狠刹聚众赌博、封建迷信、铺张浪费、占地盖房、走私贩私等歪风邪气。

12月31日 省政府颁布《关于从省外引进中、高级专业技术人员有关待遇问题的暂行规定》。

本年 随着对外开放的扩大和全省大念“山海经”的兴起，省委提出“以智取胜”的战略设想。1984年8月，省委三届九次全体（扩大）会议正式确定了“以智取胜”的发展战略，把尊重知识、尊重人才摆到突出位置。

本年 全省工农业总产值达到151.28亿元，其中农业产值37.72亿元。粮食总产量848.3万吨。工业总产值88.70亿元。

一九八三年

1月1日 省政府就体制改革问题作出决定：一部分省属企业下放给城市管理；从1983年开始，福州地区建设职工宿舍、办公楼，除续建项目、大型建筑及大专院校、科研单位的个别工程外，一律由福州市负责统建；福州市加强对城市人口增长的控制，并将省直机关户口转由福州市管理。

1月14日—25日 省委召开农村工作会议，全面研究部署福建省1983年农村工作。会议指出，农村实行联产承包责任制是一场伟大的历史性变革，要跟上这个新形势，使福建农村经济搞得灵活，发展得更快。

1月15日 福州至香港社团包机首次通航，每周1班。

1月29日 省委、省政府向中共中央、国务院报送《福建省贯彻执行特殊政策、灵活措施的情况报告》，报告在扩大进出口贸易、增加外汇收入，利用外资、侨资，促进经济发展，加强基础设施建设等方面取得的成效。报告还就计划、财政等体制和政策问题提出建议。

1月 福建省实行“自留滩、责任滩”政策，滩涂使用权划到村，承包到户。推行海洋捕捞以船核算，自负盈亏的生产责任制。海、淡水养殖方面，省委、省政府决定，养殖可以承包到户，沿海养殖滩涂全部划分“责任滩”“自留滩”。沿海各县市把可用于养殖的滩涂全部划给村使用，除分户划给“自留滩”外，其余均由群众向村承包经营，从而确定了滩涂的使用权和经营权。海洋捕捞方面，普遍实行以船为分配单位的大包干，贯彻多劳多得的方针，并允许自筹资金、合股联营，进而把船网渔具折价归作业单位所有，实行以船核算。

2月3日 省政府颁发《进一步搞活农村经济的十条规定》，规定各种联产承包制长期不变；鼓励、扶持专业户和合作经济发展商品生产；放宽购销政策，放手发展合作商业，适当发展个体商业，搞活商品流通；鼓励农民个人或合股集资兴办农村基础设施；推动社队企业建立健全各种形式生产责任制；鼓励农业科技人员同农村经济组织签订技术承包合同；允许群众之间劳动互助或技术协作；允许农民个人或联户购置中小型生产机具；鼓励归侨、侨属兴办农村生产建设项目和基础设施。

2月19日 省政府发出《关于对台小额贸易有关问题的通知》，规定对台小额贸易由省商业厅所属的新兴贸易公司统一经营，其他部门不得经营对台贸易。6月18日，省政府办公厅印发《对台小额贸易实施办法》，规定省新兴贸易公司及所属分公司实行统一经营定点交易，贸易方式按以货易货或供货以外币结算的形式进行。

3月10日 省委、省政府发出《关于抓紧抓好工业生产的通知》，强调工业企业要积极稳妥地、有领导有步骤地实行以承包为中心的各种形式的经营责任制，坚决消除“大锅饭”，充分发挥企业和职工的活力，保证工业持续发展，经济效益不断提高。

同日 福州、漳平、福清等地10家国营企业试行以税代利。6月1日起，全省国营企业实行利改税办法。

3月26日 经中共中央批准，省委组成新的领导班子，项南任第一书记。

4月1日—10日 项南在视察长汀县河田水土流失区时，总结了《水土保持三字经》。5月，省政府制定水土流失防治的有效措施，水土流失治理工作有序展开。

4月3日 省政府发出《关于调整农副产品购销政策，缩小统购、派购品种范围的通知》，决定将现行粮食、商业、供销、外贸部门管理的属于统购及派购的一、二类农副产品从35种调为17种，放宽农副产品贩运政策。

4月5日 厦门开通东渡港至香港集装箱航线。

4月19日—27日 政协福建省第五届委员会第一次会议在福州召开，选举伍洪祥为五届省政协主席。

4月20日—28日 福建省第六届人民代表大会第一次会议在福州召开，选举胡宏为省第六届人大常委会主任，胡平为省长。

4月28日 国务院批准，原属莆田地区的闽清、永泰、福清、长乐、平潭5县和原属宁德地区的连江、罗源2县划归福州市管辖；撤销三明地区，三明市升为地级市。

5月14日—17日 省政府在晋江县陈埭公社召开全省社队企业现场会，推广陈埭公社依靠群众集资办厂的经验。会议指出，农民集资联营企业姓“社”不姓“资”，有资源的山区走“原料—技术—市场”路子，缺乏原料的沿海地区走“市场—技术—原料”的发展社队企业的路子；赞扬陈埭乡镇企业是“福建的一枝花”，号召各地学习陈埭经验。

5月31日 《人民日报》发表通讯《三明市发生十大喜人变化》和评论《振奋人心的启示》，对三明市精神文明建设经验作系统介绍。

5月 福州义序机场扩建工程竣工。扩建后机场总面积达277万平方米，可起降三叉戟、波音737型客机，成为4D级军民合用机场。

6 月 3 日　省政府举行领导成员会议，研究支持“老、少、边”地区经济建设的办法和措施。会议要求各部门把开发闽东、闽西经济列入计划，省财政支援逐年增加，积极培养少数民族人才。

6 月 24 日—30 日　省政府召开全省专员、市长、县长会议，研究供销社体制改革问题。会议要求各地基层供销社恢复合作商业性质，扩大经营范围和服务领域，逐步办成供销、加工、储藏、运输、技术等综合服务中心。

6 月 30 日　《关于来闽定居的台湾同胞安置工作的若干规定》正式印发。

7 月 1 日　崇安县自然博物馆正式对外开放。这是我国第一个县级自然博物馆。

7 月 6 日—10 日　省委三届七次全会在福州召开。全会通过《关于集中财力物力保证重点建设的决议》。会议号召各级党组织和全体党员、干部坚决地、全面地贯彻执行中共中央的战略决策，真正把重点建设保上去，把经济效益抓上来，把税收利润收上来，把副食品价格稳下来。

7 月 8 日　省政府、省纪委发出《关于坚决刹住乱涨价、乱摊派两股歪风的紧急通知》。

7 月 13 日—16 日　省“五讲四美三热爱”活动委员会在福州召开七市（福州、厦门、三明、漳州、泉州、南平、龙岩）、七县（龙海、邵武、永安、德化、莆田、宁德、漳平）学、赶三明情况汇报会，强调搞精神文明建设要扎扎实实，少花钱，讲实效，不图形式。

7 月 25 日　马尾造船厂在上海江南造船厂协助下建造的福建省第一艘 5000 吨级货轮“盖山号”下水，开创了福建省 5000 吨级船舶建造的历史。

7 月　省委办公厅发出《关于政社分开，建立乡政府有关问题的通知》，对政社分设作出部署。

8 月 13 日　国家计委和水电部批准鹰厦铁路电气化改造计划。9 月 20 日，国务院批准鹰厦铁路电气化工程实行分期施工。

8 月 19 日　省委决定，从即日起在全省开展严厉打击严重刑事犯罪活动的斗争。9 月 10 日，省六届人大常委会通过《关于严厉打击刑事犯罪活动的决议》。“严打”斗争历时 41 个月，至 1986 年底告一段落。通过“严打”斗争，全省依法从重从快惩处一大批严重刑事犯罪分子，社会治安状况明显好转。

8 月 26 日—31 日　华福公司在日本发行 50 亿日元私募债券（折合 2027 万美元）。这是中国地方性非银行金融机构在国际上首次发行债券。

9 月 4 日　省委办公厅、省政府办公厅转发《关于从国外引进人才问题的座谈纪要》，强调实行对外开放，既要积极争取、不失时机地从国外引进先进技术、设备和资金，更要重视从国外引进人才。从国外引进人才必须采取积极稳妥的方针，从需要和可能出发，实事求是，讲究经济效益，不要一阵风。

9 月 9 日　国务院批准，设立莆田市，由省直接领导，撤销莆田地区，设立莆田市城厢区、涵江区，莆田县、仙游县划归莆田市。

9 月 12 日　装机容量 30 万千瓦的沙溪口水电站主体工程开工。沙溪口水电站是福建省第一家引进部分外资的水电工程。1987 年 12 月 26 日第一台机组并网发电，最后 1 台机组于 1990 年 12 月 1 日并网发电。

9 月 14 日　省“五讲四美三热爱”活动委员会召开电话会议，部署在国庆节前后全省开展一次“文明礼貌月”活动。会议要求以抓爱国主义、共产主义思想教育为动力，深入开展“三优一学”（优质服务、优良秩序、优美环境，学雷锋）活动，重点在整顿市容、市貌，狠刹歪风邪气，抓好对青少年的教育，坚决抵制资本主义腐朽思想的侵袭。

9月15日—19日　全省经济特区工作会议在厦门召开。9月25日，《关于厦门经济特区工作若干问题的规定》正式印发。规定指出，必须明确特区的特殊任务，实行特殊政策，创造特殊环境，运用特殊方法，切实解决体制、立法、政策和基础条件等方面问题。各地区、各部门要关心和支持特区建设，把特区建设推向新阶段。

9月18日—10月1日　第五届全国运动会在上海举行。福建省代表团275人参加18个项目的比赛，获11枚金牌、7枚银牌（含2枚表演赛）、10枚铜牌，有2人3次刷新2项全国纪录。获奖牌总数居全国第10位。

9月23日　国务院批准建设顺昌水泥厂。顺昌水泥厂是由国家建筑材料工业局和福建省合资建设的“七五”期间国家重点项目，年生产硅酸盐水泥62万吨。

9月　福建省第一家县信用合作联社在连江县成立。

10月15日　为贯彻中共十二届二中全会通过的《中共中央关于整党的决定》，省委发出《关于认真学习〈中共中央关于整党的决定〉的通知》。11月26日，省委全委会通过《关于贯彻执行中央整党决定的决定》，决定用3年时间分两期五批完成整党任务，整党的内容包括整顿党的思想路线、组织路线，纯洁党的组织，整顿党的作风等方面。1987年6月22日至24日，省委在福州召开全省整党工作总结会议，宣布全省整党工作基本结束。

10月25日—11月4日　国家主席李先念视察福州、宁德、泉州、莆田、三明、建阳等地，称赞福建山海资源丰富，潜力很大，应该大念“山海经”，支持福建建成南方林业基地。

11 月 7 日 省委办公厅、省政府办公厅转发省农委《关于适当调整承包耕地几个具体问题的意见》和《关于进一步管好用好生产队集体财产的几点意见》。

11 月 17 日 省“五讲四美三热爱”活动委员会举行全体会议，着重研究今冬明春在农村继续进行“四三二”（坚持四项基本原则、兼顾国家集体个人三者利益、反对走私投机倒把和反对各种歪风邪气）教育，广泛开展文明村（镇）建设；对城市精神文明建设也作了部署；并决定在福厦公路开展军民共建文明路活动。

11 月 19 日—22 日 省委、省政府召开工作会议。会议确定继续加强基础设施建设，提出“六五”“七五”期间基础设施建设规划，再搞“五个二”，即水口、沙溪口两个水电站，永安（扩建）、坑口两个火电站，漳泉、鹰厦（改造）两条铁路，福州、厦门两个港口的配套和续建工程（包括粮食码头），闽北、闽西两个林业基地。同时确定开发闽南区域经济，发展沿海侨乡经济。

12 月 1 日 省政府召开常务会议，听取闽江流域规划开发委员会等部门组成的调查组汇报，并就如何保护闽江水资源问题作出相应的综合治理措施。10 日，国家计划委员会正式批准《闽江流域规划任务书》。1984 年 2 月 23 日，省政府发布《关于加强闽江管理，保护闽江水域资源的布告》，要求各地严格执行，违者严肃处理。

12 月 12 日 国务院批转水电部《关于积极发展小水电、建设中国式农村电气化试点县的报告》，在全国选定 100 个县为试点县，其中有福建省的永春、永安、建瓯、闽清、德化、光泽、尤溪、屏南、南靖、连城 10 个县。

本年　福建罐头出口创汇居全国第二，蘑菇罐头出口居全国第一，约占世界蘑菇罐头贸易总量的25%。

本年　福建省贯彻中央一号文件及交通部提出的“有路大家行车，有水大家走船”的措施后，打破了交通部门独家经营的局面，个体、集体运输户大量涌现。

本年　全省工农业总产值达到162.6亿元，其中农业总产值57.4亿元，工业总产值105.2亿元。

一九八四年

1月1日 福建省第一家教育电视台——福州教育电视台开播。当年10月福州教育电视台改为福州电视台。

1月19日—25日 省科技工作会议在福州召开。会议强调，全省“四化”建设要抓住3个战略重点，即农业、能源交通和科学教育。

1月26日 省委、省政府决定在全省建立对外合作项目责任制，在经济特区建立专员制，以打开对外经济工作的新局面，提高办事效率。

同日 省委办公厅、省政府办公厅转发省政社分开、建乡工作领导小组《关于实行政社分开搞好建乡工作的报告》，要求各级党委、政府加强领导，搞好试点，总结经验，保质按期完成建乡和县、乡换届选举工作。

1月 三明市明溪县胡坊区柏亨乡（村级）召开首届股东代表大会，选举产生村级林业股东会，通过《柏亨乡林业股东委员会管理条例》。这是全国第一个有健全组织机构和章程的村一级林业股份合作经济组织。

2月7日—10日 邓小平和王震视察厦门经济特区，在听取厦门经济特区建设情况汇报后，邓小平为厦门经济特区题词：“把经济特区办得更快些更好些”。邓小平等还视察了厦门海军部队、厦门大学、陈嘉庚故居和集美学校，并接见厦门的台湾同胞和归国华侨，赞扬他们的爱国爱乡精神。3月5日，国务院特区办公室派人专程到厦门市，传达邓小平视察厦门等地回京后与中央有关领导商谈特区进一步发展问题时的讲话精神。

2月16日—23日 省委农村工作会议在福州召开。会议主要任务是贯彻中央一号文件，传达邓小平等中央领导来闽视察时的指示精神。会议强调农村工作的中心是发展商品生产，搞活商品流通。领导干部的精神状态、领导作风及经济体制都要来个大变化。要求以“开放、搞活、特殊、灵活”8个字来统一思想，放宽政策。

3月2日 省政府批复同意合资经营厦门航空有限公司。该公司由中国民航和福建地方合营，属于区域性的民航综合性企业。

3月6日—8日 省六届人大常委会第五次会议审议通过《福建省保护妇女儿童合法权益若干规定》。

3月8日 开放福州、厦门等港口为台湾商船避风锚地。

3月13日 省政府发出《关于供销社体制深入改革若干问题的规定》。提出要把供销社从“官办”向“民办”转化，把供销社逐步办成农村综合服务中心，与整个农村经济改革同步配套。

3月22日 在福州参加厂长（经理）研究会成立大会的55名厂长、经理联名写信给省委、省政府，要求从各方面支持厂长（经理），给以经营自主权。省委、省政府高度重视。省委领导当即将来信批给《福建日报》，于3月24日公开发表。省委还就来信呼吁广泛组织讨论，在省内外引起强烈反响，取得共识。省政府先后下达1984年43号、44号和53号文件，要求各地、各部门认真执行企业扩权的十条规定，并根据福建省实际情况，具体提出改革、放权、搞活经济的政策措施，给企业放“三权”（人权、财权、经营管理权），增“三力”（动力、活力和压力），使企业获得应有的自主权。5月12日，《人民日报》以《请求松绑答应松绑拉开了改革序幕，立志改革勇于改革回厂后即见高低》为题进行报道，并赞扬55位厂长、经理的行动。

3月22日—28日 中华人民共和国成立以来福建省首次举办的大型国际展览会——福建省1984年国外技术设备展览会在福州西湖展览馆举行。参加展出的有11个国家和地区63家厂商的产品和技术服务项目。

3月 泉州市成立湄洲湾肖厝经济开发区。以福建炼油厂为龙头，兴建石油化工基地、海洋化工基地和地方工业基地。

4月7日 中共中央、国务院公布福州市作为进一步对外开放的14个港口城市之一。对开放的港口城市实行扩大地方权限和给予外商投资者以若干优惠的政策和措施。

同日 福建省环境保护委员会成立。

4月10日 省政府发布关于放宽林业政策搞活林区经济的若干政策规定。

4月15日 省政府发布《关于鼓励和支持农村社（乡）队（村）群众集资建校办学的若干规定》。规定指出，农村社（乡）村（队）群众办学，是贯彻“两条腿走路”的方针，各级人民政府应予鼓励和支持；还对多渠道集资办学的办法、资金管理、建校所需的材料供应、加强工程管理以及奖励办法等作出明确规定。

4月26日 省劳动局响应55位厂长（经理）要求“松绑”放权的公开呼吁，发出《关于下放给国营企业劳动工资管理权限的试行规定》。根据规定，企业有权按照生产需要，自行选择工资形式，如计件工资、计时工资等；企业职工的奖金，随上交税利的增减而相应浮动，不封顶，不保底；企业的奖励基金，可用于发奖金，也可用于调整部分职工的工资或自费工资改革等。

同日 省政府颁布有关工贸经济政策措施 7 个文件，即《关于下放现有企业技术改造审批权限的暂行规定》《关于鼓励创新创优和提高产品质量的暂行办法》《关于以名优适销产品为龙头组织联合的意见》《关于工商企业推销地产日用工业品和积压商品的若干暂行规定》《关于改革国营企业人事管理制度的决定》《关于能源、原材料消耗奖惩试行办法》《关于促进工商企业扭亏为盈的意见》。

4 月 30 日—5 月 5 日 福建省二轻集体所有制企业第三届职工代表大会召开。省委、省政府提出，所有二轻集体企业都应拥有充分的经营管理权、人事任免权和财产所有权，实行企业自己管、盈亏自己负、干部自己选、工人自己招、工资自己定的制度。

4 月 福建省与林业部合资经营的人造板综合企业——福州人造板厂第一期工程完成，转入试产。这是全国第一家较大规模的中密度纤维板厂。

4 月—5 月 省商业厅陆续下达《关于改革商业企业人事、劳动管理制度的意见》等 5 个文件，提出商业企业在计划、物价、业务经营、财务、人事劳动等管理方面“松绑”放权的具体要求。

5 月 8 日 省人事局发布《关于改革国营企业人事管理制度的若干试行规定》，对企业厂长、经理、副厂长、副经理的任免、待遇、职责及企业内部机构设置和人员配备比例，干部的调配处置，技术人员的招聘和引进，干部的奖罚，实行职务和岗位津贴等都给企业一定的自主权。

5 月 20 日 省政府发出关于整顿关卡，搞活商品流通的通知，要求各地检查整顿现有关卡，未经批准的一律撤销。

5 月 26 日 省政府召开呼吁“松绑”放权的工商企业厂长、经理座谈会，提出全省国营小企业可以普遍推行承包责任制。

5月31日 福州市委、市政府召开“请‘包’字进城”动员大会，宣布国营企业全面实行经营承包制。大中型国营企业实行利改税、责权利结合的经营承包制；职工在30人以下，年利润5万元以下的小型企业实行“国家所有，集体经营，照章纳税，自负盈亏”政策。

6月10日 省政府代表团在上海与上海市政府有关部门商谈签订77项经济技术合作协议。

6月11日—18日 全国“五讲四美三热爱”活动工作会议在三明市召开。29个省、市、自治区370多名代表参加会议，研究在城市经济体制改革和对外开放的新形势下，如何进一步搞好社会主义精神文明建设。会议提出推广三明市社会主义精神文明建设经验。

6月24日 《人民日报》在头版头条发表反映闽东老区贫困落后现状的“读者来信”《穷山村希望——实行特殊政策治穷致富》，并配发题为《关怀贫困地区》的评论文章。9月29日，中共中央、国务院发出《关于帮助贫困地区尽快改变面貌的通知》，向困扰中国千百年的贫困问题发出斗争总动员。赤溪村因此被誉为“中国扶贫第一村”。福建省委、省政府随即贯彻落实通知精神，制定出台扶持贫困地区的优惠政策，并发出沿海商品经济发达的乡村对口支援比较贫困的内地乡村的倡议。

7月1日 福建省第一条从日本引进的黑白电视机显像管生产线在福州电子管厂正式投产。

7月2日 省政府批准创办闽江职业大学，校址设在福州市。同日，省政府批准创办黎明职业大学，校址设在泉州市。

7月4日 厦门经济特区第一家外商独资企业——印华地砖有限公司投产。

7月7日 《福建日报》刊登《福建省人民政府大力发展乡镇企业若干问题的规定》。规定要求乡镇企业充分合理利用当地各种资源，努力发展商品生产，大力发展群众集资合股办企业，认真搞好物资供销工作，加强物价管理，切实解决运输问题，有关部门要给乡镇企业以支持、管理和保护。

同日 省政府发布《关于发展淡水养鱼的若干政策规定》，对淡水养鱼的经营权限、专业承包、渔区建设投资、发展淡水商品鱼基地、技术指导、商品的销售等作明确规定，进一步放宽政策。

7月9日—14日 省六届人大常委会召开第八次会议。根据厦门经济特区扩大到全岛的情况，以中共中央"进一步实行开放政策，是放不是收"的精神作为立法的指导思想，审议通过《厦门经济特区条例（修改草案）》。审议通过《厦门经济特区入境出境人员管理规定》《厦门经济特区企业登记管理规定》《厦门经济特区劳动管理规定》《厦门经济特区土地使用管理规定》《厦门经济特区技术引进规定》《厦门经济特区与内地经济联合的规定》等6个单行法规，标志着厦门经济特区的立法工作迈出重要的一步。

8月1日—5日 省委三届九次全体（扩大）会议在福州召开。会议研究加强科学技术工作和加强精神文明建设，以及召开中共福建省第四次代表大会等。全会一致通过省委《关于加强科学技术工作的决议》《关于进一步加强社会主义精神文明建设的决议》《关于召开中国共产党福建省第四次代表大会的决议》，确定了"以智取胜"的发展战略。

8月6日—8日 省委召开工作会议，着重研究城市经济改革问题，决定把放手发展乡镇企业列为本世纪福建经济发展的一项重要战略措施。当年，全省乡镇企业总产值达到44.42亿元，涌现总产值亿元县（区）34个、千万元乡（镇）358个、百万元村1717个、百万元工业企业1312个。

8月7日 省政府批准建立屏南宜洋鸳鸯、猕猴自然保护区，总面积为1039.5公顷。

8月13日 省政府颁布《福建省个人建造住宅管理实施办法》，控制城乡居民建房用地过快增长。办法对城镇个人住宅的建筑面积、宅基地用地面积、申请建造住宅手续等作了具体规定。

8月 省委召开会议专题研究乡镇企业问题，提出把发展乡镇企业列为本世纪内振兴福建经济的重要战略措施。随后省政府颁布了一系列大力发展乡镇企业的法规和优惠措施，还先后在依托民间作坊发展“草根工业”的长乐金峰镇、依托“三来一补”发展创汇企业的莆田江口镇和依托林农产品深加工发展山区企业的建阳麻沙镇召开3次全省乡镇企业现场会，提出发展福建经济“乡镇企业打头阵”的口号，制定“积极扶持、合理规划、正确引导、加强管理”的“十六字”方针，把创新、开发和提高效益作为发展乡镇企业的重点，推动乡镇企业蓬勃兴起。

9月15日—29日 省轮船公司万吨级货轮“大屏山号”从马尾港开往斯里兰卡的科伦坡港。这是福建省海运船舶首次穿越马六甲海峡、进入印度洋的远航。

9月18日 国务院批准福州市城市总体规划，要求把福州建成经济繁荣、人民生活方便、科学文教事业发达、环境优美的社会主义现代化城市。规划城市性质为：福建省省会、历史文化名城。

9月25日—27日 九三学社福建省社员代表大会召开，选举产生九三学社福建省第一届委员会。

9月25日—10月8日 福州市举办中华人民共和国成立以来规

模最大的秋季商品交易会。28 个省、市、自治区和港澳地区 2500 多名代表参加，参展产品约 2.5 万种，可供货源价值达 4.5 亿元。秋交会成交金额达 2.12 亿元。

9 月 29 日 省六届人大常委会第九次会议通过《福建省普及初等义务教育暂行条例》。这是福建省第一个以地方立法形式通过的有关普及初等义务教育的法规。

9 月 漳州制药厂生产的片仔癀荣获国家质量金质奖。

10 月 1 日 根据国务院部署，福建省开始实行国营企业利改税第二步改革和工商税制度的改革。主要内容是将国营企业应当上交国家财政的收入，按国家设置的税种向国家交税，税后利润归企业自己安排使用；将工商税分解为产品税、增值税、营业税；恢复开征车船使用税等；适当调整税率，把单一税制改为复合税制。

10 月 3 日—11 月 30 日 省第一届青少年运动会举行。参加比赛的运动员有 1320 名。

10 月 25 日 永安火电厂第三期扩建工程第一台 10 万千瓦机组并网发电。三期工程于 1981 年 7 月 1 日动工。1985 年 9 月，全省第一个大型火电厂建设工程全部完成。

10 月 30 日 省委组织部、省人事局下达《关于乡（镇）干部实行选聘合同制的意见》，对实行选聘合同制的范围、条件、对象、办法、待遇等作出具体规定。

11 月 6 日—12 日 省委召开工作会议，学习、贯彻中共十二届三中全会精神，讨论本省经济体制改革的设想，强调用“放”字闯开以城市为重点的经济体制改革的新路子。

11 月 14 日 省农垦工作会议决定，国营农场全面实行联产承包责任制，兴办职工家庭农场。原属国家职工，身份不变，其承包的土地允许转让、继承。

11月29日 由厦门经济特区建设发展公司与美国王安电脑有限公司合资经营的国内第一个与外商合资经营电脑的企业——厦门王安电脑有限公司在厦门签订合同。

11月 省政府批准创办华南女子职业学院。华南女子职业学院是国内第一所专门培养应用型妇女高级人才的民办学校。

12月6日 省委、省政府致电晋江县陈埭镇党委、镇政府，祝贺该镇成为全省第一个工农业总产值亿元镇。

12月28日—30日 厦门东渡港区第一期工程4个万吨级泊位通过国家验收，全部交付使用。

12月 国家科委科学发明评选委员会审查批准“杂交水稻研究”获发明特等奖。福建省是全国4个主要获奖单位之一。

本年 省委、省政府决定，从1985年起对省定的153个贫困乡（1987年扩大为200个）一律免征农业税5年，并取消农、副、牧、土特产统购派购任务。

本年 全省对滩涂、浅海的养殖户开始实行确权使用制度，至1985年底，确权任务基本结束。确权后向有关单位和用户颁发滩涂、浅海使用证。

本年 根据中共中央、国务院《关于实行政社分开，建立乡政府的通知》和《中华人民共和国宪法》的要求，开始政社分设工作。年初，省委办公厅、省政府办公厅转发省政社分开、建乡工作领导小组《关于实行政社分开搞好建乡工作的报告》，该项工作在全省展开，至年底基本完成。同时完成建立村民委员会群众自治组织的工作。全省共建立乡镇人民政府1282个，村民委员会14093个。

本年 全省国民收入157.06亿元。工业实现“二位数、三同步”的目标。预算内国营工业企业总产值增长16.3%，实现税利增长17.8%，入库利税增长11.8%。亏损企业亏损额下降44.5%。全省财政收入增加到16.78亿元，按可比口径比上年增长15.2%。职工家庭平均每人全年可用于生活费收入612元，增长16.5%；农民全年人均纯收入345元，增长14.3%。全省社会商品零售总额达到84.96亿元。农村新建住宅面积达到800万平方米。

一九八五年

1月1日 由华福公司、厦门经济特区联合发展有限公司、中国国际信托投资公司、中国银行信托咨询公司，联合向美国柯达公司引进年产1100万平方米彩色感光材料生产线的厦门彩色感光材料工程正式开工。该工程总投资5亿多元，是当时福建省最大的引进项目，也是国家重点引进工程项目之一，1989年1月建成投产。

1月3日 省委、省政府发出《关于贯彻中共中央、国务院〈关于帮助贫困地区尽快改变面貌的通知〉的通知》。通知指出，贫困地区要树立自力更生的指导思想，各级计划、财政、商业、交通和文教卫生等部门要在物资、资金、税收政策及智力投资等方面优先扶持贫困乡村发展生产，争取三五年内改变贫困地区的落后面貌。

1月5日 国内第一家地方性航空公司——厦门航空有限公司投入营运。4月6日，厦门国际机场第一个国际航班——马尼拉经厦门至北京航班正式通航。

1月20日 厦门市从日本引进的程控交换系统（1万门市话、300条长途交换）正式投入使用，成为国内第一个全市电话纳入数字化程控电话网的城市。

1月25日—31日 国务院召开长江三角洲、珠江三角洲和闽南厦（门）、漳（州）、泉（州）三角地区座谈会。会议认为，把这几个地区开辟为经济开放区，是中国对外开放的重要战略部署，不但可以加快沿海经济的发展，而且可以带动内地，强调三角地区应建立以外向型为主的经济，按贸—工—农次序来安排生产。2月18日，中共中央、国务院批转座谈会纪要，并发出通知，决定闽南三角地区11个县市（漳州、龙海、漳浦、东山、泉州、晋江、惠安、南安、安溪、永春、同安）辟为沿海经济开放区。通知指出，在长江三角洲、珠江三角洲和闽南厦漳泉三角地区开辟沿海经济开放区，是我国实施对内搞活经济，对外实行开放的又一重要步骤。

1月27日　国务院正式批准福建省政府转报的《福州市进一步对外开放方案》。指出福州市要运用中央给予的权限和政策，发挥优势，坚持外引内联，推动技术进步，振兴经济，成为对外辐射和对内辐射的枢纽，带动福建全省的经济发展，并在加强对台工作、实现祖国统一中发挥重要作用；同时有步骤地兴办经济技术开发区，开发区的位置定在马尾青洲，面积为4.4平方公里。

1月　按照中央关于政企分开、简政放权的原则，省政府把294家省属企业下放给各地、市、县管理。

1月　省政府将省属12所中学和18所师范学校下放给地、市。同时，改革师专管理体制，除福建师范大学福清分校（原福清师专）外，其余7所师专改由省教育厅与地（市）双重领导，以地（市）为主。在“文化大革命”中被解散的福建第二师范学院，在漳州师专原址复办。

2月6日—12日　全省农村工作会议在福州召开。会议传达学习全国农村工作会议和中央有关文件精神，强调迅速搞好农业产业结构的调整，建立贸—工—农型的生产体系；根据国内外市场需要，加快调整生产布局；乡镇企业要高起点、高速度地发展；抓好林、牧、渔业和经济作物4个基地建设；帮助贫困地区尽快改变面貌。

2月8日　福州至日本直达卫星电话正式开通使用。2月16日，福州经上海至美国的直达卫星电话开通。

2 月 14 日 香港至福州首次试航客轮成功，“集美号”客轮抵达马尾港。

同日 公安部出入境管理局负责人宣布，中国政府决定从 1985 年 2 月 15 日起增加开放 67 个市县，准许外国人不必办旅行证就可去这些地方。其中福建省有 4 个开放城市，分别是福州市、厦门市、泉州市、漳州市。3 月 1 日，增加开放两个市、县，其中有福建省崇安县。1986 年 11 月 30 日，中国新增加 192 个市、县对外国人开放，其中有福建省莆田市。1988 年 8 月 4 日，又有一批市、县对外国人开放，其中有福建省的三明、南平、邵武、建阳、顺昌、建瓯、浦城、光泽、松溪、政和、龙岩、漳平、上杭、长汀、永定、连城等 16 个市、县。1989 年 8 月 18 日，宁德、霞浦、福鼎、柘荣、寿宁、屏南、周宁、武平等市、县被列入对外国人开放地区。

2 月 17 日 全国第一家全景影院——福建全景环球电影院在福州市建成开业。

2 月 省政府批准，霞浦县三沙港、平潭县东澳港、福州市马尾港、莆田县秀屿港、泉州市临海港（前埔港）、东山县东山港（旧城关）、厦门市东渡港、漳浦县旧镇港等 9 个港口为对台贸易港点，供台湾来闽渔船、商船停靠。

3 月 1 日 本日起，福建、广东、上海、北京四省（市）境内居民在银行的外币存款可自由支取。

3 月 9 日 我国第一家中外合资生产珠宝首饰的企业——福建福辉首饰有限公司开业。

3 月 14 日—23 日 福建省和福州市科委、经委、总工会等 6 个单位在福州联合举办首届福州春季技术市场，共提供可转让技术

1200多项，接待省内外来客2万人次，签订技术转让合同85项，难题招标50项，成交金额达356万多元。

3月27日 省政府通知，从1985年4月1日起，粮食取消统购，改为合同定购，定购品种为稻谷、小麦、大豆。花生果、油菜籽收购仍按原包干任务不变，其他粮食、油料实行自由购销。

3月30日 省委、省政府作出《关于进一步活跃农村经济若干政策的补充规定》。规定提出，改革农产品统购派购制度，实行合同定购和市场收购；以饲料工业为突破口，加快发展畜牧业、水产养殖业；鼓励技术、人才向农村流动；大力发展农村第三产业；切实保护农民从事商品生产和经营的合法权益等。

3月 省委就扶贫工作的重点对象确定划分标准：凡是年人均纯收入低于150元的农户或乡，且在三五年内无法超过这个水平线的，定为贫困户或贫困乡。根据这一标准，通过全面调查核算，全省共有贫困乡镇204个（占乡镇总数21.4%），主要涉及17个县的150万人。加上其他乡镇中的贫困户，全省共有贫困户48万户242万人，主要分布在闽东、闽西、闽中、沿海突出部4个贫困区。省政府对4个贫困区采取“统筹规划，点面结合，突出重点，全面开展”的办法进行扶持，并确定寿宁、屏南、柘荣、连城、上杭、长汀、罗源、安溪、平和、政和、建宁等11个县（167个贫困乡）为省扶持重点。5月，省委召开四届三次全委会议，专题研究和部署贫困地区脱贫致富工作，作出《关于加强老少边岛贫困地区脱贫致富工作的决定》。

4月2日 省政府批准建立闽西梅花山自然保护区。该保护区位于龙岩、上杭、连城三县（市）毗连地区，总面积1.74公顷。

同日 省政府批转省教育厅《关于试办全日制中等职业技术学校的暂行规定（试行草案）》的报告，同意试办全日制中等职业技术学校。

4月17日 省政府公布《关于进一步搞活企业十条措施》。其中包括积极推行厂长负责制、搞好工资改革、扩大企业生产销售自主权、发展多种形式的经济联系等措施。

5月1日 全省价格改革实行“以放为主、调放结合，放开猪、蛋、鱼价格”的政策。6月1日，放开蔬菜价格，实行有指导的议购议销。1988年5月1日，全面放开猪、蛋、鱼等主要副食品价格，实行市场调节，取消除居民口粮、民用煤外其余商品的凭票供应。

5月14日 国务院批准撤销晋江、龙溪两地区，分别实行市领导县体制。泉州市升为地级市，原泉州市建制改设鲤城区；原晋江地区的惠安、晋江、南安、安溪、永春、德化、金门（待统一）等7个县划归泉州市管辖。漳州市升为地级市，原漳州市建制改设芗城区；原龙溪地区的龙海、云霄、漳浦、诏安、长泰、东山、南靖、平和、华安等9个县划归漳州市管辖。

5月18日 省政府批准建立戴云山自然保护区，总面积14万多亩。

5月底 习近平由河北省正定县调往福建省厦门市工作。

6月25日 厦门富山国际展览城首届国际展览会在厦门开幕。有8个国家和地区的56家公司及内地的11个厂家参加展会。

6月28日—7月2日 中国共产党福建省第四次代表大会在福州举行。大会审议通过《福建应当走在四化建设的前头》的报告。大会要求，全省各级党组织要坚持四项基本原则，紧紧抓住经济建设这个中心，大念“山海经”，建设八大基地，抓好沿海、山区两条线，尽力把福建经济搞上去，提前实现翻两番的任务。大会选举产生中共福建省第四届委员会、中共福建省顾问委员会、新一届中共福建省纪律检查委员会。7月3日，省委四届一次会议选举项南为省委书记。

6月29日 国务院发出《关于厦门经济特区实施方案的批复》。指出：厦门经济特区的区域范围，调整为厦门全岛〔以高（崎）集（美）海堤的高崎一端为界〕和鼓浪屿全岛，面积131平方公里，并在特区逐步实行自由港的某些政策；厦门经济特区应当建成为以工业为主，兼营旅游、商业、房地产业的综合性、外向型的经济特区，并加强同福建省和内地的经济联系与技术协作，充分发挥“窗口”作用；强调厦门经济特区要加强口岸管理，严防走私，特区与非特区之间设置管理线，实行口上检查，岸上管理，海上巡逻。

7月31日—8月3日 民进福建省第一次会员大会召开，选举产生民进福建省第一届委员会。

7月 首家台资企业三德兴公司落户厦门。

8月2日 省政府批准成立闽清黄楮林自然保护区。

8月23日 第10号强台风在长乐县江田乡登陆，全省普降暴雨、大暴雨。福州、莆田、宁德、晋江、龙岩、三明等6个地（市）的33个县（市）受灾，灾民达246.6万多人。台风造成直接经济损失2.8亿元。24日，省委、省政府在福清县召开抗灾、救灾现场办公会议，强调把恢复生产作为灾后头等大事。省领导率慰问组分赴灾区，指挥抗灾救灾。

9月2日—9日 省政府在福州举行全省专员、市长、县长会议，研究开发山区经济问题，提出发展山区经济的指导思想是在合理利用和开发资源的基础上，实行山海合作、区域分工、内外辐射、协调发展的方针。

9月9日—11日 省政府召开全省庆祝第一个教师节暨表彰教育系统先进工作者、先进单位大会。

9月14日 新加坡大华银行厦门分行设立。这是外国在福建开设的第一家独资银行。1986年11月1日银行正式开业。

9月17日 省政府发出《关于开展税收、财务大检查的通知》，要求各地、各部门按国务院规定的检查范围、内容进行检查。

10月12日 省政府发出《关于征收农村教育事业费附加的通知》，规定全省农村教育事业费附加的征收范围包括农业、林业、牧业、副业、渔业以及乡镇企业、服务性农村集体经济组织的收入。这项附加的收入实行专款专用，主要用于发展基础教育，改善民办教师待遇和教学设施，任何部门和单位不得挪用和平调。

10月22日—24日 省六届人大四次会议举行。会议明确1986年、1987年经济工作的指导思想，坚持实事求是、稳步前进的方针，树立"效益、后劲、实惠、创新"的观念，正确处理改革与建设、积累与消费、质量与数量、效益与速度的关系，使国民经济更加协调地发展。在以后两年，把基本建设规模压下来，把重点项目保上去，把经济效益抓上来，把消费资金控制住，把市场物价调节好，把出口创汇搞上去，保持社会总需求和总供给的基本平衡。大会选举程序为省六届人大常委会主任。

10月22日—24日 政协福建省第五届委员会第四次会议在福州召开。大会选举袁改为五届省政协主席。

10月 光泽县达到福建省农村基本电气化试点县验收暂行条例所规定的标准，正式通过检查验收，成为全国第一个实现初级电气化的县。

11月1日 项南在福州会见来福建参观访问的第一批37国驻华使节和外交官，对客人们说：我们的对外开放政策是坚定不移的，福建的大门将是越开越大。

11月11日　“六五”计划期间省重点建设项目——南平造纸厂第四期扩建工程通过验收。

11月14日　福建省重点建设项目之一，全省最大的高炉——三明钢铁厂三号300立方米高炉流出第一炉合格铁水。

11月25日—29日　联合国工业发展组织和福建省政府在厦门富山国际展览城联合举办福建省投资促进会，26个国家和地区的银行界、工业界和商业界的200多名代表，以及全国各省、市代表及中央有关部门代表等近1000人参加会议。会议共签订利用外资协议（合同）18项，合同金额621万美元。

11月26日　福建华福公司、福建省财政厅、福建省外汇管理分局联合组成福建省赴日发行债券代表团，在日本国东京市和日方主干事野村证券株式会社及主受托银行东京银行举行协议签字仪式。此次发行的公募债券达100亿日元，债券资金用于福建省的骨干建设项目。

同日　省委、省政府下发《关于贯彻〈中共中央、国务院关于制止向农民乱派款、乱收费的通知〉的通知》，要求各级党政部门按照中央通知的精神和原则，全面彻底检查和清理向农民派款、收费、集资、罚款等情况，凡不合理的，应认真加以整顿和纠正。

11月28日　中国第一家中外合资银行——厦门国际银行正式开业。该银行注册资本8亿港元，首期实收资本4.2亿港元。

12月14日　福建省第一座广播电视卫星地面接收站在浦城县建成。首次接收国家租用卫星转发的中央电视台第一套节目。

12月26日　水电部支持建设的全国10个中型重点水电项目之一的龙门滩引水工程破土动工。工程预计年均引水4.06亿立方米，总装机容量7.45万千瓦，年发电3.38亿千瓦时。

本年 省人事局对全省吸收录用干部工作方法进行改革，采用统一计划、统一考试、统一录用、面向社会、公开招干的办法。

本年 福建省国民生产总值达到236.2亿元（按1980年不变价计算，以下同），比上年增长19.8%。国民收入为160.27亿元。全省农村社会总产值比1980年翻一番，农业总产值比1980年增长47.8%，农民人均纯收入比1978年增加1.3倍。1979—1985年，全省共扶持18万余贫困户，实现脱贫7.2万多户。农村经济全面增长，农业总产值70.9亿元，海水养殖产量由全国第三位上升到第一位，乡镇企业总收入71.86亿元，增长75%。工业总产值165.3亿元，比上年增长25.4%。全省财政收入25.08亿元。城镇居民人均生活费收入672.5元。农民人均纯收入396元。全省社会商品零售总额达到107亿元。年末全省城乡储蓄存款余额达到47.59亿元，比上年增长34%。

一九八六年

1月1日 厦门市少年儿童图书馆开馆，为全省首座专为少年儿童服务的公共图书馆。

1月12日 省政府决定从本年开始，3年时间里省财政拿出1亿元，建立扶贫开发基金，帮助11个贫困县脱贫，扶持5个边远县发展贸易。选调省直机关干部深入11个贫困县帮助脱贫，各地、市、县、乡也分别选派干部；成立省老、少、边、岛贫困地区脱贫致富领导小组。全省扶贫工作实现从少数部门参与向全社会一齐抓、从单纯分散救济向开发式扶贫的重大转变。

2月27日 中共中央决定，陈光毅任中共福建省委委员、常委、书记，免去项南的中共福建省委书记、常委、委员职务。

2月28日—3月8日 全省专员、市长会议在厦门集美召开。会议根据省委提出的经济建设分山区、沿海两条线来抓的战略部署，研究沿海地区经济开发工作。

3月8日 省政府发出《关于放开大豆购销价格的通知》，决定从4月1日起，大豆不再定购统销，价格放开，自由购销。

3月25日—30日 陈光毅、胡平到宁德地区的宁德、霞浦、福鼎、柘荣、福安、寿宁6个县调查研究，并同部分地、县干部讨论山区脱贫致富问题，提出要“六个一起抓”：脱贫和致富一起抓、县富和民富一起抓、山和海一起抓、粮食生产和多种经营一起抓、“两个文明”建设一起抓、省上和地县一起抓。

3 月 27 日 省委召开常委会会议研究《关于抽调省直机关干部组建“福建省直机关讲师团”的意见》和《关于抽调省直机关干部加强贫困县工作的意见》。4 月 3 日，省委、省政府召开省直机关负责干部大会，动员和部署干部下基层，深入实际，支援贫困地区改变面貌。决定抽调 1000 名干部下基层搞调查研究，其中 700 名干部组成支援贫困县工作队和讲师团，分赴 11 个贫困县协助工作，为期 3 年，每年轮换一次。

3 月 福建电网大型骨干电厂——华能福州电厂在长乐县筹岐村奠基，规划装机容量 140 万千瓦。8 月 15 日，华能福州电厂 2 台 35 万千瓦机组主体工程开工。1988 年 9 月 30 日，第一台机组竣工并网发电。1989 年 1 月 17 日第二台机组并网发电。

4 月 3 日 省招生委员会全体会议讨论和通过《福建省 1986 年普通高校、中专招生工作若干问题补充规定》及若干决定，决定对 1986 年全省普通高校和招收高中毕业生的中等专业学校实行“一张卷”考试、“一条龙”录取办法，福建师范大学等 3 所师范院校试行提前单独录取的办法。

4 月 4 日 省委、省政府作出《关于制止向农民乱派款、乱收费的若干规定》。

4 月 20 日 省委、省政府发出《关于贯彻执行中共中央、国务院关于进一步制止党政机关和党政干部经商、办企业的规定的通知》，要求各级党委、政府对党政机关、党政干部经商、办企业的情况进行全面、彻底的清理整顿。

5 月 4 日 省委、省政府决定成立省老、少、边、岛贫困地区脱贫致富领导小组。

5 月 9 日—11 日 省委四届三次全会在福州召开。会议主要讨论脱贫致富工作，通过《关于加强老、少、边、岛贫困地区脱贫致富工作的决定》，提出实现贫困地区“三年脱贫，五年摘帽，八年做贡献”的奋斗目标。即从1986年起，3年内解决贫困户的温饱问题，贫困户人均年纯收入达到200元以上;5年内摘掉财政补贴县的帽子，贫困户人均年纯收入达到500元以上；8年内使一部分贫困县、乡、村、户先富裕起来，为全省的经济振兴作出贡献。

5月17日 省委、省政府决定，省委、省政府领导分别同11个贫困县和两个海岛建立联系点。

5月 国家“七五”计划重点建设项目——顺昌水泥厂主体工程开工。1988年8月水泥厂建成顺利投料试产，1991年1月正式投产，年产水泥60万吨。

6月5日 闽、赣两省召开首次经济技术洽谈会，双方代表签订各种意向书、协议书111项，并确定今后每年在双方境内轮流召开一次洽谈会。

6月6日—10日 省委、省政府在建阳麻沙镇召开全省乡镇企业现场会议。会议强调要像麻沙那样开展多层次横向经济联合，兴办具有地方特色的企业，促进农村经济的全面振兴。

6月10日 省委、省政府办公厅发出《关于省直机关各部门、各大专院校与县实行挂钩的通知》。指出，省直机关各部门、各大专院校分别与一个县定点挂钩，旨在切实改变领导机关作风，使机关领导人深入实际，了解掌握第一手材料，对口支援，开展业务，为群众办实事。

6月16日 省委、省政府作出《关于老、少、边、岛贫困地区脱贫致富若干政策、措施的补充规定》，从资金、物资、劳动就业、科技项目培训、教育、卫生等方面确定优惠政策和具体措施。

6 月 30 日 全省第一次城镇房屋普查工作完成，对 10 个市、58 个县城、22 个建制镇和 32 个独立工矿区的 12951 万平方米房屋和近 80 万户居民的居住状况进行普查登记。

6 月 省政府下达《关于国营大中型企业推行承包责任制意见的通知》。至 1986 年底，全省已有 1250 家国营企业实行各种形式的承包经营责任制。

7 月 5 日 省委、省政府向中共中央、国务院报送《关于把福建建设成为和平统一祖国前沿基地的工作汇报提纲》。7 月 25 日至 26 日，省委召开常委会扩大会议，陈光毅传达中央书记处听取、讨论《关于加快福建经济建设步伐，为和平统一祖国多作贡献的汇报》的情况和指示精神。会议决定集中抓沿海一线 4 个片区（厦门经济特区、厦漳泉三角地带开放区、福州开放城市和湄洲湾地区）的开放改革。

7 月 7 日—10 日 省政府召开打击走私工作工作会议，研究部署反走私工作的方针、任务和具体措施。

7 月 17 日 省委、省政府下发《关于贯彻中共中央、国务院〈关于国营华侨农场经济体制改革的决定〉的通知》，对华侨农场的经营管理体制，领导体制，重新调整安置归、难侨等问题提出具体实施意见。

7 月 17 日—21 日 省政府召开全省经济体制改革工作会议，着重研究发展横向经济联合问题。提出要抓住 5 个重点：（1）大型企业或骨干企业带动中小企业（含乡镇企业）生产名优适销产品的联合；（2）闽南三角开放地区的厦门、漳州、泉州之间的联合；（3）沿海地区与山区、经济发达地区与贫困地区的联合；（4）生产企业与大专院校、科研单位的联合；（5）鼓励企业和单位向开发能源、建设交通基础设施联合投资。

7月31日 省委办公厅、省政府办公厅发文要求各地结合《义务教育法》的实施，在暑假期间，对中小学校舍进行一次彻底检查，搞好校舍建设规划，限期实现中小学“一无两有”（校校无危房，班班有教室，学生人人有课桌凳）；要求地方发挥主要作用，把征收城乡教育费附加作为修建资金的主渠道。

8月1日 省委、省政府组织沿海地区开放、改革调查组，由省委领导带队，分赴沿海各地，历时约2个月，集中力量，认真抓福、厦、漳、泉、莆5个市的改革开放，分4片进行调查研究，现场办公，提出进一步搞好沿海地区改革开放的意见，推动沿海地区的改革开放，带动全省发展。

8月7日 省政府决定，在闽南三角地区经济开放区开辟第一批13个重点工业卫星镇。在这些镇举办的中外合资企业、中外合作经营企业，以及外商独资企业均可享受在闽南三角经济开放区实行的优惠政策。

8月8日 福建省科委从省科技三项费用中划出部分经费作为省自然科学基金，设立省自然科学基金评审委员会，并颁发《福建省自然科学基金管理暂行办法（初稿）》。

8月24日 国务院批准福建省加入上海经济区。9月13日，《福建日报》刊登省委书记陈光毅等同记者的谈话，阐述福建加入上海经济区的重要意义；提出当前挖掘智力资源，发挥智力优势，是双方的重要任务，希望上海经济区能对大资源开发进行规划协调，把一省一地的优势变成整个经济区的综合优势。1987年3月30日，上海经济区考察组来福建，先后到龙岩、三明和宁德的部分老苏区县考察。

同日 中国民航局新开辟厦门—新加坡直航包机航线。

8 月 28 日　经国务院批准，厦门市被列为全国第一批 16 个中等城市机构改革试点城市之一。

9 月 5 日　全省放开黑白电视机、电冰箱、中长纤维布、自行车等 7 种工业品价格。

9 月 7 日—11 日　省委、省政府在厦门市召开闽南三角地区开放改革座谈会。会议学习邓小平视察天津经济技术开发区时关于对外开放问题的重要指示，并根据中央对福建工作的指示精神，着重讨论落实省委的贯彻意见，加快厦门经济特区和闽南三角地区开放改革步伐。会议强调，要更新观念，增强开放意识，善于应用特殊政策，在开放、改革、联合、搞活、会用、建设 6 个方面下功夫；初步商谈几十个横向联系的项目；讨论制定《厦门、泉州、漳州三角地区金融体制改革意见》。

9 月 12 日　福建省第一所研究生院——厦门大学研究生院成立。

同日　国产内燃机车在福州—北京 45/46 次列车上投入运行，结束了福建铁路单一使用蒸汽机牵引的历史。

9 月 14 日　厦门—马尼拉定期空中航班开辟。

9 月 24 日—10 月 5 日　福建省 19 名运动员作为中国体育代表团成员参加在韩国汉城举办的第十届亚运会，为中国队夺得 10 枚金牌、5 枚银牌、3 枚铜牌，参赛人数和获奖牌数居全国各省、市第 10 位。

10 月 1 日　南平电视台使用 9 频道正式开播（发射功率 1000 瓦）。这是福建省第一家县级电视台。

10 月 3 日　省委常委会会议传达中共十二届六中全会精神，学习《中共中央关于社会主义精神文明建设指导方针的决议》，并讨论贯彻意见。10 月 6 日，省委发出《关于认真学习中共中央〈关于社会主义精神文明建设指导方针的决议〉的通知》。

10月12日 福建省改善外商投资环境招待会在厦门举行。会议公布56家中外合资、合作或外商独资经营的生产性企业为福建省第一批产品出口企业或先进技术企业，享受国务院规定的特别优惠政策。

10月21日 福建省建阳地区，浙江省衢州、金华、丽水、杭州，江西省鹰潭、景德镇、上饶等8个地市的有关领导在崇安共同商讨建立闽浙赣三省地市横向经济联系的事宜，签署闽浙赣8个地市横向经济联合章程。

同日 福建省个体劳动者协会第一次代表大会在福州召开。会议通过《致全省个体劳动者倡议书》，号召广大个体劳动者为福建改革开放作出新贡献。

11月5日 中国与比利时王国科技合作项目——福建省平潭风力发电示范场建成，4台机组年均总发电量为124万千瓦时。这是中国第一个大型风力发电示范站。

11月8日 福建物质结构研究所研制的非线性激光晶体材料偏硼酸钡，获得中国科学院1986年科技进步特等奖。至此，该所已有偏硼酸钡、尿素等11种晶体材料进入国际高技术产品市场。

11月12日 福建省第一家城市信用合作社——厦门开元城市信用合作社成立。

12月4日—7日 全省第一次职业技术教育工作会议召开。会议强调，职业技术教育必须贯彻“先培训、后就业”的原则。确定“七五”期间全省中等职业技术学校招生数平均每年递增5.8%，1990年招生总数为7.8万人，与普通高中招生数大体相当。

12月11日 省政府与北京大学在福州签署长期全面合作协议。

12月19日 国务院批准公布38座城市为第二批国家历史文化

名城，福州市、漳州市名列其中。

12月22日 福建省与上海市建立全面经济合作协议书在上海签订。双方就共同发展厦门经济特区，开发金属矿和非金属矿资源，利用侨资，改善福建通向华东地区铁路和海上交通运输通道等方面达成协议。

12月24日 省委四届四次全体（扩大）会议在福州召开，审议通过《关于“七五”期间加强社会主义精神文明建设的若干措施》和《关于加快开放、改革步伐，大力发展外向型经济的决议》。

12月25日 邮电部重点通信建设工程、福州—杭州480路小同轴电缆建成并投入使用，全程750公里。它同北京—上海—杭州电缆连成一体，成为华东地区的一条重要通信干线。

12月29日 装机容量140万千瓦的水口水电站主体工程开工。1989年9月，工程围堰合龙，实现大江截流。1993年3月，水口水电站按期顺利下闸蓄水。8月，电站一号机组投产发电。

12月 福州市建成温泉试验水厂，日供水5000吨，供应71个单位。福州市成为全国首家实行集中供应热水的城市。

本年 全省工农业总产值达到263.2亿元。全省农村社会总产值达到191.1亿元，比1985年增长20.3%。农业总产值为72.48亿元。工业总产值190.72亿元。全省农民人均纯收入418元，增长5.6%；人均储蓄存款余额130元，增长34%。

一九八七年

1月4日 国内第一套BJC128/256路电脑程控转报系统在福州电信局投入使用。该系统创我国用电脑实现自动转报先例。

1月7日—12日 省委召开全省农村工作会议。会议提出“山海经继续念，山海田一起抓”等农业综合发展的工作思路，提出着重抓粮食生产、开发农业、农村经济体制改革、精神文明建设等6件事。

1月16日 省政府召开全省金融体制改革工作会议。会议提出改革的重点是开拓资金市场，加强和改善金融宏观调节和控制，专业银行和金融机构企业化经营。

1月25日 省政府发出紧急通知，要求各地坚决执行《中华人民共和国土地管理法》，采取有力措施制止抢占耕地突击建房的违法行为。

1月 全省落实农村华侨私房政策基本完成，退还产权137.3万平方米，退还使用权127.2万平方米，分别占应退还总数的98.3%和91%。

2月10日 省委、省政府发出关于增加重点扶持的贫困县、乡的通知。省重点扶持的范围从11个县167个乡扩大到16个县200个乡。2月11日，省委召开省直机关扶贫工作会议，决定抽调省直机关600名干部组成第二批扶贫工作队。会议提出，1987年起要在更高层次上开展脱贫致富工作，重点放在科技、教育和智力的扶持上，加强对贫困地区的经济开发，启动自我发展的活力。

2 月 25 日—3 月 2 日　全省经济工作会议在莆田举行。会议强调要全面落实企业的自主权，积极推行多种形式的经营承包责任制，改革和完善企业内部分配制度，全面推行厂长负责制，进一步开展横向经济联合。会议指出，1987 年经济工作的中心任务是广泛深入开展“双增双节”（增产节约、增收节支）活动。

3 月 31 日　省委发出《关于贯彻中共中央 1987 年 5 号文件的通知》，要求各地、各部门要深入宣传，调查研究，制订具体贯彻措施。强调福建省要重点抓好完善双层经营、稳定家庭联产承包制；积极稳妥地调整农村产业结构，发展乡镇企业要乡办、村办、户办和联户办“四轮齐驱”；继续改革统购制度，建立完善农产品市场体系，搞活农村金融，建立健全生产、流通、科技等各种服务体系。

4 月 10 日—16 日　全省社会主义精神文明建设表彰会暨宣传部长会议在福州召开。会议提出，要着重搞好“三抓、三创、一开展”（抓职业道德建设、创优质服务；抓公共道德建设，创优良秩序；抓市容村貌，创优美环境；开展群众性的文体、科普活动，做好移风易俗工作）工作。

4 月 18 日　福建省首家农村社会保险基金会在沙县成立。该会属群众互助合作救灾保险性质。

4 月　水口水电站配套工程——外福铁路改线工程全面铺开。1989 年 12 月 20 日工程开通使用。

5 月 16 日　福建省最长的海底电缆——霞浦县海岛乡海底电缆铺设完工。

5 月 24 日　省政府在三明召开全省承包经营责任制座谈会，研究部署全省国营企业，特别是大中型企业实行多种形式经营承包责任制工作。要求今年全省国营大中型企业实行多种形式的责任制的覆盖面要努力超过 80%。

5 月 24 日—29 日　全国百货商品供应交流会在福州举行。这是在福建省举办的规模最大的一次商品交流盛会，近 2 万人参加，共展出 4.5 万多种商品。

5 月 26 日　省委常委会会议决定，晋江县石狮镇的行政建制改为县级，按县级机构配备干部。

6 月 10 日—13 日　省委、省政府在福州召开全省科技工作会议，研究加快科技体制改革，推进科技进步问题。会议研究部署全省科技工作，重点任务是开发山、海、田，发展外向型经济，扶持贫困地区脱贫致富；确定具体奋斗目标，拟定“三百三千”计划（即到 1990 年实施 100 个有影响的“星火计划”项目，建立 100 个科技示范乡、镇，发展 100 个以出口创汇为主的科研生产联合实体；引进、吸收先进技术和关键设备 1000 项，开发 1000 种合格的工业新产品，每年组织 1000 名科技人员分赴经济建设主战场）；制定《关于进一步推进科技体制改革的若干规定》等政策文件；表彰有突出贡献的科技工作者。

6 月 19 日　全省食用菌生产会议宣布：福建食用菌产量、产值、出口创汇均居全国首位，分别占全国的 22.2%、25% 和 43.74%。

7 月 9 日　省计划生育委员会负责人在新闻发布会上指出，中华人民共和国成立后 37 年，全省人口增加 1.3 倍，平均每年增加 42.2 万人。目前全省人口的特点：一是人口密度高，达 220 人 / 平方公里，高于全国平均数（107 人） 1 倍多；二是人口年龄构成轻，30 岁以下占总人口的 67.3%，年龄中位数 20.18 岁；三是农村人口比重占 85%。

7 月 21 日　省委决定，将平潭县列为省重点扶持的贫困县。全省重点扶持的贫困县达 17 个。

同日 省政府发出《关于依靠科技进步、增强农业后劲的若干意见》，就15个方面的问题提出要求和措施。

7月22日 省委办公厅、省政府办公厅转发《福州、莆田、宁德、建阳、三明5地市横向经济联合三明恳谈会情况报告》，指出大力发展横向经济联合是深化经济体制改革的重要一环，要不断推进全省横向经济联合向更大规模、更高层次发展。

7月26日 福（州）马（尾）公路主体工程竣工。

8月19日 泉州港首条国际海上航线泉州—日本海上航线开通。

8月 国家经委、经贸部决定在福建省建立全国最大的运动鞋出口生产基地。

9月6日—9日 首届福建省闽南三角经济开放区外商投资贸易洽谈会在厦门富山国际展览城举办，来自18个国家和地区的400多宾客参加。4天共签订合同54项，总投资4.58亿元，其中利用外资5483.8万美元。出口合同金额7506.9万美元。

9月10日 12号强台风在福建省晋江县登陆，狂风暴雨猛袭沿海市、县，直接经济损失3.86亿元。省领导分赴莆田、惠安、晋江、福清、泉州等沿海受灾市、县组织群众抢险救灾。17日，省政府下拨救灾款585万元和粮食5万公斤等支援灾区尽快恢复生产，安置灾民，重建家园。国务院拨救灾款900万元支持福建救灾工作。

9月14日—17日 省委、省政府在宁德召开宁德地区经济建设现场办公会议。会议认真探讨闽东经济发展战略和方针，制订开发振兴闽东经济的优惠政策和措施，探讨对口支持宁德地区的方法；并帮助闽东解决一些当前急需解决的困难和问题，以加快闽东经济发展步伐。

9月15日 福建省农村规模最大的连江黄岐半岛供水工程通水。

9月16日　全国第一部省一级地方专门法规《福建省保护消费者合法权益条例》颁布。该条例于1987年12月1日起施行。

9月19日　泉州市开通全国第一个市、县、镇三级联网的万门程控电话交换机系统。

9月20日　福建省首家综合性劳务市场在三明市开业。

9月22日　福建省第一家以骨干企业为主体、以名优产品为龙头的企业集团——闽东电机（集团）公司在福州成立。该企业集团1988年被省政府列为全省首家计划单列企业。

9月24日　全省贯彻三个条例、推行厂长负责制工作会议在福州结束。会议强调要正确对待企业领导体制改革，首要问题是要转变思想观念。

9月29日　中外合资的福新显像管有限公司彩色显像管生产线试产成功。这是全国第一条既能生产黑白显像管，又能生产彩色显像管的生产线。

10月9日　省委办公厅、省政府办公厅转发省委对台办《关于台湾同胞来闽定居安置工作意见》，对审批手续、安置工作、组织领导等作出相应规定。

10月10日　省委、省政府颁发《关于贯彻落实〈中共中央关于进一步加强扶贫开发工作的决定〉的意见》。

10月12日—13日　省委常委会扩大会议讨论研究进一步开放、改革及加快厦门经济特区建设的问题。会议形成《关于加快厦门经济特区建设的纪要》。

10月15日　中国银行厦门分行开始发行全国通兑的人民币信用卡——长城卡。这是福建金融界首次发行信用卡。

10月25日—11月1日　中国共产党第十三次全国代表大会举行。

会议报告《沿着有中国特色的社会主义道路前进》第一次对社会主义初级阶段的科学内涵作了系统阐述。明确概括了党在社会主义初级阶段的基本路线的主要内容是“一个中心，两个基本点”，即以经济建设为中心，坚持四项基本原则，坚持改革开放。制定“三步走”发展战略，即：第一步，在20世纪80年代实现国民生产总值比1980年翻一番，解决人民的温饱问题；第二步，到20世纪末，使国民生产总值再增长一倍，人民生活达到小康水平；第三步，到21世纪中叶，人均国民生产总值达到中等发达国家水平，人民生活比较富裕，基本实现现代化。这是“小康”一词首次出现在全国党代会的报告中。

11月12日 首批100多名台胞经香港到厦门，然后分赴福建各地与亲人团聚。1987年11月2日，台湾红十字会开始办理台胞赴大陆探亲手续。

11月20日—12月5日 第六届全运会在广州举行。福建省体育代表团夺得11枚金牌、10枚银牌和10枚铜牌，列全国37个代表团第18位。

11月26日 省政府发布《福建省鼓励开展对外来料加工装配业务的规定》。

11月—12月 由省、地（市）、县卫生部门组织的考核组，先后对漳浦、同安、莆田、晋江、惠安、福清等7个县进行基本消灭丝虫病考核，均达到部颁标准，至此，全省78个县、市、区都达到基本消灭丝虫病的要求。1988年8月，省政府正式宣布全省基本消灭丝虫病。

12月2日—5日 厦门大学举办中国首次朱子学国际学术会议。

12月3日 在三明市举行的全国农村电影市场经验交流会，确认福建省兴办35毫米农村电影院最多。福建省农村室内看电影比例居全国之首。

12月8日 建瓯、宁化、霞浦、屏南、龙岩5个县被列为联合国儿童基金会1988—1989年妇幼卫生示范扩展县。

12月11日—17日 省委工作会议在福州召开。会议进一步学习贯彻中共十三大精神，贯彻中央工作会议和中央领导对福建工作的讲话精神，集中研究开展党的基本路线教育，加快本省改革开放、发展外向型经济步伐，同时研究全省第二步奋斗目标和近3—5年福建的经济发展指标，部署安排明年工作。会议提出，根据省情，必须实行适度超前的发展战略；全省提前5年即到1995年，实现国民生产总值、国民收入、工农业总产值、地方财政收入第二个翻番，外向型经济初具规模，经济发展进入新的阶段，大部分地区人民生活达到小康水平。并提出，前三年主要经济指标都要实现10%以上的速度递增。

12月17日 国务院批准设立石狮市（县级），以原晋江县石狮、永宁、蚶江3镇和祥芝乡为石狮市行政区域，由省管辖。1988年1月5日，省政府批准委托泉州市政府代管石狮市的行政工作。同月，省政府批准石狮市为省定改革开放综合试验区。

本年 截至年底，福建省已同世界120多个国家和地区建立经济贸易关系，累计完成外贸出口总值40.71亿美元，利用外资合同项目1273个，合同外资金额12.03亿美元。

本年 全省国民生产总值达到260.4亿元，比1986年增长12.8%，国民收入达到226.2亿元，比1986年增长12.1%，其增长幅度分别比全国平均水平高3.4个和2.8个百分点。工农业总产值313.91亿元，比1986年增长19.3%。全年财政收入33.16亿元，按同口径比 1986 年增长 13.7%，扭转了多年来财政收入增长慢于支出增长的趋势。全省国家现汇收入 6.12 亿美元，比 1986 年增长 17.3%。全民所有制基本建设新增加的固定资产达到 23.6 亿元，比 1986 年增长 29.3%。

一九八八年

1月7日 省政府决定，从1988年1月1日起，全省国营企业职工退休基金由社会劳动保险公司统筹。

1月13日 国务院公布第三批全国重点文物保护单位，福建省有福州林则徐墓、长汀革命旧址、厦门陈嘉庚墓、惠安崇武城墙、泉州洛阳桥、莆田木兰陂、泰宁尚书第、泉州天后宫、莆田释迦文佛塔、泉州老君岩造像、南安九日山摩崖石刻、泉州伊斯兰教圣墓、屈斗宫德化窑遗址等13处。

1月18日—27日 省政协召开六届一次会议，选举陈光毅为六届省政协主席。

1月20日 省委向中央农村政策研究室报送《关于将三明市集体林区列入全国农村改革试验区的报告》。报告提出，三明是福建的重要林区，为了探索林业经济体制改革、林业现代化、林业发展道路，创造经验，要求将其列入全国农村改革试验区。4月22日，三明市集体林区改革试验区经国务院批准列入全国农村改革试验区。这是全国南方集体林区改革唯一的试验区。12月8日，福建省三明市集体林区改革试验领导小组成立。

1月20日—30日 省七届人大一次会议在福州召开。会议提出，从1988年起，抓紧3年，奋斗8年，力争提前5年实现第二步奋斗目标，并提出加快和深化经济体制改革、进一步扩大开放、突出发展科技教育事业、合理调整产业结构等4个主要措施。会议选举程序为省人大常委会主任、王兆国为省长。

1月24日 福建省首家企业拍卖市场——福州市企业拍卖市场开业。1月25日，厦门市首次公开拍卖国营和集体小企业，有3家商店被拍卖，拍卖后的企业，所有权与经营权归私人，按个体经济管理经营。

1月26日 国务院批准扩大闽南三角经济开放区范围。新增经济开放区为莆田市（包括城厢区、涵江区）及所辖莆田、仙游县，泉州市的德化县，漳州市的诏安、云霄、南靖、长泰、平和、华安县，福州市的闽侯、长乐、福清、连江、闽清、平潭、罗源、永泰县。

1月31日 省科技领导小组主持召开的省科技“双活”（放活科研机构、放活科研人员）工作会议结束。会议提出将科技“双活”作为当年科技改革的重点纳入深化改革、发展经济的重大战略措施，从科研、高校、大型企业中选拔、推荐科技人员兼任科技副县长和副乡长、副镇长。

1月 华安、平和、长泰、永定、同安等县直达省会福州的通信电路相继开通。至此，除金门县外，福建省各市、县都有直通省会的长途通信电路。

2月1日—5日 省政府在福州召开全省经济工作会议和企业技术进步会议。强调要把“稳定市场、稳定物价、稳定人心”作为内贸工作的第一任务；确定企业技术改造、技术引进工作继续放宽政策，下放项目审批权限，简化审批程序；加强宏观调控，改变年度计划管理办法，提倡能人治厂。要求把大力发展劳动密集型产业作为主攻方向。

2月5日 省政府批准建立茫荡山自然保护区（森林生态类型）。

2月6日 省政府发布《福建省农业承包管理规定》。

2月11日　福州市在全国范围内首次采用公开拍卖的方式，向外商出让一块位于五四路侧的国有土地使用权。42家在福州市注册具有法人资格的企业参加出价后，香港永升发展有限公司、香港华榕有限公司、华榕（澳门）工程有限公司联合以458万元的地价获得了这块土地的使用权，创下了当时土地的最高价格。此举揭开了福建土地使用制度改革序幕，同时也开创了全国以拍卖方式向外商出让土地使用权的先例。

2月12日　省政府批准建立龙海县红树林自然保护区。

2月28日—3月1日　省委召开常委学习会，对实施沿海经济发展战略、发展外向型经济进行研究，提出外贸、金融、价格、计划、财政、科技、住房等方面的体制改革先走一步，把企业承包经营责任制向更深化、更高层次推进，加强企业管理，放胆实施各项改革措施，开拓各具特色的经济发展特别是外向型经济发展的路子。

2月　省政府召开全省第一次境外企业工作会议，确定境外企业进行承包责任制试点。这在全国属首例。

3月10日—12日　省政府召开专员、市长会议，研究部署加快和深化福建省外贸体制改革，全面推行承包责任制的任务；提出在“自负盈亏、放开经营、工贸结合、推行代理制”的方针指导下，全省外贸体制改革按“两级承包、包到企业、条块保证”的方式实行。

3月18日　国务院发出《关于扩大沿海经济开放区范围的通知》，决定将福建省宁德、霞浦两县列为经济开放区，享受中央给予闽南厦漳泉三角地区的各项政策。至此，福建沿海经济开放区扩大到全省沿海地带的33个县（市、区），形成沿海连片的多层次、多形式经济开放区新格局。

4月1日　省物价委员会通知放开名烟、酒和彩色电视机价格，实行市场调节。

4月16日 全省大、中专招生实行部分改革，从本年起，应届高、初中毕业生报考大、中专及技校均应具有参加社会实践活动的鉴定。

4月18日—20日 省政府召开第三次成员会议，专题传达讨论贯彻国务院原则批准的福建省《关于深化改革开放，加快外向型经济发展的请示》。国务院批复指出，福建进行综合改革试验，在改革开放中先行一步，不仅有利于加快福建省经济的全面发展，有助于实现沿海经济发展战略，而且有利于促进对台经贸合作，实现祖国统一大业。批复同意福建省将施行的金融、外贸、对台经贸、企业、农村、科技教育、房地产、政治体制等11项改革，以及福建争取到1995年实现国民生产总值、国民收入、工农业总产值、出口创汇、地方财政收入比1980年翻两番的目标。

4月23日 国务院批准厦门市在国家计划中实行单列，并赋予相当于省一级的经济管理权限和地方立法权。

4月 省七届人大常委会第二次会议通过《福建省计划生育条例》，于7月1日开始试行，标志着福建省计划生育工作纳入法治化的轨道。该条例于1991年6月经省七届人大常委会第22次会议修订，并正式颁布执行。

5月9日 经国务院批准，闽西梅花山自然保护区被列为国家级保护区，改名为福建梅花山自然保护区。

5月9日—14日 省委四届八次全体（扩大）会议在福州召开。全会传达贯彻了中共十三届二中全会精神，落实国务院批准的关于福建省进行综合改革的意见，研究此后三年加快实施沿海经济发展战略，在发展外向型经济中带动全省经济适度超前发展等事项。会议提出此后福建经济社会发展基本战略构想，即以国际市场为导向，以国内市场为依托，大进大出，走国际经济大循环的路子，依靠科技进步和科学管理，优化产业结构，充分发挥厦门经济特区和各开放区的作用，山海协作，优势互补，大力发展外向型经济，带动全省经济发展。

5月19日—25日 中共中央政治局常委、中央书记处书记胡启立在福建考察，了解贯彻实施沿海地区经济发展战略的情况，研究如何改进思想政治工作问题。

5月29日—31日 福建省第一届农民运动会在“田径之乡”莆田县举行。

5月30日 省政府通知，从1988年6月1日起，提高全省计划供应的城镇、农村粮食销售价格和城镇油脂油料销售价格，粮油销价调整后，给予职工适当的价格补贴。对定购的花生果每50公斤生产资料价格补贴11元，油茶籽（油）、油菜籽（油）定购价也相应给予生产资料价格补贴，对工商行业用粮用油，一律开放，实行议价供应。

5月30日—6月3日 福建省农村教育工作会议在福州举行。会议提出加强基础教育、努力为中小学多办实事的13条措施。决定1988年省内拨出教育专款1500万元，用于危房抢修和实现小学“一无二有”，重申今后凡中小学危房未解决的县（市、区）、乡不准兴建楼堂馆所，民办教师的工改增资和物价补贴要抓紧兑现，安排3000名合格民办教师转公办教师指标，并将再评选100名特级教师等。会议强调大力发展农村初、中级职业技术教育。

5月 省政府批准37个镇为沿海经济开放区第三批重点工业卫星镇，实行中央和省规定的有关优惠政策；批准10个乡和福清县融侨工业开发中心享受重点工业卫星镇的政策待遇。至此，全省共有重点工业卫星镇及乡（包括工业开发中心）79 个。

6 月 1 日　省政府决定开辟湄洲岛为对外开放旅游经济区，并实行 10 条更加优惠的开放政策。该岛由原莆田县辖划归莆田市直接管辖。

6 月 10 日　省委决定，成立省委政治体制改革办公室。

6 月 12 日　首次由国内独立承建的全国最长的 220 千伏海底电缆工程在厦门开始全面施工。该电缆全长 7.22 公里，其中跨海长度 4.3 公里。1990 年 1 月 10 日工程投产运行。

6 月 16 日　福建省首家农村保险合作社在南靖县和溪乡开业。该保险合作社采取“个人出一点，集体出一点，国家出一点”的方式办起来，不以营利为目的。

6 月 25 日　国务院 1988 年第十次常务会议通过的《国务院关于鼓励台湾同胞投资的规定》，将福建等省的沿海地带划定的岛屿和地区作为鼓励台湾投资者从事土地开发经营场所。

同日　福建省第一家全民所有制证券公司——福建省闽发证券公司开业。

7 月 2 日　省政府在泉州市召开全省利用外资改造现有企业会议，确定首批推动 102 家企业 109 个利用外资项目。这批项目总投资 16.38 亿元，用汇 2.33 亿美元。

7 月 4 日　石狮市筹建工作第二次新闻发布会发布《关于推荐选拔石狮市市长的公告》，宣布石狮将公开施行推荐选拔市长。这是福建省综合改革试点的一个大步伐。

7 月 12 日　省政府批准在东山县建立创汇农业区，拟用 8 年时间，采取优惠政策措施，建起围绕国际市场运转的贸工农、产供销一条龙的创汇农业生产体系。

7 月 18 日—21 日　省政府在福州召开全省文化工作会议。会议确定福建省艺术表演团体体制改革方案，计划在 5 年或更多的时间内，通过改变经营体制、推广试点经验和完善配套措施等步骤，实现艺术团体中少数高水平、示范性、实验性或保留具有特殊价值剧种的剧团由政府文化部门主办，与大多数剧团由各部门、企业、团体、集体或个人办（即社会主办）并举的“双轨格局”。

7 月 22 日　福建国际租赁有限公司成立，为本省利用外资开拓了一条新路。

同日　省政府颁布《关于向境外客商让售全民所有制小型工业企业的暂行规定》。首批 88 家企业允许外商参股、承包和对外转让。其中对外转让企业共 56 家。

7 月 28 日　省政府颁布《福建省中外合资经营企业劳动管理暂行规定》，规定企业职工原则上都要实行社会养老保险制度。

8 月 6 日　厦门鼓浪屿—万石岩、泉州清源山、福鼎太姥山等被列为第二批国家重点风景名胜区。

8 月上旬　福建省零售市场继 3 月份以来，出现第二次抢购风潮，波及全省，为历年所罕见。据物价部门统计，这一年 1 月至 5 月物价总水平上涨了 15.8%，6 月至 8 月，全省的抢购风潮助长了物价飙升，物价上涨了 14.2%，9 月以后，由于政府部门采取了一系列平缓物价的措施，物价上涨势头得以有效控制。

8 月 26 日　福建兴业银行成立。这是福建省第一家股份制区域性商业银行。

8 月 30 日　省政府批复省科委，同意在福州、厦门两市建立科学技术园区，作为福建省依靠科技发展高技术、新技术产业，实施沿海地区经济发展战略的一项重要措施。

8月　福建省房改领导小组召开全省房改工作会议，研究部署全省城镇房改工作，同时颁布《福建省城镇住房制度改革实施方案》。同月，省政府批复南平市为全省第一个进行房改的城市。9月1日方案正式开始实施。

9月8日—11日　福建省外商投资贸易洽谈会在厦门举行，来自17个国家和地区的1400多名客商到会。福建省共与外商签订投资项目合同338项，合同投资总额33.5亿元；协议书74项，协议投资6.4亿元；意向书172项，投资总额7亿多元。

9月9日—11日　福建省脱贫工作会议在福州召开。会议强调，要继续抓好扶贫帮困工作，认真进行3年扶贫工作大检查。

9月12日　省政府发出《关于加快和深化高等教育改革的决定》和《关于进一步加强和改革普通教育若干问题的决定》。

9月15日　省委批转省委组织部《关于开展民主评议党员活动，妥善处理不合格党员的意见》，决定在全省党组织中开展民主评议党员活动，提高党员素质，保持党员队伍的先进性和纯洁性，增强党组织的战斗力。

10月11日　省政府召开电话会议，部署在全省开展清理固定资产投资在建项目，压缩投资规模，调整投资结构等事宜，并规定从即日起，一律不准再开工新项目，当年开工的项目一律停建。至年底，全省停建、缓建和压缩各类项目920个，这些项目总投资16.49亿元，扣除已完成投资，压缩投资10.09亿元，停、缓、压项目的总投资占全省地方在建项目总投资的14%。

10月17日—21日　省委四届九次全体（扩大）会议在福州召开。会议传达中央工作会议和中共十三届三中全会精神，研究部署治理经济环境、整顿经济秩序和全面深化改革的工作，强调对十三届三中全会提出的重大决策，要在党的坚强领导下，充分发挥政治优势，做到态度坚决、措施有力、服从大局、严守纪律、不折不扣地贯彻执行。1991年，全省治理整顿工作基本结束。

10月24日 省委、省政府发出《关于贯彻执行中共中央、国务院〈关于清理整顿公司的决定〉的通知》，决定把1986年以后新成立的公司作为清理整顿的重点，以全面清理与重点整顿相结合，企业自查、主管部门复查，各级政府组织一定力量到重点部门重点单位清理整顿和统一组织抽查验收的办法，于年底前完成清理整顿工作。

10月 三明市农科所谢华安等培育的杂交水稻组合"汕优63"，获国家科技进步一等奖。该品种自1982年至1987年，累计推广1亿亩，是全国杂交水稻推广面积最大的优良品种。

11月18日 经国务院批准，建阳地区驻地迁到南平，更名为南平地区，其行政区域不变；撤销宁德县，设立宁德市（县级），以原宁德县的行政区域为宁德市的行政区域。

11月26日 福建省第一家从事财产拍卖业务的专门机构——厦门经济特区拍卖行成立。

12月12日—15日 全国贫困地区经济开发经验交流会南方片会在福州召开。福建省汇报了3年扶贫工作的情况。会议要求各省、区集中力量，调整部署，打好扶贫攻坚战，争取"七五"期间实现国务院提出的解决贫困地区大多数人民温饱的目标。

12月15日 福州东街口百货大楼完成年销售额1.00014亿元，成为福建省首家突破亿元大关的零售商店。

12月18日 福建省首家事业性质、企业管理、独立核算、自负盈亏的人才市场——福建人才智力开发服务公司、福建毕业生就业指导中心在福州开业。

12月26日 省政府批准建立天宝岩自然保护区。

12月 福州—厦门彩色数字会议电视系统在福州—厦门数字微波电路上正式开通。这是全国第一套8Mb/s彩色数字会议电视系统。

本年 南平造纸厂新闻纸年产量首次突破10万吨，创历史最高水平，再次名列全国九大新闻纸厂首位。该厂生产的星光牌新闻纸被评为部优产品，填补了国内造纸行业的一项空白。

本年 全省国民生产总值达到354.09亿元。国民收入307.59亿元。工农业总产值398.10亿元，比1987年增长26.8%。全年新签利用外资合同813项，协议外资金额6.25亿美元，实际利用外资2.89亿美元，分别比1987年增长1.85倍和96.3%。全省财政收入40.16亿元，比1987年增长21.1%；财政支出47.08亿元，比1987年增长24.5%。全年社会商品零售总额为194.53亿元，比1987年增长36.9%。全省职工人均工资比1987年增长24.6%，比全国增长水平低，且由于物价涨幅过高，职工实际工资比1987年下降1.9%。农民人均年纯收入为613.41元，比上年增长26.5%。

一九八九年

1月1日　《福建省全民所有制企业职工退休养老保险暂行规定》开始实施。福建省成为全国第一个实现退休养老保险全省统筹的省份。

1月6日　省政府和中国石油化工总公司合资建设福建炼油厂协议书在福州签字。这是央企在闽投资的第一个项目，也是中国石化成立后首个与地方合作的项目。

1月14日　省委召开全省精神文明建设工作座谈会，强调：一是树立精神支柱，开展群众性的理想、信念、人生观、价值观教育，引导人们为实现“四化”、振兴中华而努力奋斗；二是深化“两德”建设，努力提高人们的职业道德和社会公德素养；三是重视科技教育文化，逐步创造与改革开放和现代化建设相适应的健康环境；四是抓好综合治理，旗帜鲜明地扶正压邪、惩恶扬善。

1月17日　福建省第一座潮汐试验电站——平潭县幸福洋电站建成，总装机容量1280千瓦，年发电量315.17万千瓦时。

1月23日　国内感光行业现代化水平最高的中外合作项目——彩色感光材料生产线在厦门彩色感光材料有限公司建成试产。

2月24日　省委、省政府在福州召开全省脱贫工作暨表彰会议，总结交流3年扶贫工作的经验，表彰134个扶贫、脱贫致富先进单位和个人。会议指出，省定17个贫困县扶贫成绩显著，3年农民人均增收185元，脱贫面扩大到85.5%。

3月4日　中国福建省出口商品展销会在新加坡文化大酒店开幕。

这是福建省首次在国外组织举办大规模的综合性展销会。

3月16日 省委、省政府作出《关于加强农业基础，夺取农业全面丰收的决定》，要求进一步加强对农业基础地位的认识，重视发展和应用农业科学技术，稳步发展乡镇企业，坚持推进和深化农村改革，加强农村工作的领导。

3月28日—30日 福建省房改领导小组在福州召开有各地、市和试点市（县）房改办主任参加的会议，对全省房改工作作出具体部署。

4月1日 劳动部、财政部批准福建试行《全省国营企业工资总额同经济效益挂钩浮动方案》，这在全国尚属首家。

5月上中旬 受北京政治风波影响，福州、厦门、泉州等地有部分大专院校学生上街游行，严重影响社会秩序。5月19日，省委召开常委会会议，一致拥护中共中央政治局常委会作出的决策，坚决与党中央保持高度一致。尽快用中央的精神统一广大干部、群众和青年学生的思想，旗帜鲜明地反对动乱，坚决维护安定团结的政治局面。

5月18日—22日 全省林业工作会议在三明市和南平市召开。会议提出全党动员、全民动手、狠抓7年、绿化八闽的目标任务及实施“三五七工程”。会议期间举行省造林绿化目标责任制签字仪式。7月24日，省委、省政府发出《关于加强造林绿化，大力发展林业的决定》。

5月21日 省“七五”期间重点技改项目——南平铝厂电解铝技改第一期工程正式投产。1991年1月、1994年3月，第二、三期工程建成投产。

5月30日 省委常委会会议通过省委、省政府《关于当前加强教育，改善办学条件的若干措施（草案）》。

5月 国务院批准厦门经济特区及厦门市的海沧、杏林地区，福州马尾经济技术开发区内未开发部分，作为台商投资区。

6月6日 省委召开常委会扩大会议，提出稳定学校是当前稳定社会的重点，一切报刊、广播、电视都要有利于稳定局势，维护安定团结，做好舆论引导工作，揭露极少数人的阴谋活动。6月13日，省委召开省直机关干部大会，传达邓小平6月9日在接见首都戒严部队军以上干部时的重要讲话，提出要把认真贯彻邓小平讲话精神，作为全省工作的中心任务；要求尽快用邓小平讲话精神统一全省党员、干部和群众的思想，要坚决按照中央部署，继续稳定福建局势。

6月24日 省七届人大九次会议通过《关于加强福建省环境保护工作的决议》。

6月28日 中国农村信托投资公司和福建省农村经济开发公司在福州签署世界银行贷款转贷930万美元合同。其中640万美元由福建省农村经济开发公司承接，290万美元由漳州市农村信托投资股份有限公司承接，专项用于开发农业、水产种养业和加工业。这是中国第一次使用世界银行农村部门调整的现汇优惠贷款。

6月 南京军区福州总医院遗传实验室发现两种新的人类染色体核型，均为世界首报核型。

7月1日 福建省集体企业、私营企业职工法定养老保险制度开始实行。此举在国内是第一家。

7月10日 省政府批准长乐县的潭头镇、梅花镇、营前镇，南安县的英都镇、仓苍镇、码头镇、罗东镇，安溪县的蓬莱镇，平和县的九峰镇，南靖县的靖城镇，云霄县的陈岱镇，长泰县的岩溪镇等12个镇为福建省第五批重点工业卫星镇，实行中共中央、国务院关于批转《长江、珠江三角洲和闽南厦漳泉三角地区座谈会纪要》的通知所规定的各项优惠政策。

7月21日—27日　受9号台风影响，政和、松溪、福安、浦城等县暴雨成灾，损失严重。23日，省委、省政府向各灾区发出慰问电。驻闽部队积极参加抗灾抢险斗争。省政府拨出救灾专款支援南平、宁德两个重灾区人民恢复生产，安排好群众生活。

7月　福建省当年春粮总产达4.43亿斤，超历史水平，受到国务院表彰。

8月16日　福建省社会治安综合治理领导小组召开全省“扫黄打丑”专项斗争电话会议，部署开展“扫黄打丑”专项斗争。

8月22日—24日　省委、省政府在平和县召开开发性生产脱贫致富现场会。指出，今后的扶贫工作要把开发性生产与脱贫致富有机地结合起来，动员社会各方面力量，在全省范围内掀起农村开发性生产的新热潮。会议重申，党在农村的富民总政策不变，当前要把脱贫工作从扶持千家万户解决温饱问题转向建立稳固的经济基础，转向农村经济开发，加快脱贫致富步伐。

9月1日　福建省第一个高技术园区——福建科理高科技工业园区在马尾开发区成立。

9月4日　省政府作出关于实行市长、专员环境保护目标责任制的决定，要求省辖市政府、地区行政公署组织有关部门调查研究，综合分析本辖区的环境状况，提出本届政府任期环保责任总目标、分项目标和年度工作计划，由市长、专员向省政府签订环境保护责任书，作为考核政绩的一项内容和依据。

9月15日—10月5日　首届福建艺术节（第二届中国艺术节福建分会场）在福州举行。全省各地、市也举办各种形式的艺术节和文艺演出活动。首届福建艺术节是中华人民共和国成立以来福建省一次规模宏大的文艺活动。

9月19日 福建省最后一个市话改制工程——诏安县邮电局2000门HJ-04长市农合一的纵横制自动市话交换机割接开通。至此，全省68个县、市（除金门县外）全部实现市内电话自动化。福建成为华东地区第一个实现全省市话自动化的省份。

10月3日 建于厦门湖里工业区的台湾工业园区首期工程动工兴建。该园区总占地40万平方米，首期工程占地8万平方米。

10月16日 国务院批复同意设立莆田、三明、福清、宁德海关，隶属福州海关领导。

10月27日 省政府公布《关于对我省重点国营大中型工交企业实行扶持政策的规定》。

11月11日 福建炼油厂10万吨级油码头前期工程在惠安动工。该码头总投资约9000多万元，建成后年吞吐量可达457万吨。

11月 崇武港建成千吨级对台贸易专用码头1座。12月该码头通过验收交付使用。同年，国务院确定崇武港为大陆第一个对台贸易港。

12月18日—20日 省委在龙岩市召开纪念古田会议60周年暨党建工作座谈会。会议要求，更加聚精会神地抓好党的建设，为保持政治、社会安定，进一步搞好治理整顿、深化改革、扩大开放，促进经济的持续、稳定、协调发展，提供充分的政治保证。会后，省委发出《关于继承和发扬古田会议精神，加强党的思想建设的意见》。

12月20日 福州台江农贸市场建成，面积4.2万平方米，是全省最大的农副产品集散地，也是全国十大市场之一。

同日 外福铁路改建工程竣工并交付运营。总投资约5.24亿元。1995年末，外福铁路改线后全长为186.66公里。

12月22日—25日　中共中央总书记江泽民视察闽西革命根据地、漳州市、厦门经济特区和福州市。江泽民指出，福建是实行综合改革和对外开放的省份，战略地位十分重要，希望福建改革开放一要坚持下去，二要搞得更快更好。他强调，当前要普遍提高干部的马克思主义水平，使我们这个党攻无不克，战无不胜。

12月30日　省委作出《关于密切联系群众、改进领导作风的决定》。决定在福建全党特别是各级领导干部中广泛深入开展“三大”作风和全心全意为人民服务的再教育；加强领导接待群众来访工作；克服“文山会海”，改进机关作风；等等。

本年　全省国民生产总值达400.88亿元，国民收入348.39亿元。人均国民生产总值达到1384元，略低于全国人均1410元的水平。人均国民收入1203元，首次超过全国人均1169元的水平，进一步缩小了和先进省市的差距。全省农业总产值达90.71亿元，比上年增长6.5%。全社会固定资产投资完成额为89.32亿元，比上年减少3.18亿元，压缩3.4%。全省预算内财政收入51.6亿元，增收11.44亿元。城镇居民人均收入达1398元，比1988年增长25.9%。农民人均纯收入为697元。城镇居民人均居住面积达9.4平方米，农民人均居住面积达16.65平方米。

一九九〇年

1月10日 全省当时最大引进项目——翔鹭涤纶纺纤（厦门）有限公司动工兴建。工程投资2.7亿美元，1995年4月正式投产。

2月24日—27日 国务院总理李鹏在厦门经济特区考察。李鹏指出，海沧是外商投资办厂的理想之地，要充分利用福建天时地利人和的优势，推进对台经济合作。考察期间，李鹏会见了厦门市台胞省亲恳谈会的部分台胞，表示欢迎更多的台胞来大陆投资办厂。

2月27日 沙县农村电气化建设通过省级验收，成为福建省第11个实现农村初级电气化的县份。至此，福建省提前和超额完成国务院交给的农村电气化试点县建设任务。

3月7日 省委、省政府作出《关于加强计划生育工作的决定》。

3月15日 全国首家省级跨区域外汇调剂公开竞价市场在福州开业。福建省进入外汇调剂市场的外汇，均可由供需双方直接见面，公开竞价成交。

3月18日 省委印发《关于学习贯彻〈中共中央关于坚持和完善中国共产党领导的多党合作和政治协商制度的意见〉的通知》。

4月 全省清理“三角债”工作取得较好成效，共清理基建、技改项目9个，承付金额868.65万元，其中银行注入清欠贷款500万元，自筹资金到位368.65万元，均完成国家审定任务数。全省部分大中型企业和部分行业因拖欠款造成的资金紧张状况得以初步缓解。

5月17日—20日 福建省组团参加香港（亚太地区）贸易与投

资洽谈会，取得令人瞩目的成果：共接待客商2000多人次，发布吸收外资项目700多个，洽谈项目285个，其中签订意向、协议书和合同137项，总投资额为5.71亿美元，外资协议金额4.69亿美元。

5月21日　省委、省政府印发《关于大力发展农业的若干政策规定》，要求各级政府做到增加农业投入比重，依法保护耕地、科学开发土地资源，鼓励开发性生产，进一步支持乡镇企业的发展等。

5月26日—28日　省委在三明召开全省社会主义精神文明建设工作会议，进一步总结推广三明市创建文明城市的经验，提出了社会主义精神文明建设的总目标及要求。

5月29日　世界银行董事会通过“世界银行贷款中国造林项目”。该项目造林规模为1477万多亩，其中福建省分项目造林规模为129万亩，总投资2.21亿元。

6月12日　省内第一家农村保险合作社在尤溪县西滨乡成立。

6月23日—9月10日　福建省连续遭受5号、6号、9号、12号、17号、18号台风袭击，其中12号台风3次登陆，迂回时间长达48小时，为百年罕见。受台风影响，全省普降暴雨或大暴雨，有68个县市受灾，受淹农田达1399万亩，直接经济损失总计41.1亿元。省委、省政府领导深入一线指导抗洪救灾，全省军民合力抗灾，把灾害损失降低到最低限度。

6月28日　作为国家“七五”攻关项目、全国6个试验区之一的福建省万亩人工草地养畜试验区，在福州通过国家级鉴定。该项目由福建农学院畜牧系主持研究。

至6月30日　据1990年全国第四次人口普查，福建省总人口为30097274人（其中金门、马祖等岛屿49050人是按台湾当局公布的1990年3月底的数据）。性别比为105.62 ： 100（女 =100）。市镇人口数占总人口的21.36%，文盲、半文盲人数占总人口的15.63%。1989年7月1日至1990年6月30日，自然增长率为17.74‰。与1982年第三次全国人口普查相比，全省总人口增长16.14%。

7月3日 省七届人大常委会第十五次会议通过《福建省台湾同胞投资企业登记管理办法》和《福建省台湾同胞投资企业劳动管理规定》。

7月 至本月底，福建形成具有一定生产规模的乡镇外向型工业小区60多个，累计利用外资2.95亿元，标志着福建省外向型乡镇企业已步入历史新方位，向区域性集约化规模经营发展。

7月 为拯救华南虎，林业部与世界野生生物基金会联合在福建省开展华南虎资源及栖息地的调查工作。在将乐县龙栖山自然保护区、梅花山国家级自然保护区、永安天宝岩自然保护区、泰宁、宁化、大田、永春等地发现有华南虎活动的大量痕迹，说明我省还生存有华南虎。

8月9日 《人民日报》发表中央办公厅调研室文章《好在共建，贵在坚持——关于福建三明市精神文明建设经验的调查》，并配发短评。

同日 福建省第一家以外贸专业公司省鞋帽进出口公司为龙头的进出口企业集团——福建省鞋帽（集团）公司正式成立。

9月8日—11日 省外商投资贸易洽谈会在厦门富山国际展览城举办。来自23个国家和地区的客商1000多人参会。本届外商投资贸洽会共签订外商投资项目合同723项，吸收外资10.37亿美元，进出口贸易成交2亿多美元，其中出口成交1.46亿美元。

9月25日 泰宁县邮电局长、市、农话合一的自动交换机割接投产。至此，福建省在全国率先实现县以上长途电话自动化。

9月26日 省首届发明与革新成果展览会在省外贸展馆开幕。参加本届展览会的发明、革新项目共18大类256项。

同日 省政府发布《关于颁发福建省科技工作者优秀建议奖的决定》，首次授予《保护福建深水海港、开发湄洲湾秀屿肖厝港》等6件建议“福建省科技工作者优秀建议奖”。

9月30日 莆田县南日岛35千伏海底电缆工程正式建成投产，从而结束了南日岛不通电的历史。

10月27日—31日 中共福建省第五次代表大会在福州召开。大会对第四届省委的工作予以充分肯定，并提出今后五年的奋斗目标：在党的基本路线指引下，动员和依靠全省各级党组织和广大干部群众，集中精力把福建的改革开放和建设搞得更快更好，积极推进综合改革试验，进一步实施外向型经济发展战略，切实加强农业基础，突出抓好科技、教育，大力加强党的建设、社会主义民主法制建设和精神文明建设，实现国民生产总值第二个翻番，努力把福建省建成稳定、繁荣、文明、小康的开放省份，为促进祖国统一大业，为建设有中国特色的社会主义做出贡献。五届一次全会选出常委9名，陈光毅为书记。

10月 顺昌县消灭荒山工作通过省造林绿化委员会的首家验收，各项技术指标均符合省定标准，实现消灭宜林荒山的目标，成为全省第一个无宜林荒山县。

10月 福建省提前一年实现5年内建成10类出口商品基地、形成7.5亿美元年创汇能力的目标。

11月3日—8日 中共中央政治局常委、书记处书记李瑞环视察厦门、福州等地。李瑞环指出，福建省开展的岗位学雷锋、军民共建等活动经验，特别是三明精神文明建设的典型经验对全国都有一定的影响，希望福建省在精神文明建设方面为全国带好头，作出贡献。

11月13日 福建有线电视台正式开办。这是全国第二个获得批准的省级有线电视台。

11月21日 福建省第七届人大常委会举行第十八次会议，通过关于接受王兆国辞去省长职务的决定，任命贾庆林为副省长、代省长。

12月1日 福建省闽东老区扶贫成果汇报会在北京人民大会堂福建厅举行。

12月20日 福建水泥厂首次突破年产百万吨水泥大关，创历史最高纪录；全年实现利润2600万元，名列全国同类企业前茅。

12月22日 在全国城市卫生检查评比中，三明市、永安市分别获全国地级、县级十佳卫生城市称号。

12月 国家重点建设项目沙溪口水电站第4台机组并网发电。至此，沙溪口水电站总装机容量30万千瓦发电系统全面竣工投产。

本年 福建省广大侨胞心系桑梓，热心兴办社会福利、文教卫生、交通电力等公益事业，全年共捐赠款物折人民币2.5亿元，比上年增加31%。其中，用于教育事业的捐献占一半。

本年 全省共接待来闽探亲旅游、寻根谒祖、投资贸易的台湾同胞25万人次，比上年增长60%以上。

本年 福建省老区智力开发与科技扶贫工作取得新的进展。全省老区智力投资213万元，修建校舍380所76256平方米，医疗站27所2248平方米。实施科技扶贫提高了老区群众的脱贫致富能力。

本年 福建省水土保持工作取得成效。全省新的水土流失现象得到有效控制，由上年的17.82万亩减少到11.7万亩。共审批生产建设项目4467项，处理各类违章案件232起。完成治理水土流失面积184.2万亩，扩大试验示范基地16766亩。闽北山区利用世界银行贷款，开发红壤山地，建设“绿色企业”取得成效。在贫瘠的土地上利用外资进行土地改造开发的做法，在福建历史上尚属首次。

本年　全省国民生产总值达450亿元（按当年价格计算，以下同），比上年增长6.3%（按可比价格计算，下同）。农业总产值94.65亿元（1980年不变价），比上年增长4.3%。工业总产值406.64亿元，比上年增长12.8%，其中乡及乡以上工业总产值305.13亿元，增长11.8%。全省乡及乡以上工业总产值在1986年比1980年翻一番的基础上，又翻了一番。外贸出口总额达22.38亿美元，比上年增长34.7%。进口总值9.33亿美元，比上年增长26.9%。实际利用外资3.80亿美元，比上年下降2.9%。全社会固定资产投资完成110.34亿元。社会商品零售总额231.97亿元，增长2.2%。城镇居民人均生活费收入1567元，比上年增长12.1%，扣除物价因素，实际增长12.0%。农民人均纯收入达760元。人均国民生产总值和人均国民收入分别从1980年居全国第18位和第20位上升到第12位和第11位。

一九九一年

1月10日—16日 全国双拥工作会议在福州召开。大会授予厦门市等10个单位为“双拥模范城”“双拥模范县”荣誉称号。

1月15日 省委、省政府印发1991年为改善城乡人民生活要办的15件实事的通知。此后每年都部署推进此项工作，着力改善民生，增进百姓福祉。

1月17日 全省最长的公路桥——福州洪塘大桥建成通车。

1月18日—20日 省委五届二次全会在福州召开，研究制定《福建省国民经济和社会发展十年规划和“八五”计划纲要》。基本思路是：抓住对外开放的有利形势和闽台交往不断扩大的契机，加快沿海开放，促进山区开发，山海优势互补，全面振兴福建，努力服务全国。

1月18日—22日 福建省首次农业综合开发项目洽谈会在福州召开。洽谈会由省政府与国家农业投资公司联合举办，共展出全省9地市的21类、1500多种农业产品；签约利用外资合同项目305个，吸收外资3.07亿美元；签订外贸合同460个，成交金额2.5亿美元。

2月1日 福建省第一家以村级乡镇企业为主体的集团公司——新湖集团公司在石狮成立，标志着福建省村级经济进入一个新的发展阶段。

2月5日—7日 省委召开全省对台工作会议，要求全省各级党委、政府把对台工作摆在全局工作的重要位置，进一步动员各方面力量，大力发展闽台经贸合作，扩大各项交流，促进海峡两岸直接“三通”。2月8日，省委常委会会议决定：将“中共福建省委对台工作领导小组”改称为“中共福建省委台湾工作领导小组”，下设办公室。

2月10日 省委决定从当年春季开始，用3年时间在全省农村分期分批开展社会主义思想教育活动。

2月14日 由30个国家和地区的50多名学者与新闻记者组成的海上丝绸之路考察队，乘“和平号”考察船抵达泉州进行实地考察和学术交流活动。

2月20日 在福州市委工作会议上，福州市委书记习近平第一次向全市干部明确提出：要大力提倡“马上就办”的工作精神，讲求工作时效，提高办事效率，使少讲空话、狠抓落实在全市进一步形成风气、形成习惯、形成规矩。

2月27日 据省颁发居民身份证领导小组统计，至1990年底，全省累计制发居民身份证1923万张，全省80个县、市（区）的发证率全部达到或超过公安部规定的标准。

3月12日 福建省被全国绿化委员会、林业部授予“林业建设先进省”称号。

3月21日—24日 全省企业工作会议在福州召开。会上讨论搞好国营大中型企业的政策措施，提出开展“质量、品种、效益年”活动的实施方案。

3月24日 福建省博物馆考古队在武夷山市葫芦山首次发掘出一处商代窑群，出土大批商代遗物。这是迄今全国已发现的最大规模的商代早期陶窑。

4月1日 国家体改委、中国人民保险总公司在福州召开全国集体企业职工养老保险工作经验交流会。1989年，福建省在全国率先提出双层结构的集体企业职工养老保险新制度。

4月18日　省委决定，在城市普遍深入开展社会主义教育，把城市建设成安定团结、优质高效、繁荣昌盛的文明窗口。

4月22日　省七届人大四次会议审议通过《福建省国民经济和社会发展十年规划和第八个五年计划纲要》。

4月　福建省组织开展全省第一个“保护野生动物宣传月”活动。

5月1日　当日起提高全省粮油销售价格。粮油销价调整后，国家给城镇居民相应的补偿，每个职工每月补贴6元。这次粮油销价改革是继1988年粮油购销价格改革后又一次较大的价格改革。

5月3日　省委、省政府发出《关于进一步深化改革搞活企业的若干规定》。对深化企业改革、扩大对外开放、强化企业管理、加快技术进步、组建企业集团、参与市场竞争、改善外部环境及加强党的建设和政治思想工作作出了具体规定。

5月4日　省委发出《关于开展向谷文昌同志学习的通知》。

5月15日　省委宣传部、省民政厅、省残疾人联合会联合通知，要求在全省开展“宣传《残疾人保障法》，为残疾人排忧解忧办实事”活动，规定5月19日为全省统一活动日。

5月17日　省政府颁布《福建省鼓励外商投资开发经营成片土地的暂行规定》。

5月23日　经国务院确定，福建省清流、大田、泰宁、建阳、武夷山、寿宁、周宁、永泰、华安、永定、顺昌、武平、将乐、柘荣、宁德、明溪、政和、长泰、松溪、安溪、上杭、罗源等22个县（市）被列为“八五”全国第二批初级电气化县。

6月17日　福建省出口商品展销会在德国汉堡举行。这是福建省首次在欧洲单独举办的具有一定规模的综合性展销会。主要展品有8大类3000多个品种。展销期间共签订出口成交合同金额3050

万美元。

7月1日 《福建省人民政府关于下放外商投资项目审批权限和简化审批程序的决定》印发。7月9日，全省简化外商投资项目审批程序工作会议在福州召开，这是福建省进行的一项重大改革措施。

7月8日—12日 台湾海峡交流基金会访问团在福州、厦门访问。

7月10日 福州闽剧院演出的新编历史剧《天鹅宴》获全国首届“文华大奖”。

8月4日 由福建建设机器厂、闽东十五厂设计制造的彩色电视生产流水线由莆田涵江起运，出口到苏联的阿塞拜疆。这是我国首次出口彩电生产线。

8月12日—16日 省“七五”科研成果展示会在福州举行。“七五”期间，全省在应用技术、高新技术、基础理论等方面取得300多项科技成果，其中获省部级以上科技进步奖908项。

8月13日—15日 省委五届三次全体（扩大）会议在福州召开。会议围绕实施福建省国民经济和社会发展十年规划和“八五”计划，着重研究如何把经济建设真正转移到依靠科技进步和提高劳动者素质的轨道上来。会议通过了《关于依靠科技进步、振兴福建经济的决定》，动员和组织全省人民向新科技革命进军。

8月 福建省最大规模的再生稻栽培示范片——尤溪县团结乡文峰村2022亩再生稻头季创高产，平均亩产超吨粮，其中再生稻最高亩产达540.95公斤，居世界先进水平。10月11日，农业部委托省农业厅，对尤溪县推广再生稻生产进行现场验收。

9月8日—12日 福建投资贸易洽谈会在厦门举行，本届贸易洽谈会由福建、云南、贵州三省联办，有28个国家和地区的近万名客商参加。其间，共推介外商投资项目3000多项，签订外商投资项目

871项，总投资17.4亿美元，合同利用外资14.15亿美元。此外，还成交进出口贸易额2.39亿美元，签约土地成片开发项目12个，批租土地43幅。

10月7日—10日 省委工作会议在福州召开。会议确定福建省大中型企业“明年走出困境，三年明显见效，五年基本搞好”的目标和措施。

10月11日—13日 全省乡镇企业工作会议在福州召开。会议指出，必须认真总结实践经验，进一步理顺乡镇企业发展的基本路子：一是开拓利用国外市场和国内市场相结合，走“小商品、大市场、小洋货、大创汇”发展路子；二是发挥沿海优势与山区优势相结合，走山海联合、共同发展的路子；三是积极引进与搞好引导相结合，走加快外向型企业发展的路子；四是生产企业与外贸企业相结合，走农工贸一体化的发展路子；五是发展乡镇企业与小集镇建设相结合，走一条通过发展小集镇建设社会主义新农村的路子。

10月15日—16日 闽台农业经济技术合作交流恳谈会在东山县举行，共签订39个合作项目，引进外资3273万美元。

10月26日 福建省首届书市在厦门市举办。中央及各省（市、区）出版社出版的2万多种图书在书市展售。

10月 顺昌县合成氨厂碳铵改产尿素工程竣工。该工程是全国第一批（34家）、我省第一家小尿素技改项目，总投资3612万元，于1989年11月开工，设计年产尿素4万吨。

11月1日 中国华艺广播公司在福州成立。

11月18日 省外商投资服务中心正式开业。这是福建改善投资软环境的一项新举措。

11月 我省首家村级图书馆——南安县蓬华镇蓬山图书馆落成开放。该馆由该村侨台胞集资16万元兴建。

11月 沪闽、榕穗光缆干线工程全面施工。沪闽、榕穗光缆通信干线是穿越福建省的第一条国家通信干线，总投资4.1亿元。其在福建省境内经过24个市、县862公里，总投资1.37亿元。

12月1日 省政府颁布实施《台湾同胞来往福建管理办法》。

12月12日—14日 由中国科学院、中国科学报社主办的1991年海峡两岸科技合作项目洽谈会在厦门市举行。这是首次举办的海峡两岸科技合作盛会。会上签订正式合同4项，合同金额4600万美元。

12月18日 厦门经济特区举行建区10周年庆祝大会。中共中央总书记江泽民出席大会并作重要讲话。江泽民充分肯定厦门经济特区建区10年来所取得的巨大成就，指出厦门经济特区建设对带动闽南地区、加快经济发展及推动两岸的经济交往、促进祖国统一事业作出了积极的贡献。

12月19日 国内最长的跨海公路大桥——厦门大桥正式通车。大桥全长6695米，其中跨海主桥长2070米，总造价为15561.91万元。

12月20日 厦门金龙汽车车身有限公司投产，可形成3万辆台套车身生产能力。该企业是由厦门汽车工业公司、二汽集团柳州汽车厂和香港法亚洋行合资开办的中国第一家汽车车身制造专业化企业。

12月23日 福州郊区洪山乡黎明村举行实现亿元村庆祝大会。这是福建省第一个亿元村。至12月12日，黎明村1991年社会总产值达1.1亿元，人均收入2460元，各项指标均创历史最高水平。

12月26日—29日 省委五届四次全体（扩大）会议在福州召开。全会通过了《中共福建省委贯彻〈中共中央关于进一步加强农业和农村工作的决定〉的实施意见》，作出“翻两番、奔小康、建新村”的决策，提出开创农业和农村工作新局面的目标和措施，把人民生活水平达到小康水平作为福建省90年代农村发展的目标任务。

12月30日　省政府颁布《福建省台湾同胞投资企业使用土地管理办法》。

12月31日　省委、省政府作出《关于促进乡镇企业继续健康发展的若干规定》，要求继续深化乡镇企业改革，鼓励乡镇企业大力发展外向型经济，大力推进乡镇企业科技进步。

本年　国家统计局与计划、财政、卫生、教育等12个部门的研究人员组成课题组，制定《全国小康生活水平基本标准》。小康评价指标涵盖五大内容，包括经济发展水平、物质生活条件、人口素质、精神生活和生活环境，共计有16个指标，并确定了每个指标达到小康的标准值和权数。考虑到城市与农村存在较大差别的客观性，制定出《全国农村小康生活水平的基本标准》和《全国城镇小康生活水平的基本标准》，作为全国标准的细化和补充。

本年　至年底，全省累计批准台商投资企业1139家，台商投资项目1167项，合同台资金额14.87亿美元。闽台经贸合作成为推动福建经济振兴的增长点。

本年　福建省第一年实施世界银行贷款中国造林项目。全省共完成该项目造林34.25万亩，为原计划任务的108.7%；完成当年总投资3560.5万元，占总投资的14%。

本年　全省国民生产总值557.82亿元。全省农业总产值270.07亿元，工业总产值达663.44亿元。全省实际利用外资7.24亿美元。全社会固定资产投资完成132.65亿元。财政收入64.2亿元。财政支出 78.13 亿元。社会商品零售总额 258.78 亿元，比上年增长 11.6%。城镇居民人均生活费收入 1736 元。农民人均纯收入 850 元。年末城乡居民储蓄存款余额达 245.6 亿元，比年初增加 62.34 亿元。经过 3 年治理整顿，福建省零售物价总水平升幅由 1988 年的 26.5% 回落到 1991 年的 3.6%；社会商品零售价格上涨面由 1988 年的 96.7% 缩小到 1991 年的 69.7%。

一九九二年

1月18日—2月21日 邓小平视察武昌、深圳、珠海、上海等地并发表谈话，明确回答长期困扰和束缚人们思想的许多重大认识问题。指出，坚持党的十一届三中全会以来的路线、方针、政策，关键是坚持“一个中心、两个基本点”，基本路线要管一百年；判断姓“社”姓“资”的标准，应该主要看是否有利于发展社会主义社会的生产力，是否有利于增强社会主义国家的综合国力，是否有利于提高人民的生活水平；要抓住时机，发展自己，发展才是硬道理。特别强调，计划多一点还是市场多一点，不是社会主义与资本主义的本质区别。社会主义的本质，是解放生产力，发展生产力，消灭剥削，消除两极分化，最终达到共同富裕。

1月30日 省委发出《关于加快综合改革试验，进一步扩大开放，推动外向型经济发展的决定》。指出，90年代福建的对外开放要把重点突破和区域带动结合起来，实施“南北拓展、中部开花、连片开发、山海协作、共同发展”的发展战略，实现对外开放由点到面、由沿海向山区的梯度推进，发挥对外开放“两个扇面”的作用，面向海外，服务全国。

2月11日 经民政部批复，福州市郊区等30个县（市、区）被列为全国农村社会养老保险试点。

2月25日 福建省武夷山国家级自然保护区和梅花山国家级自然保护区被列为A级自然保护区。

同日　“中国与海上丝绸之路”研究中心在福建省社会科学院成立。

3月1日　省委发出《认真传达学习邓小平同志重要谈话的通知》。指出：各级党委、全体党员和全省人民，要把认真学习、深刻领会和坚决贯彻邓小平同志视察南方的重要讲话放在突出的位置，用邓小平同志的谈话精神武装和统一全党和广大干部群众的思想。3月4日，省委召开省直机关领导干部大会，要求迅速在全省掀起认真学习、深刻领会邓小平同志关于建设有中国特色社会主义的一系列重要论述的热潮，推动思想进一步解放。

同日　省重点建设项目——福建炼油厂10万吨级专用油码头立体工程完成。

3月3日　福建省被全国绿化委员会授予“全国荒山造林绿化先进省”称号。1992年，全省9个地（市）、72个县（市、区）提前一年基本消灭宜林荒山，实现了“三五七”造林绿化工程第一阶段目标。

3月3日—5日　在福州召开的全省地、市体改委主任会议上，福建省出台国企体改措施：确定1/5的企业率先深化改革；选择100家骨干企业参照“三资”企业的某些管理办法进行体制改革试验；国营商业企业全面推行“经营、价格、用工、分配”制度“四放开”改革。5月19日，省政府印发《福建省全民所有制企业转换经营机制的若干意见》。

3月6日　晋江撤县建市。1991年该县工农业总产值达33亿元，财政收入1.7亿元，居全省县（市）之冠。

3月11日　省政府作出《关于深化改革进一步搞活商品流通的决定》。

3月11日—15日　省委、省政府召开闽南三角地区加快改革开放座谈会。会议的主题是研究以闽南三角地区为突破口，加快全省改革开放。

3月23日 陈光毅在全国两会中外记者招待会上宣布：福建将采取20条新措施，进一步扩大对外开放，实现福建经济发展的新飞跃。3月26日，省委召开常委会（扩大）会议指出：加快实施本省“南北拓展”的南，就是要以厦门为龙头，漳泉为两翼，闽西为腹地，形成闽南三角地区以外向型产业为主体的区域经济格局；“南北拓展”的北，就是要把福州建成贸易、工业和科技一体化，第三产业繁荣，综合配套的开放城市，同时建成福州至马尾、福州至福清两个成片地带，带动闽江流域和闽东北的开发建设；“中部开花”就是要加快湄洲湾港区开发和新型工业的建设，以石化、冶金、电力、轻工等重点项目为骨干，逐步形成重化工业、旅游业、出口加工业为主导的综合经济开放区域，带动闽中的开放和开发；“山海协作”，就是要发挥沿海的“窗口”优势和内地、山区的“腹地”作用，把开放、开发与发展有机结合起来，扬长避短，互补互利，促进全省经济的共同发展。

3月26日 国务院正式批复厦门经济特区设立象屿保税区。1993年11月28日开关运转。

3月29日 福建省当时规模最大的220千伏枢纽变电站——惠安输变电工程竣工投产。该工程是国家重点工程水口水电站和福建炼油厂的配套工程。

3月 福州市粮制品九厂在转换经营机制中，为发展第三产业，开辟市场服务新领域，创办全省首家搬运服务公司——福州市利民搬家服务公司。

4月1日 省政府决定在三明钢铁厂、福建水泥厂等10家企业进行综合改革试点，实行“一厂一策”。

4月6日　省委、省政府印发《关于加快改革开放的若干措施的通知》。此后，在讨论党的十四大报告征求意见稿和在马尾举办的“加快福建发展步伐学习研讨班”的过程中，提出了加快闽东南开放开发，建设海峡西岸繁荣带的设想，后在党的十四大报告中，福建被列入全国加速开放开发的重点地区之一。

4月14日　省委、省政府决定在香港、澳门分别设立福建省驻香港办事处和福建省驻澳门办事处，分别与香港华闽公司、中福（澳门）公司合署办公。

4月18日—22日　福建省外向型经济展览会在福州举办。有9个地市和省直单位共10个代表团参加，共签订外商投资项目合同158项，合同外资金额3.73亿美元。

4月　《福建省城镇住房制度改革总体方案》获国务院房改领导小组批准。6月，省政府印发给各地、各部门贯彻实施，并要求把住房制度改革作为全省深化改革、扩大开放的重要组成部分。

5月22日、25日　省委两次召开常委会会议，研究进一步加快全省改革开放步伐的有关问题。会议认为，在发展经济的指导思想上，要以“三个有利于”为标准，可以不受“两个比例”（国营、集体、三资及个体经济比例、计划经济与市场调节比例）的限制；要在继续重点抓好沿海开放的同时，扩大内地和山区的沿边（边界）、沿江、沿线（铁路线）的开放。

5月　经国务院批准，福清湾元洪投资区设立，为当时全国最大规模的外商成片开发区。9月7日，投资区举行奠基典礼。

6月18日　由招商局集团（香港）有限公司、中国建设投资（香港）有限公司、福建省政府、漳州市政府、龙海县政府联合举办的招商局中银漳州经济开发区协议书签订仪式在漳州举行。12月28日举行开工（奠基）典礼。

6月 国家科委正式授牌由马尾、洪山、仓山科技园组成的福州科技园区为国家高新技术产业开发区。1992年，福州马尾科技园区37家企业共开发新产品100多项，40多项通过省、部级鉴定。

6月 福建省首条地方集资兴建的铁路——漳泉肖铁路得到国务院批准，被列入省重点建设项目，于9月7日正式开工，总投资15亿元人民币。1997年12月30日，漳泉肖铁路全线竣工通车。

6月 省轻工进出口公司成功收购美国EDI公司。这是省外贸企业首次收购美国公司，也是省外贸企业迈向跨国经营的第一步。

7月初 闽江流域出现持续性暴雨，有13个县市发生了特大洪水。洪水超警戒水位持续时间长，造成灾情严重。全省计有54个县市、655万人受灾。省委、省政府及时组织各地开展抗洪救灾。

7月14日 省政府批转省物价委员会《关于进一步深化价格管理体制改革意见》，确定价格改革的指导思想是在保持市场物价基本稳定的前提下，充分运用计划和市场的经济手段，该管的管住管好，该放的放开搞活。

7月23日 福建电视台“海峡同乐”摄制组抵达台湾，开始拍摄“台湾行”的工作。这是大陆第一个赴台拍片的电视摄制组。

7月25日 福建省木材产品交易中心正式开业。中心由省林业厅和省工商局联合创办，采用期货、现货交易相结合，以期货为主。

7月29日 省委、省政府发出《加快福建经济发展的战略设想的通知》，提出此后20年全省经济发展分三步走：第一步，要在10年规划和“八五”计划提出的“提前五年翻两番，提前三年奔小康”目标的基础上，力争再提前一年即到1994年国民生产总值翻两番；第二步，到本世纪末实现翻三番；第三步，下个世纪初每年以10%以上的速度增长，到2010年，人均国民生产总值开始进入中等收入国家水平。

8月1日 泉州市国有资产投资经营公司与香港中策投资有限公司在福州正式签订利用外资成批改造国营企业合同。泉州41家国有企业走上合资企业的轨道。依据合资合同规定，双方组建泉州中侨（集团）股份有限公司，总投资额10亿元人民币。

8月4日 1991年全国农村综合实力百强县评比揭晓，晋江县名列第五十五位。

8月8日 福建省轮船总公司“金湖”轮装载1.3万吨白糖从福州港直航独联体。这是福建首开欧洲的海运航线，全程7000多海里。

8月14日 福建省第一家希望小学永定湖坑希望小学落成。

8月10日—16日 省委、省政府在福州经济技术开发区举办加快福建发展步伐学习研讨班，有针对性地研究加快福建发展步伐的全局性、关键性问题，并酝酿出台一些新的举措，着重研讨了经济发展战略和修订十年规划、“八五”计划等专题。

8月28日 福建省农资集团公司在福州成立。这是全国首家成立的农资集团公司。

8月29日 省七届人大二十九次会议审议通过《福建省实施〈中华人民共和国归侨侨眷权益保护法〉办法》。这是继《福建省华侨捐赠兴办公益事业管理条例》之后，福建出台的第二部侨务法规。

8月 省委、省政府作出新建、改造5条国道和1条省道及其他省道繁忙路段共4000公里的决策，并定名为“先行工程”。1993年5月21日至22日，全省公路“先行工程”干线建设规划在福州通过审定，正式在全省启动。至1996年12月，“先行工程”计划基本完成，实现全省9地市都有高等级公路相连接、乡乡镇镇通公路和85%

以上行政村通汽车。

9 月 8 日—12 日 福建投资贸易洽谈会在厦门富山展览城举行。此届贸易洽谈会由福建、云南、贵州和厦门三省一市联合举办。三省一市共签订项目合同、协议和意向 2966 项，总投资 212.6 亿美元，利用外资 178.71 亿美元。福建省代表团（包括厦门市）共签订投资项目合同、协议、意向 2759 项，总投资 198.16 亿美元，其中外资 171 亿美元。

9 月 30 日 福建炼油厂投料试车一次成功，结束了“福建不生产一滴油”的历史。该厂由中国石化总公司和福建省合资兴建，总投资 18.04 亿元。

10 月 12 日—18 日 中国共产党第十四次全国代表大会举行。江泽民作题为《加快改革开放和现代化建设步伐，夺取有中国特色社会主义事业的更大胜利》的报告。大会总结了十一届三中全会以来 14 年的基本实践和基本经验，全面阐述了邓小平建设有中国特色社会主义的理论，明确了我国经济体制改革的目标是建立社会主义市场经济体制，提出了 90 年代加快改革开放、推动经济发展和社会全面进步的主要任务，阐述了党和国家的对外政策，对新形势下加强党的建设和改善党的领导做出了战略部署。提出加速广东、福建、海南、环渤海地区的开放和开发，力争经过 20 年的努力，使相关地区成为我国基本实现现代化的地区。

10 月 21 日 南平市移动通信基地站顺利调试成功。至此，全省各地区全部开通移动电话，移动电话用户已发展到 7000 多户。

10 月 25 日 由国家统计局评出的 1991 年全国利税总额百强企业揭榜。福州棉纺织印染厂、福州抗菌素厂、福州啤酒厂、福州市第一酒厂榜上有名。同日，1991 年度中国最大的 500 家外商投资工业企业排序揭晓，福建省占其中的58家，名列全国第二。

10月28日—31日 省委五届七次全体（扩大）会议在福州召开。全会提出在发展战略和布局上突出闽东南，加快这一地区开放开发步伐，促进全省大开放、大发展。闽东南地区包括福州、厦门、泉州、漳州、莆田等地市。

10月 国务院批准设立福清融侨经济技术开发区。

10月 省政府批准公布第三批（共6处）省级风景名胜区名单。至1992年底，全省共有武夷山、鼓浪屿—万石山、清源山、太姥山等4处国家级重点风景名胜区，有鼓山等24处省级风景名胜区。

11月19日 国务院正式批准在马尾设立福州保税区。这是全国第12个经国务院正式批准、第6个经海关验收的保税区。

11月25日 国务院批准宁德地区为全国开放促开发扶贫综合改革试验区。

11月30日 省委、省政府发出《关于加快林业改革开放步伐，大力发展林业产业经济的决定》。指出，林业开发要以优化林业结构为基础，实行“种养加、林果竹、造封改、贸工游、科教产”相结合，逐步形成以林业基地建设为主，以木材产品加工为主和以林业社会化服务为主的第一、二、三产业并举，二、三产业比重不断提高的林业产业经济新格局。

11月 福州市委六届六次扩大会议通过《福州市20年经济社会发展战略设想》，科学谋划福州3年、8年、20年发展的方向、目标、重点等，简称“3820”工程。福州成为国内第一个制订20年发展规划的城市。在“3820”工程指导下，福州长远发展方向明确，带动形成一批重点主导产业集群，建成福州长乐国际机场、福厦高速、福州港等一批重大基础设施，为福州市经济社会发展蓄积了强大动能。

12月5日　省委、省政府发出《关于加快发展第三产业的若干意见》，强调把大力发展第三产业作为本省全部经济工作的一个战略重点来抓，第三产业的增长速度必须明显快于第一、第二产业。

12月17日　“中国城市综合实力50强”在北京评比揭晓。厦门市位居前10名，福州市名列第31位。

本年　全省进行各类股份制改革试验。省政府先后批转《福建省1992年股份制改革试点意见》《福建省规范化股份制改革若干规定》等导向性、政策性文件，指导股份制改革的健康发展。4月初，省体改委、工商局、税务局联合下发《福建省城镇集体工业企业股份合作制试行办法》后，全省通过规范改制和新设立的股份合作制企业超过1200家。

本年　全省改革开放综合试验迈开新步伐。县级综合改革试验在总结推广石狮等地经验的基础上，进一步扩大试点范围。省政府分别赋予晋江、永安、涵江等县（市、区）一系列特殊政策、灵活措施，开展综合改革试点。8月，省政府召开全省县级综合改革试点工作会议，决定将试点范围扩大到连城、长汀、芗城、莆田、古田、罗源、邵武、沙县、龙海、建瓯等县（市、区）。赋予试点县具有等同地（市）级大部分经济管理权限，享受经济开发区的优惠政策。

本年　全省国内生产总值701.82亿元，比上年增长21.7%。国民生产总值673.6亿元。社会商品零售总额319.78亿元，扣除价格因素，实际增长17.7%，是近几年来增长最快的一年。城镇居民人均生活费收入2087元，比上年增长20.2%，扣除物价因素实际增长11.3%。农民人均纯收入984元，增长15.8%，扣除价格因素实际增长11.2%。年末城乡居民储蓄存款余额326.97亿元。

一九九三年

1 月 4 日—11 日　省政协七届一次会议在福州召开。选举游德馨为七届政协主席。

1 月 6 日—14 日　省八届人大一次会议在福州召开。选举陈光毅为省八届人大常委会主任，贾庆林为省政府省长。

1 月 12 日　交通部批准东山港对外籍船舶开放。这是漳州市第一个对外开放的一类口岸。

1 月 15 日　省政府决定成立对外开放事务办公室。

1 月 20 日　国务院作出关于福建省进一步扩大对外开放的批复，同意将三明、南平、龙岩三市以及宁德地区的福安市、福鼎县列入沿海经济开发区，实行沿海经济开发区的各项政策；同意福州经济技术开发区向快安小区延伸，面积从原有的 4.4 平方公里扩大到 10 平方公里；同意设立东山经济技术开发区。

2 月 24 日—28 日　全省农村工作暨加快山区开放开发工作会议在福州召开。会议讨论制定了《关于进一步加强农业和农村工作若干问题的决定》和《关于加快山区开放开发若干问题的决定》。

3 月 3 日　中共中央、国务院授予福建省“全国荒山造林绿化先进省”称号。

3 月 9 日　省政府举行全省按比例安排残疾人劳动就业新闻发布会。要求各地各单位落实安排残疾人劳动就业的有关政策，按职工总数的 1.5% 安排残疾人就业。

3月25日 经国家体改委批准，泉州被列为全国综合配套改革试点城市。要求在企业、金融制度、政府职能转换和对外开放等方面进行超前性改革试验，争取率先建立社会主义市场经济体制。

4月7日 省政府召开全省土地管理工作会议，推出《福建省外商投资开发经营成片土地暂行管理办法》《福建省开发耕地管理办法》等法规、规章。

4月16日 第三届“文华奖”在北京揭晓。省歌舞剧院歌舞团的舞剧《丝海箫音》获“文华大奖”及编导、音乐、舞美、表演等单项奖，同时获得中宣部“五个一工程”奖。

5月20日 由福建省财政厅牵头，全省9个财政收入超亿元的县（市、区）与9个财政收入2000万元以下的县结成对子，开展多层次的财政挂钩协作。

5月21日—23日 全省社会事业改革和发展工作会议在福州召开。6月16日，省委、省政府作出《关于加快社会事业改革和发展的决定》。

5月28日 福州地产市场开业，这是全国首家开设的地产市场。福州市’93首批国有土地使用权公开拍卖大会同时举行，公开拍卖4幅国有土地使用权。

6月14日 福州至泉州高速公路建造项目在北京签订协议。1997年9月23日，国家计委批准福泉高速公路正式动工。1999年9月公路建成试通车。

6月16日 为改善投资软环境，提高办事效率，省政府举行第一次外商投资项目联合审批会议。6月17日，省政府颁布《关于试行外商投资企业登记制的决定》。

6月23日 省政府出台《关于鼓励外商投资建设经营港口码头

的暂行规定》和《关于鼓励外商投资建设经营电力项目的暂行规定》，引导外商投资基础设施建设，加强产业政策导向。

6月24日 省政府发出通知，取消涉及农民负担的13项收费项目。

7月10日 省委、省人大常委会、省政府联合召开全省立法工作动员大会。会议指出，立法工作要适应形势发展的需要，制订市场经济急需的和有关对外开放方面的法规，制订推进社会主义民主政治建设、推进社会治安和加强廉政建设等方面的法规，做好已制定法规的废、改工作，保证社会主义市场经济法律体系的统一和协调。

8月8日 水口水电站一号机组投产发电庆典举行。水口水电站是福建重大基础设施，其控制流域面积5万多平方公里，相当于闽江全流域面积的85%，装机容量可达140万千瓦，为当时华东地区最大的水电站，建成后对通航、防洪、生态环境等也有重要的作用。其主体工程于1987年开工建设。

8月28日—31日 省委工作会议在福州召开。会议学习贯彻中央关于深入开展反腐败斗争的中纪委第二次全会精神，部署全省反腐败斗争。

9月2日 省委常委会会议听取厦门市关于厦门经济特区实施自由港某些政策的情况汇报。会议认为，厦门经济特区进一步实施自由港某些政策，是福建省和厦门市贯彻落实邓小平同志重要指示的重大原则问题，会议原则同意厦门市委、市政府关于设置厦门经济特区管理线的方案。

9月6日—9日 省纪委第五次全体（扩大）会议在福州召开。会议指出，各级党的领导干部要带头廉洁自律，集中力量查处一批大案要案，有重点地对11个部门的行业不正之风进行专项治理。党的机关的反腐败，重点放在领导机关、司法部门、行政执法部门和经济管理部门。

9月8日—12日　福建投资贸易洽谈会在厦门举行。此届贸洽会由福建、贵州、山西、陕西、南京、厦门6省（市）联合主办，其间共签订项目合同1068项，总投资51.2亿美元。其中福建代表团签订754项，利用外资29.8亿美元；厦门代表团签订180项，利用外资8.53亿美元。

9月10日　省政府在泉州召开个体私营经济工作座谈会。会议提出，要统一认识、鼓励发展、积极引导、政策扶持、加强管理。

9月11日　永泰县开通程控电话。至此福建省顺利实现了电话网数字化，成为全国第一个实现县市电话网数字化的省份。

9月23日　经国务院批准，三都澳城澳口岸对外国籍船舶开放。

9月26日　闽清、寿宁开通自动无线寻呼系统。至此，福建省各市县实现了无线寻呼自动化。截至1993年底，福建省无线寻呼用户已发展到41.8万户，与市话用户的比例达0.68∶1。

10月8日　福清市闽江调水工程正式启动。该工程是全国县级规模最大的水利工程，输水线路总长76.33公里，总投资8.2亿元。

11月5日　福州郊区鼓山镇星火技术密集区通过国家科委验收并授牌。这是福建省第一个、全国第三个获得国家级星火技术密集区称号的单位。

11月8日　武夷山机场扩建竣工。该机场扩建规模达到4C级标准，年旅客吞吐量为42万人次。

11月17日—20日　省委五届八次全体（扩大）会议在福州举行。会议传达学习党的十四届三中全会精神，通过《关于贯彻落实〈中共中央关于建立社会主义市场经济体制若干问题的决定〉的决议》。会议提出，建立社会主义市场经济体制福建要先行一步，用3年时间形成社会主义市场经济体制的基本框架，用5年时间初步建立起来。

11月18日 湄洲湾火电厂动工。该厂由力宝（印尼）集团独资建设，是省重点建设项目之一，装机容量120万千瓦，总投资约10亿美元。2001年2月，电厂建成投入商业运行。这是福建省第一个获国务院和国家计委批准的全外资电厂项目。

11月20日 厦门市首次重奖有突出贡献科技人员大会在厦门宾馆举行。有7项科技成果46位科技人员获得厦门市政府的奖励。

11月21日 全省机构改革、推行国家公务员制度和工资制度改革工作会议在福州召开。

12月15日 省脱贫致富领导小组第二十次全体成员会议提出，对居住在自然条件十分恶劣的高山边远地区的10万贫困人口，要有计划地组织搬迁重建新村，实施“造福工程”。

同日 世界银行批准向中国贷款1.4亿美元，支持福建省公路网建设。

12月18日—28日 由省文化厅主办的’93海峡两岸（闽台）戏剧节暨福建省第十九届戏剧会演在福州举行。台湾荣兴客家采茶剧团和一心歌仔戏剧团参演采茶戏和歌仔戏。这是海峡两岸隔离44年来，台湾戏剧表演团体首次在大陆演出整台大戏。

12月24日 中共中央决定，贾庆林任中共福建省委书记，陈光毅不再担任中共福建省委书记、常委、委员职务。

12月28日 鹰厦电气化铁路全线开通。这是华东第一条电气化铁路。工程总投资近14亿元。

12月30日 闽北电力联网工程正式运转。该项目工程总投资1亿多元，一期工程实现向建瓯、建阳、武夷山送电。

本年 根据省政府提出的“统一政策、分散决策”的要求，1—3月份各地先后放开粮价、放开经营。这次改革是在全省粮价改革连续几年迈出三大步的基础上又一重大举措，结束了全省粮食统购统销

40年的历史。

本年 省邮电部门加快移动电话建设，新建63个基站、6个交换局，并对福州、厦门、泉州3个交换局进行扩容，使福建率先在全国实现移动电话覆盖全省所有县市；形成拥有85个基站、12个交换局、2340个信道，能提供12万用户使用并实现全省自动漫游的通信网络。至年底全省移动电话用户数增至2.8万户。

本年 厦门市在全省率先建立和实施城市居民最低生活保障制度。至1997年12月，全省有59个县（市、区）建立和完善城市居民最低生活保障制度，其中23个县（市、区）同时建立农村最低生活保障制度。

本年 全省有5个贫困县市脱贫，分别是罗源、诏安、福安、福鼎和建宁。

本年 全省国民生产总值1044.74亿元，国内生产总值1028.14亿元。按可比价格计算，全年国民生产总值超过1980年的4倍，提前7年实现了比1980年“翻两番”的目标，提前完成调整后的“八五”计划增长目标。全年城镇居民人均生活费收入2605元，增长24.8%，扣除价格因素，实际增长6.8%。农民人均纯收入1211元，增长23%，扣除价格因素，实际增长7%。全年社会消费品零售总额达388.32亿元。城乡居民新增储蓄存款67.1亿元。

一九九四年

1 月 22 日　青州造纸厂扩建工程投产成功。该项目是国家重点工程之一，总投资为 11.56 亿元。

1 月 26 日　榕穗光缆通信干线工程在厦门通过验收。该工程是国家“八五”重点工程之一，全长 1326 公里。

1 月　泰宁金湖、屏南县鸳鸯溪被列为国家重点风景名胜区。

2 月 8 日—13 日　中共中央政治局常委、中央军委副主席刘华清视察福建，听取工作汇报，看望部队官兵。

2 月 15 日—17 日　中共中央政治局常委、全国政协主席李瑞环视察福建，其间，到福州市的企业、开发区、居民住宅区和学校，了解企业生产经营和居民生活情况，与工人、干部、科技人员和教师座谈，征询他们对改革和建设的意见。

2 月 22 日—26 日　福建省举办首届房地产展销会。近 200 家中外房地产开发公司参展交易。

2 月 25 日　经中共中央、国务院同意，厦门市的行政级别定为副省级。

3 月 27 日　省政府决定在厦门、泉州、莆田、龙岩 4 个地市的 10 个县（市、区）推行区域性劳动制度综合配套改革。

3 月 28 日　福建生产资料交易所开业。这是全省第一家引进期货交易机制的大型现代化现货批发市场。

3 月 28 日—5 月 25 日　厦门市金莲升高甲戏剧团一行 45 人，先后在基隆、台北、台南、高雄、金门等地演出45场，观众达10万人次。这是时隔45年来，福建省第一个赴台湾演出的大型戏剧团体。

3月30日—4月1日 我国第一个省级的中尺度灾害性天气预警系统——“福建省中尺度灾害性天气预警系统”方案在福州通过最后论证审定，并同意立项。至此，具有福建特色的防灾减灾五大防御体系建设（即工程防洪体系、蓄水工程体系、洪水预警体系、沿海防护林体系和中尺度灾害性天气预警体系）全面启动。

4月8日 省委、省政府向中共中央、国务院报送《关于福建省党政机构改革方案的报告》。7月27日，中共中央、国务院批准《福建省党政机构改革方案》。1997年5月9日，省委、省政府向中央机构编制委员会报送《关于福建省党政机构改革工作总结报告》，汇报本省机构改革情况。

4月10日—16日 省八届人大二次会议在福州举行。会议决定，接受贾庆林辞去省长职务。会议补选贾庆林为省八届人大常委会主任，陈明义为省长。

4月11日—21日 中美经贸投资洽谈会在美国举办。福建分团在赴美参会期间，与欧美财团签订来福建投资协议意向5项，吸收外资金额18亿美元，占这次洽谈会合约外资总额的40.9%。

4月24日 省委、省政府决定在全省实施“造福工程”，从1994年开始，用7年时间完成10万贫困人口的搬迁工作。此后，省委、省政府每年将此项工作列入为民办实事项目。

4月27日 省政府发出《关于我省企业全面实行劳动合同制的意见》，要求从1994年开始，凡在本省境内的国有、集体、三资、私营、股份制等企业和城镇有雇工的个体工商户，都实行劳动合同制。

5月2日—6月15日 三明等地先后遭受历史罕见的特大暴雨袭

击，酿成洪灾，直接经济损失79.95亿元。省委、省政府领导一线指导抗灾，三明人民投入艰巨的恢复生产和重建家园工作，生产、生活秩序得到较快恢复。

5月9日 本日起，福建省对粮食、油脂、肉、禽、蛋等9类居民生活必需品价格和50种服务收费项目价格实行监审。

5月15日 省政府要求各地开展农田保护区划定工作，保护区规划保护率初定为现有耕地面积的75%，划定后每5年调整一次。

5月18日—23日 福建省在新加坡举办招商洽谈会。这是中国在新加坡举办的规模最大的一次招商洽谈会。其间，共签订外商投资项目306项，总投资30.58亿美元。

6月2日 省沿海堤防建设经验交流会结束。会上提出，福建省要在20世纪90年代建立稳固的五大防御工程体系，即：灾害预测预报体系、三江下游防洪工程体系、千里海堤加固工程体系、沿海防护林工程体系和重点城市防洪工程体系。

6月10日 福建省粮食购销价格改革方案正式出台。

6月15日 当日为全省流动人口统计日，截至本日，全省流动人口为306.94万人。

6月18日 福建三龙集团在漳州成立。该集团由福建龙马集团公司、龙江集团公司、龙溪集团（平和农用运输车厂）联合组建，是全国规模最大的农用车生产集团。

6月22日—27日 中共中央总书记江泽民先后考察厦门、泉州、莆田、福州等地的国有企业、三资企业、乡镇企业。江泽民充分肯定福建发展快、变化大、形势好，基本走出一条适合福建实际情况的对外开放和经济发展的好路子，形成自己的发展特色。要求各级领导干部紧密围绕党和国家工作大局，正确把握形势，切实抓好大事。

6月29日—30日　全省扶贫开发工作会议在福州召开。会议强调，扶贫工作要继续实行省长和贫困县的县长负责制。省重点扶持的12个贫困县主要领导要把解决群众温饱、脱贫致富作为任期内的中心工作来抓，扎扎实实地把扶贫开发工作做好。

7月7日　琅岐岛蔬菜副食品基地建设正式启动，计划总投资2.07亿元，是全省规模最大的蔬菜副食品基地。

8月1日　厦门口岸签证机关开始为抵达厦门高崎机场的台湾居民审批签发一次有效的台湾居民来往大陆通行证。厦门是对台胞办理落地签证的第二个经济特区。

8月3日　漳州被列为国家级外向型农业示范区。

8月10日　福州港福清湾3万吨级元洪码头建成、交付使用。这是福建省第一家由外商独资建造的3万吨级深水码头。

9月8日—12日　'94福建投资贸易洽谈会在厦门富山展览城举行。本届贸洽会由福建、云南、贵州、四川、山西、厦门等6省市主办，突出“国际招商”主题。其间共签订投资项目2187项，总投资131.78亿美元，利用外资108.8亿美元，贸易成交4.57亿美元。其中，福建省代表团共签订外商投资项目1769项，总投资94亿美元，利用外资80亿美元。

9月26日　福清松下港对外国籍船舶开放。至此，全省拥有一类口岸11个，二类口岸37个，形成海空口岸齐全、布局合理的对外开放口岸网络。

9月28日　省委、省政府发出《福建省关于实施“国家八七扶贫攻坚计划”的意见》。要求各级党委、政府和有关部门高度重视和切实加强扶贫开发工作，动员贫困地区干部、群众，发扬自力更生、艰苦奋斗的精神，努力贯彻实施；省直各部门、社会各界和经济较发达地区，要继续从各方面给贫困地区大力支持，促进和保障扶贫攻坚计划目标的实现。

10月11日—13日　省委五届九次全体（扩大）会议在福州召开。会议传达中共十四届四中全会精神，讨论修改省委《关于贯彻落实〈中共中央关于加强党的建设几个重大问题的决定〉的实施意见》。会议要求全省党员干部以贯彻中共十四届四中全会精神为动力，全面加强党的建设，增强党的凝聚力、吸引力和战斗力，团结和带领全省广大干部群众，为实现福建社会主义现代化建设的宏伟目标而奋斗。

10月14日—16日　全省教育工作会议召开，明确提出建设教育强省的目标。

10月20日　集美大学正式成立。该大学由集美航海学院、厦门水产学院、福建体育学院、集美财经高等专科学校、集美师范高等专科学校组建而成，为综合性大学。

10月31日　国家统计局公布全国有40个城市国内生产总值超过200亿元，福建省福州、泉州两市榜上有名。其中福州列第28位，泉州列第33位，均为首次进入该行列。

同日　国家统计局公布人均国内生产总值超过8000元城市19个，厦门市名列其中，位列第13位。

11月1日　中国联合通信有限公司福建分公司在福州成立。福建电信业独家经营的局面宣告结束。

11月25日　省委、省政府召开省直机关定点挂钩扶贫动员大会，要求各部门齐心协力把扶贫工作推向新阶段，如期实现农村奔小康的目标。

11月28日　福州市农业银行鼓山支行正式成立。这是全省首家成立的乡镇一级银行支行。

12月4日　零时，南平、宁德、三明三地电话网电话号码升为

7 位，同时，平潭、福清、永泰、闽清、罗源电话纳入福州本地电话网，电话号码升为 7 位。至此，全省以福州、厦门、莆田、泉州、漳州、龙岩、三明、南平、宁德为中心的 9 个本地电话网全部建成，福建成为全国第一个实现所有城乡电话号码实行 7 位制编号的省份。

12 月 20 日—25 日 中国农村发展道路（晋江）研讨会在晋江举行。与会者对发展农村经济的“晋江模式”进行了剖析和阐述。认为“晋江模式”与“苏南模式”“广东模式”“温州模式”一样，值得在全国推广。

本年 食用菌产业成为福建省特色产业之一。1993—1994 年，全省鲜菇产量超过 40 万吨，占全国鲜菇总产量的 1/4，世界鲜菇总产量的 1/10；食用菌产值达 15 亿元，出口创汇 1.8 亿美元。

本年 国务院决定从 1994 年 1 月 1 日起，改革现行地方财政包干体制，对各省、自治区、直辖市以及计划单列市实行分税制财政管理体制。根据中央分税制改革的总体要求，结合实际情况，在充分调查研究和认真测算的基础上，福建制定并组织实施省对地（市）、县分税制财政体制改革方案。实行分税制改革后，省与地（市）、县的体制缴补和上下划以 1993 年为基数。全省此后增量财力的分配格局基本是：中央得 35%、省得 25%、8 地市得 40% 左右。厦门市自 1994 年起实行财政单列，其分税制改革按照中央规定执行。

本年 全省国内生产总值 1685 亿元，位居全国前列。乡镇企业继续高速发展，总产值达 1735.4 亿元，增长 64.3%。工业总产值 2252.30 亿元，比上年增长 40.2%。全省财政收入 147.55 亿元，增长 33.4%，财政支出 138.12 亿元，增长 21.4%，实现收支平衡。年末金融系统各项存款余额 1117.9 亿元，比上年末增长 35.6%。社会消费品零售总额 523.97 亿元。城镇居民人均生活费收入 3508 元，农民人均纯收入 1577.7 元。

一九九五年

1月1日 经国务院批准，撤销南平地区，设立地级南平市。

同日 《厦门市台湾同胞投资保障条例》正式实施。这是全国人大授予厦门市立法权后出台的第一部涉台地方性法规。

2月2日—10日 国务院总理李鹏先后到厦门、漳州、泉州、莆田、福州等地，就搞好国有企业、加强农业基础地位、稳定物价等问题进行调查研究。李鹏充分肯定福建改革开放以来经济和社会发展的巨大成就，提出要加快闽东南的开发开放，使其成为福建经济发展的龙头，要求福建要进一步发挥侨乡和靠近台湾的优势，把改革开放和经济建设搞得更好。

2月21日 国家统计局公布的统计资料显示，1994年福建省农民人均收入1577.7元，比增30.3%，扣除物价因素，实际增长4.5%，在全国各省（市、区）中居第7名。

2月28日 菲律宾共和国驻厦门领事馆开馆。这是改革开放后首家在福建省内设立的外国领事馆。

2月底 省政府召开全省改善投资软环境工作会议，把清理乱收费作为改善投资软环境的首要工作来抓。8月30日，省委、省政府召开全省清理外商投资企业税外收费电话会议，部署清费工作。9月初开始，省地有关部门对所有收费项目和标准进行逐一清理。

3月7日 全国第一套光同步数字传输体系（SDH）环网在泉州建成开通。这标志着福建省开始进入高速信息网络时代。

3 月 22 日—28 日 中共中央政治局常委、全国人大常委会委员长乔石先后到福州、厦门、漳州考察。乔石指出，在海峡两岸关系中，福建的工作具有特殊重要的意义，也有很多有利条件，福建经济发展得越好，就会对促进祖国早日统一产生越来越大的影响，做出更大的贡献。

4 月 9 日 福州市政府公布《福州市城区居民最低生活费规定》。该市居民最低生活费为单人户 150 元，多人户人均 135 元。该规定自 1995 年 1 月 1 日起施行。

4 月 18 日 福建省科技信息研究所创建的海峡信息网，与被誉为"准信息高速公路"的美国因特网联通，成为中国首家与之联网的省级单位。

同日 省委、省政府在福州召开闽东南地区经济发展规划汇报会，就加快闽东南地区开放开发一系列重大问题进行研讨。

5 月 12 日 福建省对口支援西藏林芝地区的首批 22 名援藏干部赴西藏挂职。

6 月 18 日 福建省人民政府发布第 29 号令，《福建省旅游市场管理暂行办法》自 1995 年 7 月 1 日起施行。

6 月 省第六次党代会正式作出实施科教兴省的重大决策，把实施科教兴省战略，促进科技、教育与经济紧密结合，作为不断开创改革、发展、稳定新局面的重大举措。

8 月 9 日 厦门口岸实行外国人特区旅游签证政策。

8 月 11 日 福建省革命历史纪念馆举行奠基仪式。该馆是对全省人民群众，特别是对青少年进行爱国主义、社会主义、革命传统和近现代史教育的重要基地，是反映我省经济建设和改革开放成果、进行对外交流的重要窗口。

8月 国家计委、农业部、水利部联合下文，将尤溪县、顺昌县、晋江县、山美水库灌区、三明农科所杂交水稻新组合制种基地列为全国“八五”第四批商品粮基地建设，建设期限为2年，总投资2760万元。

9月7日 全省扶贫开发工作会议在福州召开，要求加大扶贫攻坚力量，奋战3年，全面解决群众温饱问题。同月，省政府办公厅发出关于进一步落实扶贫攻坚对象的通知。

9月8日—12日 第九届福建投资贸易洽谈会在厦门举行。其间，参与主办的13个招商团共签订合同项目928个，总投资38亿美元，其中利用外资28.8亿美元，外贸进出口成交额8.9亿美元。

9月29日 福建省图书馆新馆落成并正式开馆。新馆建筑面积2.25万平方米，总投资5000万元。

9月 省政府制定《关于扩大农业对外开放的若干规定》。

10月2日 “福建水土保持与乡村发展”项目贷款分别获亚洲开发银行和国家计委批准。该项目总投资13.5亿元，贷款期25年，其中亚洲开发银行贷款6500万美元。这是迄今福建省利用国际金融组织农业综合贷款最多的项目。

10月14日 省农业厅、省农科院、福建农学院等专家在尤溪县团结乡麻洋村2230亩再生稻现场进行实割验收，平均亩产421公斤，其中特高产田地亩产559公斤。每亩平均产量及最高产量比1991年该县文峰村创造的世界领先水平分别增加16.75公斤和18公斤，再创世界领先水平。

10月15日—19日 中国共产党福建省第六次代表大会在福州召开。会议提出全省1997年基本实现小康，2000年全面实现小康，2010年人民生活达到世界中等收入国家水平的战略目标。省委六届一次全会选举贾庆林为省委书记，陈明义、何少川、习近平、林兆枢为省委副书记。

10月16日 省委、省政府发出《贯彻〈中共中央、国务院关于加速科学技术进步的决定〉的实施意见》。

10月24日—26日 全省科学技术大会要求全面落实科学技术是第一生产力的思想，坚定不移实施科教兴省战略。

10月30日 全省最大的垃圾处理场——福州红庙岭垃圾综合处理场一期工程投入使用。该场占地733.33公顷，总投资1亿多元。

11月18日 福建省“全球通”数字移动电话系统正式投入运营。福建省成为全国第7个开通GSM数字移动电话的省份。

11月28日—12月1日 首届世界客属祭祖活动在宁化、长汀等地举行。

12月12日 省属高校“211工程”重点学科建设动员大会在福州召开。

同日 福建省学位委员会在福州成立。

12月13日 省委、省政府发出《关于加快实施农村奔小康计划的意见》。提出，全省农村1997年提前3年基本实现小康，2000年全面实现小康。

同日 同安县大嶝、小嶝、角屿三岛供水工程正式通水，结束了三岛长期缺水的历史。

12月29日 省委、省政府发出《关于巩固绿化成果、发展绿色产业、建设林业强省的决定》。提出，要把福建建设成为生态环境优美、资源永续利用、科教兴林先进、绿色产业发达、林业实力雄厚的林业强省。本年，全省“三五七”造林绿化工程如期完成。

本年 福建地方电力在建规模达109万千瓦，占全国地方电力系统总量的 20% 以上，投资超过 27 亿元，分别比上年增长 25% 和 52.76%。新增装机创纪录，达 34.56 万千瓦，年末装机拥有量 212.5 万千瓦。用电普及率高于全国平均水平，全省 100% 的乡镇，98.8% 的行政村和 98.3% 的农户用上了电。地方电网覆盖全省 80% 以上的区域和 90% 以上的县（市）。年末，全省地方电力总装机突破 200 万千瓦。

本年　厦门港、福州港集装箱吞吐量分别是 30.97 万标箱、15.07 万标箱，双双跻身全国港口国际集装箱吞吐量十强行列，其中厦门港位列全国第五。

本年　全省国内生产总值 2160.52 亿元。全省农业增加值 479.42 亿元，比上年增长 10%。粮食总产量 919.93 万吨，比上年增加 32.53 万吨，创历史最高水平。乡镇企业总产值 2578.03 亿元，增长 37.5%。完成工业增加值 764.64 亿元，比上年增长 16.6%。社会消费品零售总额 670.37 亿元。全省财政总收入 183.56 亿元，连续第 11 年实现收支平衡。职工工资总额增长 16.5%，职工平均工资增长 19.8%。城镇居民人均生活费收入和农民人均纯收入分别达到 4326 元和 2049 元。

一九九六年

1月1日　福州二环路主车道全线贯通。福建省会城市交通循环体系朝着现代化都市目标迈进。

1月18日　厦门太古飞机维修中心开业。该中心为全国第3座大型现代化商用飞机维修基地，由跨国联营公司厦门太古飞机工程有限公司投资6300万美元兴建。

1月　彩色电视电话会议系统建成投入运行，覆盖福建省所有地市和泉州地区各县市。

2月5日　省委发出《关于开展向美岭村党总支学习的通知》。号召全省基层党组织向永春县美岭村党总支学习，争创先进党组织。1995年，美岭村工农业总产值上亿元，人均创产值25万元，人均纯收入7000元，提前实现小康。

2月29日　省政府颁布《福建省企业职工养老保险制度改革方案》，并决定从1996年1月1日起实施。

3月1日　厦门—澳门—台湾空中新航线开通。

3月5日　国务院在关于经济特区企业进出口经营权问题的批复中，同意从1996年起，对海南、深圳、珠海、汕头、厦门5个经济特区的企业申请进出口经营权进行试点。

3月9日　全国首个地市级百万门程控电话和百万门无线寻呼通讯网在泉州建成并投入使用。

3月23日　省委、省政府发出《关于加强城市规划建设管理工作的决定》。提出，福建省城市发展总目标是：通过适当扩大现有大城市，加快发展中等城市，合理发展小城市，重视建设小城镇，形成布局合理、结构完整、分工明确、各具特色、山海协作、城乡一体的城市体系。

3 月 26 日 国际互联网福建节点在省科技信息研究所开通，标志着福建省计算机信息网络正式与国际接轨。

4 月 1 日 福建省产权交易中心正式运营，这是福建省首家省属产权交易中介机构。

4 月 中日合作闽江洪水预警报系统竣工。

5 月 17 日 中国公用计算机互联网福建省网正式开通并投入运行。至 1996 年底用户发展到 1598 户。

5 月 20 日 省公安厅在漳州召开全省公安机关学习“漳州 110”先进经验现场会，要求全省已建立专职巡警队伍的县市在 7 月 1 日前全面建立“110”报警服务台。7 月 5 日，省委、省政府作出“关于开展向漳州 110 学习活动的决定”，号召全省各行各业广泛深入开展学习“漳州 110”活动。8 月 27 日，公安部在漳州召开全国城市“110”报警服务台建设工作现场会，推广“漳州 110”经验。8 月 29 日，公安部作出关于向“漳州 110”学习的决定。

5 月 21 日 省委、省政府召开全省农村小康建设攻坚战动员电话会议，对全省农村小康工作进行再动员再部署。

5 月 23 日—6 月 15 日 ’96 中国福州国际招商月在福州举行。来自 23 个国家和地区的近 5000 名客商，以及辽宁、河北、浙江等省（市、区）的 32 个兄弟城市代表团参加。福建省各地市共签订外资项目、土地项目、内联项目等合同 210 项。

5 月 31 日 国务院在北京召开扶贫协作会议，部署经济较发达的9省（市）和4个计划单列市分别帮扶经济欠发达的10个省（自治区），确定福建省帮扶宁夏回族自治区。10月，福建省对口帮扶宁夏领导小组成立，省委副书记习近平任组长。11月5日至6日，闽宁对口扶贫协作第一次联席会议在福州召开并达成协议，标志着两省区正式建立对口帮扶关系。会议决定：两省区政府每年举行一次联席会议；从沿海5个省辖市中选出8个经济实力较强的县（市、区），对口帮扶宁夏8个国定贫困县；互派挂职干部、部门对口协作等。

6月6日　省委副书记习近平在全省林业工作会议上讲话指出，把林业优势产业变为支柱产业，把林业大省变为林业强省，是福建林业未来发展的两大战略任务，是省委、省政府在我省造林绿化任务基本完成之后，对林业工作提出的新的更高要求。

6月7日　省委决定成立省委农村小康工作领导小组及其办公室，省委办公厅等28个省直单位为领导小组成员单位，依托在省委农办。7月26日，省委农村小康工作领导小组更名为省委农村脱贫致富奔小康工作领导小组。

6月19日—20日　全省农村小康建设示范县工作会议召开，对示范县的主要任务和工作重点提出明确的要求。

6月28日　省急救中心正式落成。该中心集急诊医疗、教学和科研为一体，是省委、省政府为民办的15件实事项目之一。

7月3日　福建省首届台湾书展在省出版中心大楼举行。共展出台湾出版的各类图书约4000种。

8月19日—23日　省委副书记习近平在泉州调研时强调指出，小康是一个历史阶段的目标，要不断丰富建设内容，不断提高小康生活水平。

8月20日　交通部颁布《台湾海峡两岸间航运管理办法》，决定先开放福州、厦门港区为两岸（大陆港口和台湾地区港口之间）船舶直航的试点口岸，并指定上述港口的中国外轮代理公司和中国船务代理公司代理两岸直航的船舶业务。

9月8日—12日　第十届福建投资贸易洽谈会在厦门举行。台湾中华国际贸易协会、香港贸易发展局、新加坡投资贸易促进机构也组团参会。与会海内外客商达3万多人。主办单位共签订外商投资合同、协议和意向项目2503个，总投资209.4亿美元，利用外资155.1亿美元。福建招商团（含厦门市）共签订1280个项目，总投资65.8亿美元，利用外资55.8亿美元。

9月10日　泉州晋江机场扩建工程竣工。工程总投资2.6亿元，全部由地方政府自筹，其中海内外各界人士捐资1亿多元。

9月14日—16日　福建省第四次环保会议决定，1996年9月30日前关闭全省所有年产5000吨以下的制浆造纸厂。至10月底，全省年产5000吨以下的制浆造纸厂全部被取缔关闭。

9月27日　省八届人大二十五次会议审议通过《福建省外商投资企业条例》。

9月　屏南、柘荣、周宁、上杭等4个国定贫困县率先基本解决了群众的温饱问题，受到国务院扶贫开发领导小组表彰，被授予“脱贫先进县”称号。

10月20日　省委农村脱贫致富奔小康工作领导小组办公室对东山县农村小康建设工作进行复查验收：1995年东山县农村小康进程综合得分超过90分，且小康镇、村、户比重均在80%以上，已基本实现小康，成为全省首个经复查验收的小康县。

同日　泉州洛阳桥修复工程竣工并通过国家文物局验收，被评为优质工程。这是中华人民共和国成立以来福建省最大规模的文物维修工程。

10月25日 省委召开全省领导干部大会，传达中共中央决定：贾庆林不再担任中共福建省委书记、常委、委员职务，陈明义任中共福建省委书记。28日，省八届人大常委会第二十六次会议决定：同意贾庆林辞去省八届人大常委会主任职务，推选袁启彤为代理主任；同意陈明义辞去省长职务，任命贺国强为省人民政府副省长、代理省长。

10月 经过4年公路“先行工程”建设，泉州石狮、晋江、南安、惠安、肖厝等县（市、区）进入由泉州市区出发半小时可到达的大泉州“半小时经济圈”。

11月12日—14日 省委、省政府在福州召开全省扶贫开发暨农村小康建设工作会议。会议表彰屏南、柘荣、周宁、上杭4个“脱贫先进县”。会议强调，贫困地区要把扶贫作为一切工作的中心，把解决群众温饱问题作为第一位任务来抓。会议提出，到1997年底，福建省要实现的主要目标是解决50万贫困人口的温饱问题，全省农村基本实现小康，完成“造福工程”任务。会议要求，脱贫致富奔小康要实行党政一把手扶贫工作责任制。

11月20日 国务院核定公布第四批全国重点文物保护单位，福建省有10处文物保护单位名列其中。至此，福建省境内共有29处全国重点文物保护单位。

11月25日 省委、省政府下发《关于加快农村扶贫开发与小康建设步伐的若干政策措施》。

11月29日 水口水电站最后一台机组（7号机组）顺利通过72小时试运行并投产发电。这是中国自行制造的世界最大的轴流式水轮发电机组。至此，水口水电站正式并网投产发电。

12月18日 厦门高崎国际机场3号候机楼落成。它是当时国内面积最大的航站楼。

12月26日 省高级人民法院依法作出终审裁定，确认福建电子计算机公司清算组提出的《福建电子计算机公司破产财产分配方案》，并自即日起执行。至此，福建省国有大中型企业最大的破产试点案圆满审结。

12月 龙岩市小康建设通过省农村小康建设复查组的复查验收。在国家计划委员会、省委确定的16项指标中，有14项指标达标，小康综合分值98分，在全国革命老区县（市）中率先步入小康。

12月 至月底，全省公路“先行工程”建设任务基本完成。据统计，1993年至1996年，全省公路“先行工程”累计完成投资132.47亿元，完成二级以上（含二级）公路路基4018公里、路面3768公里。“先行工程”用4年时间完成预定8年完成的任务，取得丰硕成果。全省5条国道线全面改造为二级以上（含二级）公路，名列全国前茅，高等级水泥路面公路比例的位次由全国倒数第3名，跃居全国前列。“两纵三横”干线公路累计完成路基2219公里、路面2095公里，投资79.85亿元。

12月 永安林业（集团）股份有限公司在深交所上市。这是全国首家以森林资源为主要经营对象的上市公司。

本年 厦门市、莆田市作为全国医疗保险改革试点城市，率先进行职工医疗保险制度改革探索。

本年 福建省接待境外旅游者首次突破100万人次，达到1045658人次，比1995年增长15.4%。其中，外国人275710人次，增长23.0%；华侨36151人次，增长10.1%；港澳同胞461999人次，增长16.1%；台湾同胞271798人次，增长8.1%。全省旅游创汇5.5

亿美元，比1995年增长13.5%。

本年 全省国民生产总值2651.58亿元，国内生产总值2606.92亿元，工农业总产值3198.54亿元，固定资产投资790亿元，社会消费品零售总额832.48亿元，财政收入215.11亿元，财政支出200.31亿元，进出口贸易额167.40亿美元，城镇居民人均生活费收入4946元，农民人均纯收入2492元。

一九九七年

1月1日 《福建省台湾同胞捐赠管理办法》公布实施。这是福建省在全国率先制定的保护台湾同胞捐赠行为的地方性法规。

同日 福建东南电视台节目正式通过“亚卫2号”卫星向全国各地和海外传播。

1月23日—25日 全省农村工作会议在福州召开，提出当年为全省的“科教兴农年”，要求在广大农村掀起一个学科学、讲科学、用科学的热潮，力争“九五”期间来一次农业技术更新和革命，确保农村经济持续稳定发展。

1月27日 省委办公厅转发省委组织部《关于我省首次公开选拔副厅级领导干部工作的报告》，指出省委决定加大力度，开展公开选拔副厅级领导干部工作，进一步扩大选人用人视野，加强领导班子建设，提高干部队伍素质。

1月 省委农村脱贫致富奔小康工作领导小组下发文件，宣布到1995年底，经验收复查，全省已有福州市鼓楼区等23个县市区基本实现小康。

2月6日 《福建日报》报道，福建省利用亚洲开发银行贷款进行水土保持与乡村发展项目达成协议。亚行贷款给该项目6500万美元。这是福建直接向国际金融组织贷款的规模最大的农业利用外资项目。该项目于2000年完成。

2月20日 省委、省政府发出《关于加快发展农业产业化的意见》。

2月28日　省委办公厅、省人大常委会办公厅、省政府办公厅、省政协办公厅、省纪委办公厅向全省党政机关发出开展“创文明机关，做人民公仆”活动的倡议。

3月5日　省委副书记习近平在省人大’97环境工作座谈会上指出：要深刻认识环境工作的极端重要性，以大农业和基础设施建设为重点，推进大环境建设。

3月　福建森林覆盖率达57.3%，实现森林面积和蓄积量同步增长。

3月　福建省千里海堤加固工程全面竣工。

3月　福建省对基本农田保护区耕地全面实行使用许可证管理。该管理制度得到国务院全国基本农田检查组的充分肯定，并被作为加强基本农田保护的一项创举，在全国推广。

4月8日　首届厦门对台出口商品交易会暨’97台胞回乡旅游购物节在厦门富山国际展览城开幕。

4月17日　闽宁对口扶贫协作第二次联席会议在宁夏银川举行。福建省省长贺国强、省委副书记习近平等出席签字仪式。福建党政代表团于4月15日到达银川，开始为期6天的对口扶贫考察。在调研西吉移民搬迁的吊庄玉泉营时，习近平提出建设闽宁村的设想：集力聚资，将其打造成具有样板意义的闽宁协作示范村，让移民迁得出、稳得住、致得富。7月15日，闽宁村奠基。

4月30日　为促进两岸直航，福州、厦门港与台湾高雄港之间的试点直航开始启动。

5月8日—9日　省政府召开全省调整和优化经济结构研讨会，讨论提出加快福建省经济结构调整的思路方案。

5月17日　福建省多媒体信息服务网（特服号169）建成开通。该服务网的建成，拓宽了通信服务领域，为推进福建省国民经济信息化奠定信息网络平台。

6月2日 省委、省政府召开全省农村扶贫开发与小康建设工作电视电话会议，对全省农村扶贫开发和小康建设进行再动员、再部署。要求确保如期完成1997年全省农村基本实现小康、消除绝对贫困、做好造福搬迁工作三大任务。

6月3日 根据“大泉州”发展规划的需要，国务院批准泉州市增设丰泽区、洛江区。原鲤城区行政区划调整为3个市辖区。9月29日，鲤城区、丰泽区、洛江区3个区同时挂牌成立。

同日 省委、省政府发出《关于加快卫生改革与发展的决定》。

6月3日—5日 《人民日报》、新华社连续发表《塑造特区新风采》《以人为本强素质》《靠法制立规范 向管理要文明》等纪实文章，并配发《厦门为什么这样美》等评论员文章，介绍厦门特区精神文明建设取得的丰硕成果。

6月4日—7日 省委副书记习近平率省有关部门负责人到闽东，就脱贫致富奔小康工作开展调研。习近平要求，把解决群众的脱贫、安居问题作为重中之重，做到真扶贫、扶真贫。

6月10日 中共中央宣传部公布100个爱国主义教育示范基地名单，福建省的古田会议纪念馆、陈嘉庚生平事迹陈列馆、林则徐纪念馆、郑成功纪念馆、泉州海外交通史博物馆等5处入选。

6月17日 宁德飞鸾岭隧道工程贯通。隧道长3155米，是全国第二长公路隧道，宁德通往福州可缩短里程18公里。

6月23日 福州长乐国际机场正式首航。福州长乐国际机场是中国第一座由地方政府自筹32.3亿元资金兴建的现代化国际机场，被誉为福建省“天字第一号”工程，1994年6月正式开工。

7月1日 省委、省政府作出《关于推进乡镇企业改革、发展和提高的决定》。

7月22日—23日 省委、省政府在福清市召开江阴半岛开发规划研讨会。会议指出，开发江阴半岛是推进福建省新一轮创业的重要举措。

8月2日 省委、省政府发出《关于进一步加强土地管理切实保护耕地若干问题的决定》，要求各地党委、政府必须充分了解国情、省情，必须从国家前途、民族生存及可持续发展的战略高度，深刻认识加强土地管理切实保护耕地的极端重要性，严格执行土地管理法律法规，尤其是《福建省基本农田保护条例》，坚持依法管地用地。

9月3日 福州城区“120”急救电话正式开通。

9月5日 厦门荣获“国家环境保护模范城市”称号。

9月7日 福建省第一份综合性市民生活报——《海峡都市报》创刊。

9月8日 泉厦高速公路全线建成。12月15日公路正式通车。这是福建省境内第一条建成通车的高速公路，1994年6月动工。

9月8日—13日 中国投资贸易洽谈会在厦门举办。已连续举办10届的福建投资贸易洽谈会正式更名为中国投资贸易洽谈会。洽谈会由外经贸部主办，福建省政府、厦门市政府承办，成员单位达36家。洽谈会共开设40个专馆，设立1200多个展位，推出1.2万多个对外招商项目。洽谈会吸引6200多名海外客商，共签订外商合作项目2714个，外资金额146.32亿美元，进出口贸易成交额达11.02亿美元。福建省代表团在洽谈会上签订的合同、协议和意向的项目数、总投资、利用外资均居36个招商团组之首。

9月12日—18日 中国共产党第十五次全国代表大会在北京举行。江泽民作题为《高举邓小平理论伟大旗帜，把建设有中国特色社会主义事业全面推向二十一世纪》的报告。大会提出了新的“三步走”发展战略，即新世纪第一个10年实现国民生产总值比2000年翻一番，使人民的小康生活更加宽裕，形成比较完善的社会主义市场经济体制；再经过10年的努力，到中国共产党成立100年时，使国民经济更加发展，各项制度更加完善；到21世纪中叶中华人民共和国成立100周年时，基本实现现代化，建成富强、民主、文明的社会主义国家。

9月16日　省委办公厅、省政府办公厅转发省村务公开民主管理工作小组办公室《关于加强村务公开民主管理工作的意见》，要求确保年底前全省村村推行村务公开民主管理工作目标的实现。

9月23日　省委印发《福建省跨世纪人才工程建设总体规划》，提出跨世纪人才工程建设的战略目标。

9月26日—28日　省委六届七次全体（扩大）会议在福州举行。全会要求全省各地认真学习、深刻领会党的十五大精神，认真实施党的基本纲领，扎实推进福建新一轮创业，把一个经济繁荣、社会稳定、生活殷实、科教先进、环境优美、法制健全、文明开放的生机勃勃的福建带入21世纪。

10月13日　福建炼油化工有限公司、埃克森中国石油化工有限公司和沙特阿美海外公司在北京人民大会堂签署一项在福建合作建设大型炼油、化工项目的联合可行性研究协议。

10月20日—24日　经省委小康办验收复查，泉州市于1996年已达到基本实现小康目标的要求，成为全省第一个通过农村小康建设验收的地级市。

10月29日　省委召开全省电视电话会议，提出以“奔小康、建新村”为主线，以“学美岭、创五好”为载体，全面加强全省农村基层组织建设。

10月31日 厦门中华白海豚省级自然保护区正式建立。厦门海域是中华白海豚的主要栖息地之一。

10月 至本月，泉州全市2257个行政村村村通公路，提前3个月在全省率先实现村村通公路。

11月4日 福建省建造的第一艘万吨级“凯普·康贝尔”轮，在马尾造船厂下水。

11月13日 经省委小康建设复查小组复查，罗源县的小康综合分值超过省定实现小康县标准，成为全省第一个基本实现小康的原贫困县。

11月25日—29日 全国人大常委会委员长乔石先后到福州、厦门察看基础设施建设和城市建设情况。乔石指出，要切实坚持依法治国、依法管理、依法办事、依法保障广大人民群众的民主权利，通过坚持不懈的努力，把我国建设成为社会主义法治国家。

11月27日—29日 省委农村脱贫致富奔小康工作领导小组在福安市召开全省农村小康建设工作会议，对农村小康工作和村容村貌整治工作进行回顾总结和再部署。

11月下旬 福建省第一条海底光缆福清—平潭光缆工程竣工，全省68个县市全面实现传输干线光缆化。

12月上旬 厦门大学化学化工学院万惠霖教授当选为中国科学院院士。福州大学魏可镁教授当选为福建省首位中国工程院院士。

12月18日 宁德地区举办中国闽东大黄鱼节。1985年起，宁德地区开始研究大黄鱼人工繁殖和育苗技术，创建了全国唯一的内湾性大黄鱼产卵场，成功突破大黄鱼人工育苗及养殖技术。

12月25日 全国公安战线7个单位荣誉称号命名大会在北京举

行。“漳州 110”荣获国务院授予的“人民的 110”荣誉称号。

12 月 29 日 厦门悦华酒店举行晋升五星级酒店授牌仪式，成为福建首家五星级酒店。

12 月 30 日 由福建、江西、铁道部 3 家合资修建的横（峰）南（平）铁路全线贯通。横南铁路是进出福建的第二条铁路通道。

12 月底 国家教委组织扫盲工作检查组对福建省扫盲工作进行抽查评估，宣布福建省已实现现阶段国家规定的基本扫除青壮年文盲的目标。实现省委、省政府提出的提前 3 年完成基本扫除青壮年文盲的目标。

本年 厦门港以全港货物吞吐量 1753.1 万吨首次跻身中国（大陆）沿海十大港口行列。

本年 全省国民生产总值 3051.23 亿元，国内生产总值 3000.36 亿元，工农业总产值 4783.12 亿元，基本建设投资 274.13 亿元，固定资产投资 898.47 亿元，社会消费品零售总额 987.69 亿元。财政总收入 215 亿元，财政支出 225.03 亿元。进出口贸易额 194.62 亿美元。城镇居民人均可支配收入 6144 元，农民人均纯收入 2786 元。福建省地税收入超百亿元，增长幅度居全国前列。

一九九八年

1月1日　福建有线电视公共频道正式开播。该频道是全国第一家采用全省各县市有线电视联网统一播出的有线电视台，覆盖全省67个市县及20%的乡镇。

1月6日—12日　省政协举行八届一次会议，选举游德馨为八届省政协主席。

1月24日　以“漳州110”为龙头，公安、卫生、邮电等7个部门12家单位共同参与的社会服务联合行动机制在漳州市区正式启动。该社会服务联动机制的启动，标志着漳州市“公安的110”已成为“社会的110”。

2月9日　国内首条自主开发设计的超大屏幕背投影彩电生产线在福建日立电视机有限公司投产。新品达到90年代末国际先进水平。

2月21日—23日　全省林业局长会议召开。会议要求加大林业基本建设力度，重点是建好“两大体系”“五大工程”，即建立比较完备的林业生态体系和比较发达的林业产业体系，完成沿海防护林、生物多样性保护、速生丰产林、竹林、名特经济林和林产工业工程，按照稳中求进的原则，积极推进林业分类经营改革、林业资源有偿使用制度改革、林业企业改革。

2月　全球500强之一的美国戴尔公司在厦门创办戴尔计算机（中国）有限公司。这是戴尔的全球第六大生产基地。

2月　省委农村脱贫致富奔小康工作领导小组发文宣布，1996

年全省又有闽侯等21个县市区和福州、厦门、泉州3个市基本实现小康。

3月16日 省委、省政府发出《关于加强农业和农村工作的若干意见》。提出，要强化农业基础地位，确保农业和农村经济持续稳定发展；稳定发展粮食生产，确保全年农业丰收；调整优化农村经济结构，有效增加农民收入；巩固扶贫成果，全面推进小康建设；深化农村改革，扩大农业对外开放；大力推进农业产业化经营，加快发展现代农业；实施科教兴农战略，推进新的农业科技革命等。

3月21日 由人事部和福建省政府共同组建的中国海峡人才市场于福州国际会展中心开业，并首办人才交流大会。

3月26日—28日 省委、省政府在漳州召开全省外资工作暨投资环境建设现场会，研究部署利用外资和投资环境建设工作，讨论出台《福建省人民政府关于加强投资软环境建设的规定》。

4月7日 世界第一台中文键盘在福州问世。这一项目被列为福建省1996年20项产学研联合开发项目的A级项目，被专家鉴定为国内首创。

4月8日 国家重点工程——梅坎铁路（福建段）在永定县举行开工庆典。2000年6月26日，梅坎铁路全线铺通。

4月14日 省委召开经济形势分析会，就如何应对东南亚金融危机，坚定信心，推进改革，扩大开放，增加内需，确保经济发展目标任务的全面完成，提出重要的思路和意见。

4月15日 福州市正式开放住房二级市场，允许已售的公房上市交易。

4月30日 省委、省政府印发《关于组织实施农村宽裕型小康建设的意见》，提出全省农村力争到2010年基本实现宽裕型小康目标。

4月　省委农村脱贫致富奔小康工作领导小组发文宣布，寿宁县等8个县和小沧乡等98个乡镇脱贫。至此，全省17个贫困县全部脱贫，214个贫困乡（镇）中有199个脱贫。同月，又发文宣布莆田县等23个县市区和莆田、三明、漳州、南平4个市基本实现小康，至此，全省有7个地级市和69个县（市、区）基本实现小康。

5月5日　省委、省政府召开全省农村脱贫致富奔小康工作总结表彰会。省委、省政府宣布，全省于1997年，提前3年完成国家八七扶贫攻坚计划的任务，基本消除绝对贫困，17个贫困县全部脱帽，214个贫困乡镇中有199个脱掉贫困帽；贫困人口从1985年的242万人减少到10.19万人；超额完成“造福工程”原定10万人的搬迁任务；按计划实现了1995年提出的基本达到小康水平的综合指标，全省农村小康进程综合得分93.6分，898个乡镇、1.34万个村、542.64万个农户基本实现小康，分别占乡镇、村和农户总数的87.4%、89%和90.4%，有7个地级市和69个县（市、区）基本实现小康。

5月16日　省邮电部门依托本省先进的电信网络建成的福建省公众多媒体通信网——福建热线，在国际互联网上正式亮相。“福建热线”是中国公众多媒体通信网在福建部分的总称。

5月20日　纪念福州建城2200年暨’98福州国际招商月开幕式举行。

5月23日　永春县通过创建全国卫生县城验收，成为全省第一个通过国家级卫生县城验收的县。

5月26日　省统计局和省农业普查小组办公室发布福建省第一次全国农业普查快速汇总结果。农业生产经营单位数量与结构：1996年末，全省从事生产经营活动的农村住户数为542.31万户。农村从业人员数、素质和行业、地域分布：1996 年末，全省农村从业人员为 1460.24 万人。其中从事农业人员为 902.15 万人，占 61.78%；从事非农业人员 558.09 万人，占 38.22%。主要农业机械和设备数及质量：1996 年末，全省平均每万名农村从业人员拥有主要农业机械 139.63 台（辆）。农村镇区规模及其社会状况：1996 年末，全省农村镇（不含城关镇）532 个，占全部乡镇数 58.08%，镇个数增加，乡个数减少。非农乡镇企业发展状况：1996 年末，全省非农乡镇企业总数达 56178 个，非农乡镇企业从业人员为 148 万人。

5 月 27 日 全省稳定和完善土地承包关系工作会议在福州结束。会议指出，以家庭联产承包为主的责任制和统分结合的双层经营体制，是中国农村经济的一项基本制度，必须长期保持稳定，要不折不扣地贯彻落实党的农村土地承包政策。

5 月 31 日 福建炼油化工有限公司年产 7 万吨聚丙烯工程投料试生产一次成功。该项目被列为 1998 年福建省 10 个“重中之重”项目之一，它的投产填补了福建省大型化工生产装置的空白。

6 月 8 日 中德共同投资 7200 万德国马克的普鲁士格 · 诺尔—招商局机械工程有限公司，在中银漳州开发区正式投产。该公司是德国在福建投资最大的企业。

6 月 12 日 福建省委农村脱贫致富奔小康工作领导小组召开省直机关农村脱贫致富奔小康工作队动员大会，从省直机关抽调 85 名干部到 10 个宽裕型小康试点县和 8 个经济欠发达县以及 15 个贫困乡镇帮助工作。

同日 一场历史上罕见的洪灾突降闽北。截至 6 月 28 日，南平市 10 个县（市、区）、14 个乡镇（街道）全部受灾。全市因灾直接损失达 74.93 亿元，相当于闽北 5 年的财政收入。6 月 19 日至 24 日，闽江干流出现特大洪水，水口水库最高入库量达 3.671 万立方米 / 秒，超过百年一遇的 3.56 万立方米 / 秒。在这次特大洪灾中，福州市闽清、闽侯、台江、仓山等 7 个县（区）进水，直接经济损失达 24.85 亿元。党中央、国务院十分关注闽北及闽江流域的特大洪灾。省委、省政府对抗洪救灾作出一系列部署，调集物资等支援闽北。福州打起“省城保卫战”，保住闽江北港北岸防洪大堤，经受住了 6 月 23 日闽江下游最高水位的考验。

6 月中旬　福建省世界银行贷款国家造林项目通过竣工验收。1990 年至 1997 年，福建省国家造林项目共营造速生丰产林 12.3 万公顷，比原“项目执行协议”超额完成 43%；累计完成项目投资 3.66 亿元。林业部 1993 年以来连续 5 年的质量检查结果表明，项目造林质量综合达标率为 98%，造林质量连续 5 年居全国首位。

6 月 16 日　省委、省政府印发《福建省现代农业发展规划纲要》。

6 月 25 日—27 日　省委、省政府召开全省国有企业下岗职工再就业和深化社会保障制度改革工作会议。7 月 14 日，省委、省政府发出《关于做好国有企业下岗职工再就业和深化社会保障制度改革的通知》。

6 月 27 日—28 日　省委六届八次全会在福州召开。会议审议通过《中共福建省委关于依法治省的决定》。

6 月 29 日　闽宁对口扶贫协作第三次联席会议在福州举行。

7 月 7 日　省委、省政府发出《关于贯彻落实〈中共中央、国务院关于进一步扩大对外开放，提高利用外资水平的若干意见〉的意见》。

8 月 1 日　《福建省保护华侨投资权益若干规定》颁布施行。这是国内首部保护华侨投资权益的地方性法规。

8 月 6 日　为落实福建省“九五”期间社会主义精神文明建设规

划中提出的“县县有文化馆、图书馆、乡乡有文化站”的目标，省委、省政府在福州举行’98为民办实事、扶持基层文化设施项目责任书签字仪式。

8月14日 省委、省政府召开支援长江抗洪救灾专题会议，号召全省人民迅速行动起来，积极响应中央号召，全力做好支援长江流域抗洪救灾工作。

8月28日 经过1个多月试运行，福州市内河引水工程竣工通水。该工程是全省1998年十项重中之重工程之一，于1997年3月1日动工。输水线路全长5744米，工程总投资23380万元。

9月4日 省委、省政府发出《关于加快我省非公有制经济发展的若干意见》。强调要提供更加广阔的空间，创造更加宽松的发展环境，进一步完善政策，鼓励和支持非公有制经济的发展，提升非公有制企业整体素质，以推进新一轮创业。

9月8日 福建省第二条高速公路——厦（门）漳（州）高速公路建成通车。至此，福建高速公路通车里程增至1200公里。

9月8日—11日 第二届中国投资贸易洽谈会在厦门举行。本届洽谈会参会范围涵盖全国31个省、市、自治区。洽谈会共签订项目2766项，外资总金额142亿美元。福建代表团共签约项目1502项，总投资72.7亿美元。

9月12日 棉花滩水电站如期截流。2001年5月，电站首台机组发电；12月电站全面建成，机组全部投产发电。棉花滩水电站是1998年国家重点建设项目、新中国成立后闽西老区最大的投资项目。

9月28日 厦门开通消费者网上投诉服务。这是全国第一个网上96315消费者投诉服务站点。

9月30日 由马尾造船厂建造出口德国的第一艘10500吨多用

途集装箱货轮签字交船。标志着福建省船舶工业迈上新台阶，竖起建造万吨轮的里程碑。

10月8日—12日 福建省首次在省工业展览中心举办“五新”（新技术、新工艺、新材料、新产品、新设备）项目推介洽谈会。共签约616项，其中合同345项。

10月25日—11月8日 省环保部门按照国家环保总局的统一部署，对全省近岸海域进行第一次综合性的环境调查工作。

10月26日 省委、省政府发出《关于加强对台工作的意见》，要求加快建设海峡西岸繁荣带，拓展闽台交流，促进两岸直通“三通”，做好台湾人民工作。

10月27日 省委、省政府发出《关于加快我省少数民族和民族地区经济、社会发展的若干政策措施》，要求尽快缩小本省少数民族和民族地区与全省平均发展水平的差距，实现各民族共同繁荣。

10月28日—31日 省委六届九次全体（扩大）会议在福州召开。会议讨论并通过《中共福建省委关于认真贯彻落实党的十五届三中全会精神、进一步加强农业和农村工作的决定》《中共福建省委关于进一步加快山区发展的决定》，以及《中共福建省委关于进一步加快发展海洋经济的决定》。

10月 尤溪县再生稻再生季最高亩产达563.8公斤，再创世界再生稻亩产纪录。

11月 为加快福建省结核病控制规划的实施进程，卫生部决定将“世界卫生组织亚太区结核病控制项目”安排在福建省开展。省卫生厅决定在云霄、漳平、新罗、上杭4县（市、区）实施这一项目，受益人口为150万人。

12月10日 三明钢铁厂转炉1号炉钢水出炉。至此，三钢1998

年累计产钢突破100万吨，比上年同期增长26.7%。三钢人用3年时间完成从50万吨到100万吨的历史性跨越，提前实现原计划在本世纪末实现的目标。

12月28日　省委、省政府发出《加强沿海县市对口帮扶和省直单位定点挂钩扶持山区经济欠发达县的决定》。

本年　全省国民生产总值3385.51亿元，国内生产总值3330.18亿元，工农业总产值5482.00亿元，基本建设投资337.95亿元，固定资产投资1048.51亿元，财政总收入281.42亿元（其中地方财政收入187.92亿元），财政支出254.87亿元，进出口贸易额192.20亿美元。城镇居民人均可支配收入6486元，农民人均纯收入2946元。

一九九九年

1月4日 省委、省政府发出《关于贯彻中共中央、国务院〈关于实行党风廉政建设责任制的规定〉的实施办法》，明确本省各级党政领导干部对党风廉政建设应负的责任。

1月5日 国家旅游局在桂林召开命名大会，授予厦门、武夷山市等全国54个城市为首批“中国优秀旅游城市”。

同日 省内首例试管婴儿——一对双胞胎男婴在省妇幼保健院诞生。这项成果填补了福建省试管婴儿技术的空白。

1月10日 当日起，福州市开展“千家送岗暖万家”活动。市领导和有关部门组成15支公仆队送岗位、送温暖、送观念到下岗职工家。

1月18日—2月6日 首届海峡两岸（福建漳州）花卉博览会在漳浦县马口闽南花卉批发市场举行。经贸项目签约74项，总投资2.6亿美元，合同外资2.17亿美元。

2月4日—10日 中共中央政治局常委、全国人大常委会委员长李鹏先后赴宁德、福州、厦门等地市，围绕基层民主建设、国有企业改革、下岗职工基本生活保障和再就业、公正司法等深入调研。李鹏指出，人民代表大会是人民行使国家权力的机关，要密切联系群众，反映人民群众的意见和要求，接受人民的监督。

至2月24日 福建省土地延包工作基本完成。全省已完成土地承包期再延长30年的村民小组有154397个，农户545.66万户，分别占总数的96.6%和95.8%。

2月27日 霞浦县沙江镇电信移动基站割接成功。至此福建省970个乡镇全部开通移动电话，成为全国第一个实现所有乡镇开通移动电话的省份。

3月4日 教育部批准福建省中医学院和福建师范大学为大陆可以单独招考台湾学生的试点院校。

3月15日 省委组织部、省人事厅决定，1999年首次面向海内外公开选聘一批高层次、高素质的企业经营管理者。

3月16日 福州港江阴港区3万吨级通用码头工程开工，标志着江阴半岛开发正式启动。

3月23日 省委召开常委会，传达学习全国“三讲”教育工作会议精神，研究贯彻意见。10月10日，省委在福州召开全省第二次“三讲”教育工作会议，总结第一批地市厅局“三讲”教育工作，对第二批省直单位“三讲”教育进行动员部署。全省“三讲”教育延续到2000年。

同日 福建省农村宽裕型小康试点县和山区经济欠发达县挂钩帮扶工作动员大会召开。会议要求加快扶贫攻坚力度，全面推进小康建设。

3月30日 省法律援助中心在福州成立，标志着福建省法律援助制度的建立与发展进入一个新的阶段。

3月31日 闽东南沿海500千伏输变电主网架建成投产。这是省重点建设项目、全省第一条“电力高速公路”。

4月3日 厦门市开始全面实施城乡居民最低生活保障制度。保障标准为单人户每人每月260元，双人户月人均235元；农村居民最低生活保障标准保底线为户月人均100元。厦门市的保障标准居全国之首。

4月28日 省委、省政府印发《关于进一步扩大对外开放，加快对外经贸发展的若干意见》。

4月 省政府机关事务管理局向社会公布省直机关住宅电梯政府采购国际招标结果。这是福建省首次以公开、透明的方式进行的政府采购行为。

5月4日 全国首家海上救护站在宁德市三都青山海上养殖区成立，海上“120”同时开通。宁德边防支队此举开创国内海上救助的先河。

5月13日 1995年开始建设、投资600万元的全省卫星云图接收系统完成建设，实现了县县有卫星云图机的目标，全省防灾减灾水平进一步提高。

5月22日 “东河”轮从厦门海沧港启航，直驶美国西海岸的长滩港和奥克兰港。这是厦门直达美国的首条班轮航线，填补了中国东南地区直达美国西部航线的空白。

5月23日 科技部正式授予福州软件园牌匾。该软件园为国家十大软件基地之一，由软件中心和软件产业基地两部分组成。

5月 福建省决定1999年首次在全省海域范围内实行全面伏季休渔。

6月7日—9日 省委副书记习近平率省直有关部门领导，到宁德、周宁、福安一些老区基点村和少数民族村调研。习近平强调，各级党政领导和全社会各个方面都要关心支持山区、老区、少数民族聚居地区建设，加快其经济与社会发展，加大扶贫攻坚力度，改变作风，扎实工作，进一步推进奔小康、建新村工作。

6月18日—24日 中共中央政治局常委、国家副主席胡锦涛到龙岩、漳州、厦门和福州等地考察。胡锦涛强调指出，思想政治工作是党领导人民在长期革命和建设实践中形成的政治优势。在发展社会主义市场经济的条件下，这个政治优势不能丢掉，而且要结合新的实际，大力弘扬光大。

6月 经省文物管理委员会审议，并报省政府审核批准，确定莆田市、邵武市、建瓯市、武夷山市为第一批省级历史文化名城；南平市延平区峡阳镇、连江县透堡镇、安溪县湖头镇、永安县湖坑镇、连城县四堡乡、永安市吉山乡为第一批省级历史文化名镇（乡）；确定浦城县水北街观前村、长乐市江田镇三溪村、福安市溪潭镇廉村、连江县筱埕镇定海村、长乐市航城镇琴江村为第一批省级历史文化名村。

7月2日 福建省第100期科技月谈会在福州举行。首期科技月谈会于1984年由时任省委书记的项南倡议，是一种领导与专家交流协商的机制。

7月27日 世界上首台光盘录像机在厦门诞生。

8月初 福建电信公众宽带多媒体通信骨干网建成，并与正在建设的全国公众多媒体骨干网联网互通。标志着福建省推进电信网迈向信息网取得实质进展，使福建省电信通信继续保持全国领先的水平。

8月9日 省九届人大常委会举行第十二次会议，通过三项决定：任命习近平为省政府副省长，接受贺国强辞去省政府省长职务的请求，习近平代理省政府省长职务。

8月11日 “阿斯特号”集装箱货轮满载货物驶离厦门海沧国际货柜码头前往欧洲，海沧港区首条欧洲航线成功开通。

9月2日 省“重中之重”项目之一的华能福州电厂二期扩建工程3号机组顺利通过168小时的满负荷试运行，正式并网发电。

9月4日—6日 第三届世界福建同乡恳亲大会在泉州举行。来自近40个国家和地区的300多个福建乡亲社团的近3000名海外乡亲代表参会。这是福建省首次举办的海外乡亲联谊活动。

9月8日—11日 第三届中国投资贸易洽谈会在厦门举办。洽谈会期间共签订合同项目1228个，合同外资金额51.83亿美元，签订协议项目595个，协议外资金额32.34亿美元。本届洽谈会进出口贸易成交总额达8.13亿美元。洽谈会还签订内联项目126个，总投资47.21亿元。福建代表团共签订外商投资项目1126个，总投资50.99亿美元，利用外资45.17亿美元。

9月10日 省委、省政府作出《关于加快实施科教兴省战略的决定》。决定提出的奋斗目标为：在全面完成“九五”期间科教兴省各项任务的基础上，经过10年努力，到2010年，大幅度提高科教自主创新能力，推动创新体系建设，着力掌握重点产业关键技术，使主要领域的生产技术达到国内先进水平，高新技术产业产值占工业总产值的比重达到30%以上，高新技术产品出口额占出口商品额的比重达到30%以上。在巩固和提高“两基”成果的基础上，全面提高素质教育水平，基本普及高中阶段教育，高等教育入学率达到15%，基本建立起终身学习体系，人口受教育年限进入全国先进行列；科技教育综合实力争取进入全国前列，努力为福建现代化建设奠定基础。

9月17日 福泉高速公路福州段二期工程通过交工验收，福泉高速公路福州段贯通。该工程是省“重中之重”工程，于1996年动工建设。

9月26日 东南（福建）汽车公司一期工程竣工投产。该项目由闽台双方合资，可带动福建汽车零部件工业及相关行业发展，推动闽台交流合作。

9月28日 首届泉州国际互联网络名优特新产品博览会举行。

这是福建省首次在网络上举办的博览会。

10月10日 省委、省政府出台《关于贯彻落实〈中共中央、国务院关于进一步加强扶贫开发工作的决定〉的意见》。10月11日至12日，全省扶贫开发工作会议在福州召开。

10月12日 “闽台情·同胞心”——为台湾大地震受灾同胞赈灾义演在福州举行。义演活动中各界人士共认捐赈灾款人民币2000多万元。

10月15日 省委下发《中共福建省委关于进一步加强人民政协工作若干问题的决定》。

10月31日—11月2日 省委六届十一次全体（扩大）会议在福州召开。会议研究确定推进福建国企改革和发展的目标任务与具体措施，审议通过了《中共福建省委关于贯彻落实党的十五届四中全会精神，加快国有企业改革和发展的决议》。

10月 国务院批准福建省政府上报的《福建省土地利用总体规划（1997～2010）》。该规划是国务院批准的第一部福建省省级土地利用总体规划。

11月1日 福州市决定在大通机电股份有限公司等15家工交企业中试行年薪制。

11月18日 由省教委、省邮电管理局、省政府发展研究中心联合开展的大型教育信息化工程——曙光工程正式启动。

11月 国家经贸委对原512户重点国有企业进行调整，调整后的国家重点企业有520户。其中，福建省的企业有南平铝厂、福建水泥股份有限公司、漳州片仔癀集团公司、福州人造板厂、厦门工程机械有限公司、福建实达电脑集团有限公司、厦门华侨电子企业有限公司、福日集团公司、福建纺织化纤集团有限公司、南纸股份有限公司、南平南孚电池有限公司。

11 月 在全国第七届精神文明建设“五个一工程”工作暨表彰大会上，福建省 9 件作品获“五个一工程”奖。

12 月 1 日 在摩洛哥举行的联合国教科文组织世界遗产委员会第 23 届会议作出决定，将中国武夷山列入文化和自然双重遗产名录。这是福建第一处、全国第四处世界“双遗产”。

12 月 14 日—16 日 全国“村村通广播电视”工程验收现场会在上杭县召开。福建成为全国第一个实现“村村通广播电视”的省份。

12 月 30 日 “九五”期间全国重点工程之一的厦门海沧大桥建成通车。该大桥于 1996 年 12 月 18 日动工建设，总投资 28.74 亿元，全长 5926.53 米，是世界上第二座、亚洲第一座三跨连续全漂浮体系钢箱梁悬索桥。

同日 首届福建旅游博览会暨福建世纪游开幕。

本年 闽西上杭县紫金矿业集团共生产黄金 2.98 吨，一跃成为全国产金量最大的矿山。

本年 全省电子信息产业完成工业总产值 554.1 亿元，实现销售收入 330 亿元，提前一年超额完成“九五”计划。电子信息产业的工业总产值占全省工业总产值的 10% 以上，并连续 4 年居全省工业系统首位。

本年 全省国内生产总值 3550.24 亿元，工农业总产值 5798.45 亿元，基本建设投资 357.15 亿元，固定资产投资 1084.66 亿元，财政总收入 312.57 亿元（其中地方财政收入 208.92 亿元）。至此，福建省财政已连续 15 年实现收支平衡。财政支出 279.24 亿元。进出口贸易额 176.45 亿美元。城镇居民人均可支配收入 6859.81 元，农民人均纯收入 3091.39 元。

二〇〇〇年

1 月 7 日　厦门鼓浪屿与日光岩管理处获国家环保认证中心颁发的 ISO14001 国际环境管理标准认证证书，成为全国第一个通过这一认证的国家级风景区。

同日　福建东南广播电视网络有限公司与中国巨龙通信设备、深圳中兴通讯股份公司正式签约，联手兴建福建广播电视综合网。

1 月 15 日　福建省开展旨在打击破坏野生动物资源行为的“南方二号行动”。至 1 月 29 日零时，全省共出动上万人次，收缴各类野生动物 11772 只。

1 月 19 日　漳平市溪南镇久鸣村举行“公推直选”村支书，即让符合条件的党员公开报名、公开演说，党员和群众公开评议推荐，然后由全体党员直接选举产生，这在全省属首创。

1 月 21 日—27 日　省九届人大三次会议在福州举行。会议选举习近平为省长。

1 月 29 日　省农村工作会议召开。会议强调，全省上下要把扶贫开发、小康建设、农业现代化建设和结构调整有机结合起来，统一部署，整体推进。扶贫开发要重点抓好全省扶贫开发工作会议精神的贯彻落实，小康建设要突出抓好村容村貌整治和新村建设，山海协作要重点抓好经贸协作和对口挂钩扶持工作。

至 2 月 4 日　闽东全区 4475 户共 20419 连家船民，全部搬入岸上 50 个新村定居，告别以船为家的漂泊生活。

2月5日　共青团福建省委、省青年志愿者协会决定：自2000年起，每年3月5日为福建青年志愿者服务日。

3月上旬　省委办公厅发出通知，要求全省各地市、各部门深入组织学习江泽民在广东考察工作时的重要讲话。2月21日至25日，江泽民同志在广东考察工作时讲话指出，要在广大干部群众特别是在发展较快的地区干部群众中，开展“致富思源、富而思进”教育活动。

3月23日　省委、省政府发出《关于开展机关效能建设工作的决定》。

3月　福建省现有51万企业离退休职工实现养老金统筹。99%以上的养老统筹对象均能就地从银行网络按时足额领取到养老金，基本生活得到保障。

3月　省教育厅决定在全省高校中启动实施“闽江学者计划”，建立特聘教授岗位制度。该计划旨在吸引海内外中青年学术精英参与福建省高校重点学科和学术梯队建设。

4月6日　省委办公厅、省政府办公厅发出《关于福建省人民政府专业经济管理部门（总公司）改革实施意见》。

4月9日　福耀集团年产15万片的大巴汽车玻璃生产线正式投产。这是国内迄今最大规模的一条大巴汽车玻璃生产线。

4月12日　福州成为全国第三个获国家爱卫办授予“国家卫生城市”殊荣的省会城市。

4月26日—28日　省委、省政府在福州琅岐召开专题会议。会议提出，增创改革与建设新优势，赢得福建跨世纪新发展；到2010年全省基本建成海峡西岸繁荣带，部分地区率先实现现代化。

4月30日　招商银行福州分行与“中国在线购物”联手，采用招行“一网通”实时在线支付系统，为福建福日信息家电有限公司提供在线支付服务。该公司成为全省首家采用银行网上支付系统进行交易的网上商户，招行福州分行成为全省第一家向电子商务企业全面提供网上支付服务的银行。

5月1日　全国唯一的“潜水艇式”海底车库——厦门海滨地下车库正式启用。

5月6日　经国务院批准，原泉州市肖厝经济开发区设立县一级行政区，定名泉港区。

5月初　厦门珍稀海洋物种国家级自然保护区被国务院列入新建的18处国家级自然保护区。

5月25日　福建省地市县扶贫办主任会议在福州召开。会议在总结以往扶贫开发经验基础上，就实施“国家八七扶贫攻坚计划”最后一年的工作进行了研究部署。会议指出，要打好最后一年的扶贫攻坚战，要继续坚持开发式扶贫，以贫困村为主战场，以贫困户为对象，集中力量，解决温饱问题。

5月28日　福州国际招商月暨海峡两岸科技成果交易会在福州举行。

5月　至本月，旨在救助贫困母亲的项目试点工作——幸福工程，自1998年7月正式启动以来，已首批救助450户贫困母亲家庭。

6月2日　省建设工程交易中心挂牌。该中心的设立是福建省建立和完善有形建筑市场的重要举措。

6月3日　省委、省政府决定，对福建省高层次人才实行按月发给1000～5000元的生活津贴制度。该津贴标准居全国前列。

6月5日　厦门市环保局公布《厦门市环境状况公报》。指出，厦门已提前实现国务院提出的重点城市“工业污染源达标和功能区达标”的要求，成为全国继深圳之后第二个实现“双达标”的城市。

6月14日 省委召开首次党风廉政建设和反腐败形势分析会，强调要以“三个代表”重要思想总揽党风廉政建设和反腐败斗争，从严治党治政，不断增强拒腐防变能力。

6月20日 全省老区和少数民族行政村“五通”（通照明电、通道路、通电话、通广播电视、通饮用水）建设现场会在连江县举行。会议要求把“五通”建设作为扶贫开发工作的重点之一，确保年内实现。

6月27日 福建省与东部13省市广电网实现互联。这是国家广播电视干线网的第一次互联。

6月 据相关部门统计，福建人均水产品占有量居全国第一。

6月 省委、省政府出台《关于引进高层次人才和青年专业人才的若干规定》。这是继1992年出台关于进一步做好引进省外人才工作，鼓励出国留学人员来闽工作的两份文件规定之后又一新举措。

7月起 福建省全面启动机关工作人员由国库统一支付工资。

7月2日 省长习近平在福州察看棚屋区改造工作，表示一定要把群众期盼的“安居”好事办好。

7月5日 全国十大扶贫状元、福建农业大学菌草研究所高级农艺师、菌草技术发明人林占熺获省政府授予的一等功荣誉证书。这是省政府首次为作出突出贡献的科技人员记一等功。

7月17日—18日 全省完善社会保障体系做好两个确保工作会议在福州召开。省长习近平在会上强调，做好社会保障体系建设，确保企业离退休人员养老金足额发放，确保国有企业下岗职工基本生活费发放，是深化国有企业改革、维护社会稳定的需要。要求各级各部门高度重视，切实抓紧抓好，抓出成效。

7月18日 省政府决定，政府部门所属71所学校实行改制，多数省属本科高校和部分成人高校、中专学校划归省教育厅，其他学校实行“省与地市共建、以地市管理为主”体制。

7 月　闽江洪水预警报系统（二期）投入运行。这标志着福建省“五江一溪”洪水预警报系统全面建成，在全国居领先行列。

8 月 1 日　全国首部保障职工民主参与权利的地方性法规《福建省保障企业职工民主参与权利规定》，经省人大常委会通过正式公布施行。

8 月 2 日　上海锦江麦德龙购物中心福州商场在仓山区开业。麦德龙成为改革开放后第一家进驻福建的跨国零售巨头。

8 月 31 日　首批迁居福建省的 65 户 301 位三峡库区重庆奉节县移民到达邵武。

9 月 8 日—12 日　第四届中国投资贸易洽谈会在厦门举办。本届投洽会首次尝试由单向招商引资向双向、多向式国际投资博览会方向发展，首次设立国际投资论坛。本届投洽会共签订合同项目 1261 个，合同外资金额 50.01 亿美元，还签订内联项目 119 个，总投资 84.10 亿元等。福建代表团共签订项目 1136 个，总投资金额 54.25 亿美元，利用外资 47.82 亿美元，其中合同项目 761 个，总投资金额 29.24 亿美元，利用外资 26.34 亿美元。

9 月 16 日—17 日　全省干部人事制度改革暨培养选拔年轻干部工作会议召开。

9 月 20 日　福建选手张湘祥获得第 27 届夏季奥运会 56 公斤级举重铜牌；9 月 23 日，福建选手吉新鹏在羽毛球男子单打决赛中获得金牌，成为福建选手在奥运会历史上获得的第一枚个人项目金牌。

9 月 21 日　中国保险监督管理委员会福州保险监管特派员办事处成立。至此，福建省银行、证券、保险分业经营、分业监管制度落实到位。

9 月 1999 年度全球最大的 225 家工程承包商排名揭晓，中国有 33 家公司入选。福建省武夷实业股份有限公司上榜。

10 月 1 日 由省到地市县的福建省广播电视光缆干线网建成并正式开通，全长 5000 公里。

同日 沟通闽粤、连接京九的梅坎铁路正式通车。该铁路 1998 年 4 月 8 日正式开工，总投资 26.19 亿元。

10 月 12 日 省长习近平在《“数字福建”项目建议书》上批示：实施科教兴省战略，必须抢占科技制高点。建设“数字福建”，就是当今世界最重要的科技制高点之一。同年，习近平提出“数字化、网络化、可视化、智慧化”的建设目标，在全国率先开启数字省域建设。2001 年初，省政府成立“数字福建”建设领导小组，各设区市建立信息化主管部门，形成上下职能一致、业务衔接、分工负责的信息化管理体系。

10 月 18 日 省政府颁发《关于加快我省国有资产管理监督和营运体制改革的指导意见》，明确国资体制改革的方向是建立由“政府—国资授权经营公司—企业”三个层次构成的国有资产管理、监督和营运体系，界定三个层次的责、权、利关系。

10 月 23 日—27 日 省委六届十二次全体（扩大）会议在福州举行。会议审议通过《中共福建省委关于制定国民经济和社会发展第十个五年计划的建议》和《中共福建省委关于从严治党若干问题的决定》。

10 月 福建省 4 所省属高校的 10 个专业经国务院学位委员会学科评议组审议，通过博士学位授予权的审核。这是福建省属高校获批博士点最多的一次，标志着福建高校办学水平和科研实力大大增强。

11 月 1 日　福建省开始开展第五次全国人口普查登记工作。

11 月 14 日　宁德地区举行撤地设市挂牌庆典。这标志着福建省设地区、行署的历史结束。

11 月 18 日　省九届人大常委会第二十二次会议通过《福建省房屋消费者权益保护条例》。这是全国首部关于保护房屋消费者权益的地方性法规。

11 月 28 日　省文化厅和三明市政府在三明召开万寿岩遗址重大考古发现新闻发布会。

11 月 29 日　宁德白马港区获准正式对外国籍船舶开放。

同日　福建留学人员创业园被列入 9 个国家留学人员创业园试点。

11 月　至本月底，福建省黄金产量比 1999 年同期增长 33.3%，提前一个月完成国家下达的全年生产任务的 100.94%。福建省黄金产量在全国的位次从 1999 年第 10 位上升到第 6 位，成为黄金生产强省。

12 月 7 日　厦门港今年第 100 万个标准集装箱装上中国海运集团公司货轮，厦门港成为实现年吞吐集装箱百万标箱港。

12 月 12 日　省委召开领导干部会议，传达中共中央关于调整福建省委主要领导同志职务的决定。中共中央决定：宋德福同志任中共福建省委委员、常委、书记，陈明义同志不再担任中共福建省委书记。

12 月 29 日　福建省全面实施城镇职工基本医疗保险制度通报会在福州举行。会议宣布，2001 年 1 月 1 日起，全省实施城镇职工基本医疗保险制度，同时废止现行的公费医疗制度。

12 月 30 日　省政府第二十四次常务会议通过《福建省旅游管理条例》。

本年　至年底，全省竹林面积 1230 万亩，居全国首位，比增 20.5%；林业总产值达 532.3 亿元，比“八五”期末增长 81%；林业产业增加值 220 亿元，比“八五”期末增长 75%。全省森林覆盖率 60.5%，居全国首位。全省有林地面积达 735.37 万公顷。林业产业结构趋于合理。

本年 至年底，全省贫困人口从 1985 年的 24.2 万人减少到 12.4 万人。农村贫困人口发生率由 12% 下降到 0.47%，贫困人口的温饱问题得到基本解决。

本年 全省基本完成国家下达的国有企业改革与脱困三年任务，基本实现“大多数国有大中型骨干企业建立现代企业制度，大多数国有大中型亏损企业摆脱困境”两大目标。

本年 福建省 60 岁以上老年人达 379 万人，占全省总人口的 11.5%，成为全国第 10 个进入老年型的省份。全省 9 地市 89 个县（市、区）960 个乡镇均建立、健全老龄工作机构，在农村基层建立了 13996 个老年协会。老年人健康与卫生保健取得良好进展。

本年 泉州市国内生产总值达 1045 亿元，由改革开放前夕的全省倒数第二跃升为全省第一，在全国 212 个地级市中仅次于苏州、无锡，位居第三。泉州所辖县、市全部进入福建省经济实力十强和经济发展十佳行列。福州市国内生产总值跨过千亿元大关，成为全国第 15 个国内生产总值超过千亿元的城市。

本年 全省国内生产总值 3920 亿元，工农业总产值 6333.39 亿元，基本建设投资 334.49 亿元，固定资产投资 1112.20 亿元，社会消费品零售总额 1372.79 亿元，财政总收入 369.53 亿元（其中地方财政收入 234.03 亿元），财政支出 322.77 亿元，进出口贸易额 212.24 亿美元，首次突破 200 亿美元，其中出口达 129.09 亿美元，跻身全国利用外资大省行列。城镇居民人均可支配收入 7432 元，农民人均纯收入 3230 元。

二〇〇一年

1月2日 180名金门同胞应厦门市金门同胞联谊会的邀请，搭乘客轮自金门直航抵厦门和平码头，开启了福建沿海与金门地区直接往来的历史。

1月3日 建瓯市在全省率先出台《乡土人才技术职称评定实施办法（试行）》，对首批46名从事农业、农村经济等专业技术工作的农村乡土人才进行专业技术职称评定。

1月28日 福州市以马尾经济文化交流中心名义与马祖经贸联谊会在福州签订具有开创性的两岸合作协议——《福州马尾—马祖关于加强民间交流与合作的协议》（简称“两马协议”）。2月10日，59名台湾同胞经过近两个小时航行抵达福州马尾。8月2日，福州马尾首次组团直航马祖考察。

2月5日—12日 省政协八届四次会议在福州召开，游德馨辞去八届省政协主席职务，会议补选陈明义为八届省政协主席。

2月6日 由福建省65岁以上金门籍同胞组成的“在闽金胞探亲团”一行91人，乘坐“鼓浪屿号”客轮从厦门和平码头启航，于当天12时20分抵金门料罗港，开始探亲祭祖活动。这是50年来祖国大陆客轮首次载客直航金门。

2月上旬 国家统计局公布1999年全国经济总量和地方财政收入排名前100名县（市）名单。福建省的晋江、福清、南安、惠安、石狮、漳浦分别列全国2200个县（市）国内生产总值第5、14、19、

55、74、99位，晋江市、福清市、南安市、惠安县、石狮市、龙海市和龙岩市（新罗区）的地方财政收入排名均在100名之内。

2月中旬 国家海洋局排定全国海洋五强，福建省仅次于广东、山东，居全国第三位。2000年，全省海洋经济总产值达1038亿元。

3月19日 “数字福建”“131”计划获审议通过。省长习近平要求，将三个“启动工程”同时作为“示范工程”抓紧抓实，确保年内“数字福建”建设取得阶段性成果。

3月28日 漳州垃圾无害化综合处理场建成。项目总投资7627万元，占地587亩，日处理生活垃圾400吨、垃圾渗滤液500吨。这是当时全省最大、科技含量最高的垃圾无害化综合处理场。

4月2日 国家统计局发布第五次全国人口普查主要数据第二号公报，福建省（不含金门、马祖等岛屿）人口数为3471万人（包括外来人口，不包括外出人口）。全省共有家庭户885万户，家庭户人口为3124万人，平均家庭户规模为3.53人。居住在城镇的人口1443万人，占总人口41.57%；居住在乡村的为2028万人，占58.43%。

4月9日—10日 在福建省农村税费改革试点工作会议上，福建省出台农村税费改革试点方案。福清、罗源、杏林、东山、平和、永春、涵江、武平、永安、沙县、松溪、建阳、福鼎、古田等14个县（市、区）被列为全省农村税费改革首批试点地区。

4月20日 省长习近平在出席第三届中国（晋江）国际鞋业博览会时，对福建企业发展提出三点要求：把好质量关、创出自己的品牌、要有自己的创新产品。

4月 本月起，福建省全面展开市县乡党政机构改革，全省市县乡行政编制精简比例为22%，机构改革人员编制核定后，党政机关不得再使用事业编制。

5月4日—6日　中共中央政治局常委、全国人大常委会委员长李鹏来闽视察。李鹏指出，县乡村民主法制建设，是推进依法治国，建立社会主义法治国家的重要基础。

5月12日　昙石山遗址博物馆建成开放。昙石山遗址位于闽侯县昙石村，是先秦闽族的发源地。

5月14日　省政府印发《福建省国有土地使用权招标拍卖管理办法》。10月20日，省政府印发《关于推行土地收购储备制度的通知》，决定在全省城市规划区范围内建立和推行土地收购储备制度。2002年7月1日，《福建省国有土地使用权挂牌交易管理办法》正式施行。

5月　至本月，福建省非公有制经济在全省经济总量中已占2/3，对经济增长的贡献率超过60%，成为全省乡镇企业的主体力量，工业经济的半壁江山，财政收入的重要来源，增加就业的主要渠道，出口创汇的生力军。2000年全省工业增加值中，78.74%为非公有制经济创造的。在二、三产业的就业岗位中，73.4%是非公有制经济单位提供的。

6月4日　省环保局发布《2000年福建省环境状况公报》。福建省2000年环境污染和生态破坏的趋势得到初步控制，局部地区和流域的环境质量持续改善。全省城市空气质量有所改善，城市污染程度有所下降。

6月29日　福建省庆祝中国共产党成立80周年大会在福建会堂举行。

6月30日　福建省彻底解决历年遗留下来的各设区市边界争议，成为全国唯一以省政府非裁决方式划定全省县界的省份。

7月初　国务院公布第五批全国重点文物保护单位，福建省万寿岩遗址等19处被列入其中。至此福建已有45处全国重点文物保护单位，居全国前列。

7月12日起 教育部验收专家组通过对厦门大学“211工程”“九五”期建设项目验收。

8月7日 省专家组对尤溪县种植区之一的1060亩D702优多系1号再生稻头季稻进行实割验收，平均亩产710.37公斤，最高单产857.27公斤，在面积、单产、最高单产三方面均超2000年水平。

8月14日 省长习近平在福建电视台演播中心，就治理“餐桌污染”问题接受中央电视台记者专访。宣布政府将继续推进从源头根治“餐桌污染”，力争用3年时间基本消除全省23个城市的“餐桌污染”，用5年时间基本消除全省范围内的“餐桌污染”，让福建人民吃得放心、喝得放心。

9月8日—11日 第五届中国投资贸易洽谈会在厦门举行。投洽会共签订合同项目1027个，合同外资金额47.98亿美元，意向项目368个，意向外资金额33.52亿美元。进出口贸易成交总额达7.5亿美元。另外还签订内联项目107个，总投资48.05亿元。

9月19日 福建省与浙江、上海等8个省市被列为粮食主销区，粮食市场全面放开。

10月16日 福建东南汽车公司第5万辆汽车顺利下线。当年，公司销售汽车3万辆，实现产值37.8亿元，上缴税收2.74亿元。入围全国500强在华外资企业，并列第100位。

10月中旬 泉州中山路整治与保护项目在2001年文化遗产保护竞赛活动中，获得联合国教科文组织颁发的亚太地区遗产保护优秀奖，是福建省唯一获此殊荣的项目。

10月底 全省小煤矿关闭整顿工作基本完成。全省关闭非法小煤矿 1970 个。

11 月 2 日　福建电网与华东电网联网工程正式启动调试。11 月 6 日，福建电网与华东电网联网成功，福建省结束“电力孤岛”的历史。

11 月 24 日　全国第九次运动会赛事结束，福建代表团共获 9 金 9 银 12.5 铜，列奖牌榜第 14 名，积分榜第 13 名。

11 月 29 日　省政府发出《关于加快发展住房二级市场的通知》，全面放开住房二级市场。

11 月 30 日—12 月 4 日　中国共产党福建省第七次代表大会在福建会堂举行。省委书记宋德福向大会作题为《以“三个代表”重要思想为指导，再创福建现代化建设新业绩》的报告。大会提出一个重大战略决策：构建“三条战略通道”，全省 9 个设区市的发展在三个层面上同时推进。省委七届一次全会选举宋德福为省委书记，习近平、卢展工、梁绮萍、黄瑞霖为副书记。

11 月　至本月，福建省有 90 家企业 177 个产品获得绿色食品标志使用权，产品总量约占全国总量的 9%，居全国第 4 位。

12 月初　2000—2001 年度中国最大的 500 家外商投资企业（以销售收入计）排序结果揭晓。福建省有 18 家企业榜上有名，销售总额达 402.8994 亿元。其中冠捷电子以 77.9 亿元列全国第 13 名。

12 月 8 日　国家重点工程、东西向干线赣（州）龙（岩）铁路全线动工。铁路全长 290.1 公里，福建段 157.8 公里，工程总投资 63.3 亿元。2005 年 4 月 1 日，赣龙铁路正式通车。

12 月中旬　根据国家统计局公布的统计资料，福州鼓山、龙海角美、晋江陈埭、福州城门、惠安崇武、晋江磁灶和福州盖山 7 个乡镇进入全国乡村经济总收入 100 强，其中福州鼓山镇以 91.71 亿元居第 5 位。晋江市安海、陈埭、磁灶 3 个乡镇进入全国乡镇财政收入

100强，其中安海镇财政收入为1.84亿元，居第23位。

12月中旬 福建省已完成江堤建设任务1016公里，有62个县（市、区）通过完工验收，超额完成省政府下达的1014公里的建设任务。福建成为全国第一个所有县级以上城区均达到国家设防标准的省份。

12月20日—24日 中共中央政治局常委、国务院副总理李岚清先后到南平、厦门、泉州、福州等地考察。李岚清指出，各级党委和政府要以“三个代表”重要思想总揽全局，认真贯彻落实党的十五届六中全会精神，转变作风，真抓实干，大胆进行理论创新、体制创新和科技创新，切实整顿市场经济秩序，加快经济和科技教育事业的发展。

12月21日 国土资源部公布第二批国家地质公园名单，福建大金湖名列其中。这是福建省继漳州滨海火山地貌地质公园之后第二个国家级地质公园。

12月22日 闽侯县上街镇“万亩大学城”动工建设。该大学城是“十五”期间福建省社会事业发展最大的建设项目，主要依托福州大学、福建师范大学、福建医科大学和福建中医学院等4所本科院校，采用新的体制、模式及运行机制。

12月30日 武平县万安乡捷文村村民李桂林，拿到中华人民共和国第1号林权证。

本年 从1994年起，福建省连续7年把“造福工程”列为为民办实事项目，制定一系列优惠政策与措施，促进“八七扶贫攻坚计划”的实施。7年各级财政共安排补助资金近1.5亿元，至2001年完成搬迁23万多人。

本年 福建省海洋产业总产值达1194亿元，占全省地区生产总值的比重升至12.2%；海洋水产品产量达542万吨，居全国第3位，人均水产品占有量 156 公斤，居全国首位；全省水产品加工流通企业 1070 家，加工产量 130 多万吨，加工产值 115 亿元。全省水产品出口创汇 5 亿多美元，居全国第二位。海洋运输业总产值达 287.6 亿元，港口货物吞吐量 8250 万吨。厦门、福州港成为全国十大集装箱码头。

本年 厦门市公安局出入境管理处统计资料表明，厦门市口岸全年办理台胞落地签注 45552 人次，比 2000 年增长 6.3%，台胞落地办证 21796 人次，比 2000 年同期增长 72.3%，台胞签注办证居全国口岸第一。

本年 自国务院将福建确定为 3 个允许进行公开发行股票试点的省份之一以来，至本年底，全省股份制公司达 252 家，其中上市公司 42 家，上市公司总数排全国第 10 位。

本年 福建省进出口贸易总量达 226.3 亿美元，居全国第 7 位，其中外贸出口 139.3 亿美元，居全国第六位。2001 年净创汇 61 亿美元，增长 25.7%，居全国前列。截至 2001 年底，全省累计批准外商投资企业 29414 家，合同利用外资金额 689 亿美元。外商实际到资 380 亿美元，居全国第三位，实际利用外资约占全国的 1/10。全省累计利用台资 88.79 亿美元，约占大陆实际利用台资的 30%。

本年 全省国民生产总值 4325.58 亿元，国内生产总值 4253.68 亿元。工农业总产值 6722.30 亿元。基本建设投资 363.74 亿元，固定资产投资 1123.01 亿元。社会消费品零售总额 1499.46 亿元。财政总收入 423.54 亿元（其中地方财政收入 269.45 亿元），财政总支出 373.94 亿元。进出口贸易额 226.30 亿美元。城镇居民人均可支配收入 8313.08 元，农民人均纯收入 3380.72 元。

二〇〇二年

1月7日 省政府举行第三十七次常务会议。审议通过《福建省人民政府关于废止2000年底以前颁布的部分政府规章的决定》和《福建省人民政府关于停止执行2000年底以前省人民政府及省人民政府办公厅制定的部分行政措施的通知》。294件与中国加入世界贸易组织不相适应的省政府规章和其他行政措施被废除。

1月9日 在广西桂林举行的全国高校设置评议委员会全体会议上，福建省申报的福建工程学院、闽江学院、莆田学院以高票通过设置评议。福建省本科高校总数增加到14所。

1月15日 省政府印发《数字福建"十五"建设规划》，确定"十五"期间重点建设项目主要包括高速宽带传送网建设、5个骨干工程（即省公用信息平台、全省政务信息网络工程、电子商务证书认证中心与密钥管理中心、福建省空间信息工程研究中心和信息网络安全监控中心）、建设信息资源整合改造及分布式数据库建设示范工程等17个示范工程、政务信息应用系统建设。1月16日，全省政务信息网开通。

1月23日 省长习近平在省九届人大五次会议上作政府工作报告，正式提出建设生态省战略目标。7月3日，习近平在全省环保大会上，首次明确生态省建设的工作目标、任务和措施。8月，福建被列为全国第一批生态省建设试点省份。

同日 福建省3所高校15个学科入选为全国高校重点学科，其中厦门大学13个学科、福州大学和福建农林大学各1个。

1月30日起 福州市全面开展以“促就业、保生活、续保险”为主题的再就业大行动。

本月起 福建省正式实施户籍管理制度改革。改革的内容包括：取消农业户口、非农业户口、自理口粮户口及其他类型的户口性质划分；取消进城人口计划指标管理；放宽科技人才的户口迁移管理；保证“三投靠”人员正常迁移；在设区的市建成区范围内的“城中村”，村委会成建制转为居委会；就读于福建省大中专院校的学生，入学时根据自己的意愿办理或不办理户口迁移手续；等等。

2月1日 国务院批准莆田市部分行政区划调整，撤销莆田县，设立荔城区、秀屿区，扩大涵江区行政区域范围。

2月2日 全省最大的商贸改造项目——福州中亭街开街。该项目总投资20亿元，总建筑面积66万平方米，其中商场面积25万平方米。

2月6日 国家统计局公布全国2000多个县（市）的发展水平、发展活力、发展潜力等各项社会经济发展指数综合测评结果。福建省的晋江市、石狮市、福清市、南安市、惠安县、东山县、长乐市、龙海市等8个县（市）进入全国前100名。

2月25日—26日 首届中国泉州“海上丝绸之路”文化节举行。泉州市委、市政府启动申报世界文化遗产“海上丝绸之路：泉州史迹”工作。

2月28日 省政府印发《福建省科学技术发展“十五”计划和2010年规划》《福建省高新技术及其产业发展“十五”计划和2010年规划》。规划到2005年，全省高新技术产业新增产值超过千亿元，高新技术产业产值占工业总产值的比重超过20%；2005年高新技术产品出口额占出口商品总值的比重要达到18%。重点抓好电子信息、生物工程、新材料及海洋开发、光机电一体化、环保和能源等领域高新技术重点项目的研究开发，实施100项高新技术产业化项目，培育100个产值超亿元的高新技术企业，实施“千亿”科技产业化工程；运用高新技术改造、提升传统产业。

2月 据国家统计局最新公布的统计资料，晋江市、福清市、南安市、惠安县、龙海市、石狮市和长乐市等7个县（市）入列2001年全国县（市）GDP百强。晋江市位居全国第4位，福清市居第10位。

3月19日 省委、省政府出台《关于实施中国农村扶贫开发纲要（2001—2010年）的意见》，从新时期全省扶贫开发工作的目标任务、大力推动农业产业化经营、继续实施科技扶贫、加强部门协作、继续实施“造福工程”、增加扶贫资金投入、继续动员全社会扶贫济困、切实加强扶贫开发工作的组织领导等8个方面对未来10年扶贫开发工作作了部署。

4月6日—9日 省长习近平深入闽北农村调研。他对南平市在农村工作中下派干部，实行“高位嫁接、重心下移”的思路给予充分肯定，要求继续改革创新，将之发展、提高为一种长期有效的农业和农村工作新机制。8月，习近平在《求是》杂志发表署名文章《努力创新农村工作机制——福建省南平市向农村选派干部的调查与思考》，对南平开创性的工作实践进行总结和推广。

4月21日 省政府出台《关于加强海洋经济工作的若干意见》，提出要把福建省建设成为海洋经济发达、海洋产业布局合理、海洋科技先进、海洋生态环境优良、海洋管理规范的海洋经济强省。

4月 省委办公厅、省政府办公厅印发《〈福建省乡镇工作纲要（试行）〉有关实施细则》，决定归并乡镇事业单位。

5月1日 《福建省环境保护条例（修订）》正式实施。条例增加了环保强制执法手段的规定，环保行政部门拥有“暂扣权”和“封存权”。福建成为全国第一个省一级环保地方立法省份。

5月15日 省委七届二次全会在福州举行。会议以无记名投票表决的方式，决定任用（推荐）10名领导干部为设区市党政领导班子正职人选和省政府组成部门正职人选。这是福建首次票决重要领导干部，也是全国省份中票决职位最多的一次省委全委会票决重要干部的尝试。

5月17日 省长习近平在《福建日报》发表题为《缩小数字鸿沟服务经济建设》的署名文章。提出继续围绕“数字福建”抓好信息化建设，强调要抓好信息产品的科研生产，提高具有自主知识产权产品的比重，积极参与国际标准的研究制订。要集中力量抓住关系国家安全和对产业发展具有重大影响的核心技术，加大研究开发力度，推进产业发展。6月7日，习近平在“数字福建”建设领导小组全体会议上强调，要加深对实现国民经济信息化重大意义的理解，认识到“数字福建”就是福建的信息化，是新世纪福建省现代化建设上新水平的重大举措。

同日 福建省高新技术产权交易有限公司注册成立。这是福建省第一家高新技术产权交易所。

5月22日 省委办公厅、省政府办公厅发出《关于做好省级扶贫开发工作重点村挂钩帮扶工作的通知》。通知确定207个省级扶贫开发工作重点村作为“十五”期间扶贫开发整村推进工作的对象，2002—2005年，每年从省直14家单位统筹3797万元资金用于重点村开发建设，动员113家省直单位分别挂钩帮扶。

同日 福建省完成全省1 ∶ 25万基础地理信息数据的更新。为

“数字福建”应用项目的实施提供了空间定位的基础平台，构建了“数字福建”地理空间的基础框架。

5月 福建省所有乡（镇）、县（市、区）全部开展政务公开工作，9个设区市和省直机关单位逐步推开政务公开工作。

5月 根据英国《银行家》杂志公布的全球银行排名，福建兴业银行2000年总资产在全球银行中排413名，跻身世界500家最大银行之列。

6月4日 省长习近平在接受《中国环境报》和省内有关媒体联合采访时表示，福建要经过20年的奋斗，建成生态效益型经济比较发达、城乡人居环境优美舒适、自然资源永续利用、生态环境全面优化、人与自然和谐相处的经济繁荣、山川秀美、生态文明的可持续发展省份。

6月上旬 国家统计局对全国各省、市、区竞争力水平进行测算和评价，福建为39.55，居全国第8位。

6月上旬 省政府颁布《关于进一步深化毕业生就业制度改革有关问题的实施意见》，从当年开始，对全省大中专毕业生就业实行新的鼓励与放开政策。新政策积极引导大中专毕业生到基层或中小企业中就业，大力引进研究生和重点大学本科毕业生来闽就业。

6月11日 莆田学院揭牌成立。莆田市告别没有本科高校的历史。

6月14日—15日 省长习近平在泉州市调研。先后到永春县、晋江市，走基层、下企业、访农村、进社区，深入调研新形势下“晋江经验”的发展、创新问题。8月和10月，习近平分别在《人民日报》《福建日报》发表署名文章《研究借鉴晋江经验　加快县域经济发展》《研究借鉴晋江经验　加快构建三条战略通道——关于晋江经济持续快速发展的调查与思考》，总结提出了“晋江经验”的“六个始终坚持”和“处理好五大关系”。

6月19日—20日 中国共产党福建省代表会议在福州开幕。省委书记宋德福作题为《突出发展主题，狠抓工作落实，以优异成绩迎接党的十六大召开》的报告。

6月21日—22日 省长习近平专程到武平调研林改工作，作出集体林权制度改革要像家庭联产承包责任制那样从山下转向山上的历史性决定。8月，全省集体林权制度改革会议在武平召开。

6月28日 全省享受城市居民最低生活保障的人数超过15.5万，比“应保尽保”摸底人数多2328人，在城市基本实现贫困人口基本生活“应保尽保”的目标。

6月 省长习近平到厦门调研，提出“提升本岛、跨岛发展”的方向，要求厦门加快从海岛型城市向海湾型生态城市转变，实行“四个结合”的跨岛发展战略思路——提升本岛与拓展海湾结合、城市转型与经济转型结合、农村工业化与城市化结合、凸显城市特色与保护海湾生态结合。

7月3日 全省环境保护大会在福州举行。会议确定建设生态省的总体目标。

7月中旬 国务院批准增开泉州港为对台通航港口，与金门、澎湖地区直接往来。

7月 工行厦门市分行与台湾彰化银行率先完成海峡两岸1949年以来第一次直接通汇业务。

7月 福建省21个农村电气化县建设全面启动。21个电气化县“十五”期间计划投资15.6亿元。至2002年7月，全省农村水电在建规模达38万千瓦。

7月 省委、省政府改变以县、乡为对象的扶贫方式，确定207个重点村，由省直机关112个单位挂钩帮扶。

8月1日 省政府召开信用体系建设专题会议。省长习近平在会上指出：政府信用建设的重点是转变工作作风，提高工作效率和管理水平，切实解决一些部门和工作人员存在的言而无信、朝令夕改、有法不依、执法不严、以权谋私等问题。

8月3日—9日 经国家评审组审评确认，福建全省范围内消灭丝虫病。

8月5日 福建省—宁夏回族自治区对口扶贫协作第六次联席会在福州举行。

8月 从1998年开始，福建省进行机构改革工作，至2002年8月，省级政府机构从57个减少到40个。市县各级党政部门内设机构平均精简20%左右。省级党委部门人员编制精简20%，省级政府机关人员编制精简51.2%，市县乡党政机关人员编制平均精简22%，全省共精简行政编制20262名。

8月 厦门、泉州启动南音申报联合国教科文组织“人类口头及非物质遗产代表作”行动。2009年9月其被正式列入《人类非物质文化遗产代表作名录》。这是福建省首个人类非物质文化遗产代表作。

9月2日—3日 省委七届三次全会在福州召开。会议强调加快构建三条战略通道，努力开创对外开放新局面。会议通过《中共福建省委关于进一步提高对外开放水平的决定》。

9月8日—11日 第六届中国投资贸易洽谈会在厦门举办。近100个国家和地区的客商参会，其中海外客商团组达240多个。共签订投资合作项目1814个，总投资金额136.5亿美元，利用外资

112.35 亿美元，进出口贸易成交总额 6.19 亿美元。

9 月 23 日—27 日　省九届人大三十四次会议通过《福建省海洋环境保护条例》。这是全国第一部地方海洋环境保护法规。

9 月 29 日—10 月 14 日　第十四届亚运会在韩国釜山举行，福建省有 5 名教练员、18 名运动员参加比赛，共获 11 金 3 银 4 铜。

9 月 30 日　省政府印发《福建省老龄事业发展“十五”计划（2001—2005）》和《福建省优待老年人若干规定》，提出要建立和完善老年社会保障制度和社会互助制度，建立以家庭养老为基础、社区服务为依托、社会养老为补充的养老机制，逐步构建比较完善的全方位、多层次的社会服务体系，提高老年人的物质和精神文化生活水平，实现“六个老有”（老有所养、老有所医、老有所为、老有所学、老有所乐、老有所教）在农村有较大的改善，在城镇有较大的提高的发展目标。

10 月 1 日　全省最大的现代化综合性体育馆——福建省体育馆新馆落成。该馆占地 6.93 公顷，总建筑面积 30254 平方米，总投资 1.98 亿元，固定席位 8000 人。

同日　全省规模最大的文化基础设施——福建博物院新馆开馆。该馆占地面积 6 公顷，建筑面积 35803 平方米，总投资 2.7 亿元。

10 月 10 日　中国长城资产管理公司推动 13 个、总额为 22016.7 万元的债权项目进行拍卖。这是福建省首次对国有银行不良资产采取债权资产拍卖形式。

10 月 13 日　省九届人大三十五次会议在福州举行。会议接受习近平辞去省长职务，任命卢展工为副省长、代理省长职务。

10 月 28 日　经交通部批准，福州马尾华荣海运有限公司“明德 1 号”从青洲港首航马祖。这是马尾与马祖两地间 53 年以来首次货物直航。

11月8日—14日 中国共产党第十六次全国代表大会在北京举行。江泽民作题为《全面建设小康社会，开创中国特色社会主义事业新局面》的报告。大会系统总结了党的十三届四中全会以来13年奋斗历程和基本经验，阐述了全面贯彻“三个代表”重要思想的根本要求，提出全面建设小康社会、加快推进社会主义现代化的奋斗目标。要求在20世纪头20年，集中力量，全面建设惠及十几亿人口的更高水平的小康社会，使经济更加发展、民主更加健全、科教更加进步、文化更加繁荣、社会更加和谐、人民生活更加殷实。在优化结构和提高效益的基础上，国内生产总值到2020年力争比2000年翻两番，综合国力和国际竞争力明显增强。

11月22日—23日 省委七届四次全体（扩大）会议在福州召开。宋德福在会上作了《全面贯彻落实十六大精神，努力实现全面建设小康社会的奋斗目标》的报告，提出要紧紧抓住本世纪头20年的重要战略机遇期，加快推进全面建设小康社会步伐，力争比全国提前3年实现国内生产总值比2000年翻两番的奋斗目标。会议讨论并通过《中共福建省委七届四次全体会议关于学习贯彻党的十六大精神的决议》。

11月28日 位于大学城内的福建中医学院新校区破土动工，拉开大学城校区建设的帷幕。福建医科大学、福州大学、福建师范大学等3所高校新校区也于年底陆续动工。

12月 全省500多家企业再就业服务中心全面关闭。1998年以来进再就业服务中心的全省各地16.2万名下岗职工全部离开服务中心。福建在全国率先实现国有企业向市场就业并轨的目标，标志着福建省下岗职工再就业工作从临时化的政府救济体制向失业保险制度正式并轨。

本年 至年底，福建市场化进程综合指数居全国第3位。其中非国有经济的发展指标、产品市场的发育程度、引进外资的程度分别居全国第3位、第1位、第2位。全省初步实现由计划经济向市场经济的历史性转轨。

本年 全省国内生产总值4682亿元。农林牧渔业增加值增长2.7%，工业增加值增长15.5%。全社会固定资产投资1210亿元。外贸出口171亿美元，增长23%。实际利用外商直接投资41亿美元，增长5%。财政总收入472亿元，其中，地方财政收入268亿元。社会消费品零售总额增长10.5%。城镇居民人均可支配收入增长9.5%，农民人均纯收入增长4.4%。城市居民年均可支配收入9189元，农民年人均收入3539元。

二〇〇三年

1月1日 全省十大“重中之重”建设项目之一的福州洋里污水处理厂正式运行。工程总投资8亿元。

1月6日—12日 省政协举行九届一次会议，选举陈明义为九届省政协主席。

1月8日—15日 省十届人大一次会议在福建会堂召开。会议听取和审议卢展工代表省政府所作的《与时俱进，开拓创新，向全面建设小康社会宏伟目标迈进》的工作报告。会议选举宋德福为省人大常委会主任、卢展工为省长。

1月22日 由省妇联和海峡都市报社牵头，8家单位共同发起的“福建儿童救助资金”正式启动。这是国内首家由民间发起、用于对无辜受到伤害儿童进行及时救助的专项资金。该资金的救助对象为在福建省范围内，身体遭受严重伤害，家庭无法承担急救费用，年龄为18周岁以下的儿童。

1月26日 7时30分，执行春节台商包机首航任务的台湾“中华航空公司”客机进入厦门高空管制区，随即飞往上海浦东机场。这是台湾民航客机自1949年以后首次通过厦门空域，海峡两岸民用航空隔绝54年的历史就此结束。

2月5日 为加强对“非典”防治工作的领导，福建省成立省防治“非典”指挥部，下设10个工作小组，印发《福建省关于防范不明原因肺炎发生和流行的通知》和《福建省非典型性肺炎防制预案》，并组织进行防治装备和药品的储备，确定定点防治医院，开设发热门诊，在全省迅速建立“交通检疫、来闽及返乡人员登记和健康跟踪、发热门诊筛查”三道防线，开通24小时值班电话、咨询热线和外语专用线，建立疫情专报制度，在省、市、县三级迅速组建流调人员、消毒处理人员、病原检测人员组成的疫情控制小分队以及医疗救护应急小分队。

2月18日 省委学习中心组专题学习谷文昌精神。同日，省委发出《关于进一步学习弘扬谷文昌精神，加快全面建设小康社会的决定》。3月16日，中共中央组织部发出关于组织学习谷文昌先进事迹的通知。8月5日，中共中央组织部、中共中央宣传部、中共福建省委联合在京召开学习谷文昌先进事迹座谈会。

3月3日 省委、省政府出台《关于加快农业产业化经营的意见》，要求加快结构调整步伐、发展壮大龙头企业、推进科技创新、扩大对外开放、建立健全利益联结机制、加大财政资金投入、落实税收优惠政策、加强金融信贷服务、实行优惠电价政策，推动全省农业产业化经营的发展。

3月上旬 联合国全球环境保护基金会“联合国海洋生物多样化保护示范区”保护管理项目东山岛东南部海域项目开始实施，计划4年内完成，以国家一类保护动物中华白海豚为重点保护对象。

3月21日 菱帅轿车在东南汽车公司正式下线。这是福建省生产的第一辆轿车。

3月27日 由象屿保税区的象屿、惠建、港发3家码头合并重组的象屿码头有限公司正式营运。该公司的新股东为（香港）新创建港口管理有限公司和厦门象屿集团有限公司，双方各占50%的股份，成为内地首个外贸控股达到50%的有限公司。

3月31日 亚洲首例成人胰岛细胞移植治疗I型糖尿病在南京军区福州总医院获得成功。

同日 省政府第三次常务会议审议《关于实施项目带动战略的若干意见（送审稿）》。会议决定，把实施项目带动作为构建山海协作、对内联接、对外开放三条战略通道，推进全省经济发展的重要抓手，促进固定资产投资稳步增长，促进一批牵动全局的重大项目建设，促进产业结构调整和优化，促进县城经济加快发展，促进城市化进程，促进教育、科技等社会事业的发展，促进就业和社会保障工作，促进可持续发展和生态建设。5月19日，省政府印发《关于实施项目带动战略的若干意见》。

4月26日 国务院正式批复同意福建省调整厦门市部分行政区划。5月22日，省政府作出《关于厦门市调整部分行政区划的批复》。调整后的厦门市行政区划由原来的7个区整合为思明、湖里、集美、海沧、同安和翔安6个区。

4月 福建省出台《关于推进集体林权制度改革的意见》，在全国率先开展集体林权制度改革，首创"县直接领导、乡镇组织、村具体操作、部门搞好服务"的林改工作机制，实行省、市、县、乡、村"五级书记抓林改"，有效保障林改的推进。至2011年，全省基本完成明晰产权主体改革任务，及时发换林权证，用法律的形式保障改革成果。

5月16日 商务部把全国12个省、市列为"扩大境外投资审批权限改革试点省份"，福建省和厦门市名列其中。

6月2日 全省已建立省级以上自然保护区32个，其中国家级自然保护区4个，另有市、县（区）级自然保护小区3354个，总面积约80.26万公顷，占全省土地总面积的6.55%，居华东地区第1位。

6月18日 三达膜科技（厦门）有限公司在新加坡证券交易所发行股票4亿股。这是福建省首家在海外上市的高科技企业。

6月18日—20日 2003年中国·福建项目成果交易会在福州举办。参会人数达2万多人次，交易会上对接项目2119项，对接的技术难题246项，总投资295.61亿元。

6月28日 沈海（同三）国道主干线福建段高速公路全线通车。福建段主段全长650公里，总投资259亿元。途经宁德、福州、莆田、泉州、厦门、漳州6个设区市，把福建主要海港与空港连接在一起。

7月18日—19日 省委七届五次全体（扩大）会议在福州召开。全会学习贯彻中共中央《关于在全党兴起学习贯彻“三个代表”重要思想新高潮的通知》和胡锦涛在“三个代表”重要思想理论研讨会上的讲话，通过《中国共产党福建省第七届委员会第五次全体会议决议》。

8月12日 省委、省政府在福州召开全省防治“非典”工作会议，总结全省防治“非典”工作和经验，研究部署“非典”防治和公共卫生建设工作，表彰防治非典工作先进集体和先进个人。

9月8日—11日 第七届中国国际投资贸易洽谈会在厦门举办。此次投洽会创下3个首次：联合国贸发会议首次在此发布世界投资年度报告，联合国贸发会议、世界投资促进机构协会首次参与协办，首次举行外商项目对接。投洽会各成员单位在签约中心共签订投资项目1720个，总投资金额176.23亿美元，利用外资126.89亿美元；进出口贸易成交总额2.38亿美元。

10月6日 泉州市获2003年国际“花园城市”30万至100万人规模城市级别第一名。成为继深圳、广州、厦门、杭州之后，中国第五个获国际“花园城市”称号的城市。

10月8日—14日　福建省党政代表团赴宁夏考察。10月9日，闽宁扶贫协作第七次联席会议在银川召开。会议议定，今后闽宁扶贫协作要结合西部大开发战略和宁夏“千村扶贫工程”实施，进一步加强两省区经济协作。

10月22日　省委、省政府印发《关于加快县域经济发展的若干意见》，提出本省加快县域经济发展的一个重要举措——赋予各县（市）相当于设区的市的经济社会管理审批权。

同日　2002年度中国人居环境奖和国家园林城市颁奖仪式在北京举行，厦门市被授予“中国人居环境奖”。

10月26日　厦门工程机械股份有限公司2003年第一万台装载机下线。这标志着厦工在全国同行业中率先实现年产销超万台的目标，其装载机产销量位居世界第2。

10月28日　省委、省政府印发《关于拓宽山海协作通道加快欠发达地区发展的若干意见》，从财政、金融、税收、基础设施建设、支柱产业培育、社会事业发展、科技、教育、人才、劳务合作等方面制定优惠政策，通过建立加快山区发展资金和山海协作重点项目贷款贴息制度、培育和建设一批山海协作重点项目等一系列具体措施，加大对山区发展的扶持力度。

10月31日　福建省有八县（市）国内生产总值位列全国前100强，分别为晋江市、福清市、南安市、惠安县、龙海市、石狮市、安溪县、长乐市。

11月7日　省政府公布《福建省“海上丝绸之路：泉州史迹”文化遗产保护管理办法》，自2004年1月1日起施行。

11月28日　建设部、国家文物局联合公布全国首批10个历史文化名镇和12个历史文化名村，福建省上杭县古田镇、南靖县书洋镇田螺坑村上榜。

11 月 30 日 第三届全国县域经济百强评价揭晓。福建有晋江、福清、南安、惠安、石狮、长乐、龙海 7 个县（市）上榜。

12 月 2 日 福建新大陆科技集团向德国 JQG 公司投资 1000 万美元，获得 JQG 公司 12% 的股权。这是新大陆集团第一次跨国投资，也是中国政府批准在欧洲的第一个资本投资项目。

12 月 10 日 省委七届六次全体（扩大）会议在福州开幕。全会通过《关于贯彻党的十六届三中全会精神，进一步完善社会主义市场经济体制的决议》。

同日 省政府决定建立煤炭应急储备制度，增加地方粮油储备规模，启动医疗救治体系建设。

12 月 15 日 省政府决定组织实施“六千”水利工程（即千万农民饮水工程、千座水库保安工程、千万亩农田节水灌溉工程、千万方山地水利工程、千公里河道清水工程、千万亩水土保持工程）。

12 月 23 日 福建紫金矿业股份有限公司股票在香港联交所挂牌交易。是福建省第一家在香港上市的企业。

12 月 25 日 截至当日，台湾 100 家大企业已有 34 家在福建投资，以台商投资为主的电子、石化、汽车等产业已成为福建省的主导产业。

12 月 30 日 闽浙沿海高速公路全线对接。

12 月 省政府召开全省农村公路建设工作会议，正式将农村公路建设命名为“年万里农村路网工程”。计划用 7 年时间投资 140 亿元，建设 4 万公里农村路面硬化工程。截至 2005 年底，1.5 万多个建制村通公路比例达 95.7%，未通公路（指路基 4.5 米以内的简易路）建制村 643 个，全省所有乡镇公路基本实现路面硬化。

本年　省委、省政府把开展农村税费改革试点工作列为为民办实事的重大项目。9月25日，国务院正式批复福建省开展农村税费改革试点工作的方案。省委、省政府印发《关于全面开展农村税费改革试点工作的通知》。10月23日，省委、省政府召开全省农村税费改革试点工作会议，作出全面部署。2005年，全面免征农业税及其附加，取消除烟叶外的所有农业特产税。通过农村税费改革，全省农民受益27亿元，人均减负103元；对困难乡村的工作经费给予适当的财政转移支付补助。福建比全国提前一年完成农业税免征任务。

本年　省政府制定实施《关于推进集体林权制度改革的意见》。5月，省委、省政府召开全省集体林权制度改革会议，进行动员和部署。在全国率先开展集体林权制度改革。至2005年，全省完成明晰产权的村11656个，占有改革任务村总数的99.5%；完成明晰产权面积503.17万公顷，占应改革面积的97.2%；集体商品林登记面积500.3万公顷，占林权应登记面积的94.4%。形成林权抵押贷款、林权流转等配套改革，初步实现了“山有其主、主有其权、权有其责、责有其利”的目标。

本年　福建省把建筑企业改革列为全省企业改革的重点之一，颁布了《关于加快建筑业改革和发展的若干意见》，全省有81家国有、集体施工企业完成改制，公有资本比重从71%下降到49%，新成立的企业全部为民营企业。

本年　全省国内生产总值5229亿元。全社会固定资产投资1500亿元。外贸进出口总额352.8亿美元。财政总收入552.7亿元。其中，地方级财政收入304.6亿元。社会消费品零售总额增长12.8%。城镇居民人均可支配收入增长9%。农民人均纯收入增长5.5%。

二〇〇四年

1月8日 福州、厦门、泉州、漳州、莆田、三明、南平、龙岩、宁德市在全国双拥工作会议上被命名表彰为“全国双拥模范城”。福建成为当时全国唯一所有设区市都被命名为全国双拥模范城的省份。

1月8日—13日 省十届人大二次会议在福州召开。会议提出着力构建三条战略通道，继续实施项目带动战略，努力建设对外开放、协调发展、全面繁荣的海峡西岸经济区。同年3月，在十届全国人大二次会议上，数十位代表联名提出建议，把建设“海西”列入国家区域发展战略布局。建设“海西”战略构想引起中央的关注。

1月26日 省政府批复《福建省水（环境）功能区划》。这是福建省第一部以流域为单元系统的水资源功能区划。

2月3日 省政府发出《关于全面建立和实施农村居民最低生活保障制度的通知》，决定在全国率先建立和实施农村居民最低生活保障制度，每年投入3.5亿元，使全省人均年收入低于1000元的75.31万农民享受农村低保，人均月补助额39元。2月10日，省政府召开全省农村居民最低生活保障工作会议。省民政厅与省财政厅联合制定下发《福建省实施农村居民最低生活保障制度试行规定》《福建省农村居民最低生活保障资金管理暂行办法》。2007年，福建省再次将农村低保标准从年人均1000元提高到1200元，低保对象也增加到78万人，成为全国省定低保标准最高的省份之一。

2月11日 国台办宣布推出5项便利措施，进一步简化台湾居民来往大陆、在大陆居留以及大陆居民往来台湾的相关手续。同日，公安部授权厦门先行启动办理5年期台湾居民来往大陆通行证。5月13日，省公安厅开始签发5年有效台湾居民来往大陆通行证。厦门、福州两市公安局也分别于当日和11月1日开始受理台湾居民来往大陆通行证申请，并负责受理、审批、签发台湾居民入出境签注。11月8日，福州市台湾居民来往大陆通行证办证中心在福州市公安局证照中心正式揭牌。这是大陆地区开通的首个省会城市台湾居民来往大陆通行证办证中心。

2月15日 《人民日报》在头版显著位置刊登《福建构建海峡西岸经济区》一文，报道福建省实施海西战略的主要内容、措施。

2月 联合国教科文组织正式受理福建省土楼申遗项目。2007年1月，中国政府将福建土楼作为中国2008年世界文化遗产唯一申报项目向联合国申报。

2月 福建省启动水土保持生态修复县建设，涵江、永春、明溪、福安、南靖和建瓯等6个县（市、区）被列入首批试点，实施期为2004年至2006年。

3月12日 全省森林覆盖率达到62.96%，居全国首位；城市绿化覆盖率达到34.5%，远高于全国平均水平；竹林面积90.01万公顷，居全国第1位。

4月1日 福建省印发《进一步扩大县（市）投资管理权限简化申报程序促进县域经济发展的通知》。

4月16日 省委、省政府在原19个经济欠发达县的基础上，重新确定20个经济欠发达县作为重点扶持对象，并确定48位省级领导和66个省直部门实行定点挂钩扶持，同时，组织福、厦、泉三个经济较发达市对口帮扶其他6个设区市，18个沿海经济发达县（市、区）

对口帮扶 20 个经济欠发达县。对口挂钩帮扶单位在资金、技术、人才、干部等方面广泛开展帮扶与协作。

4 月 29 日 省政府新闻办公室发布的全省 2003 年环境质量状况显示，福建生态环境质量居全国第 1 位。

5 月 25 日 省委、省政府发出《关于建设“平安福建”的工作意见》，决定从 2004 年起至 2008 年底，在全省集中开展建设“平安福建”活动。6 月 1 日，省委、省政府召开电视电话会议进行总动员。据省城调队调查显示，2005 年，全省居民对社会治安的满意和基本满意率达 93%。

6 月 1 日 省政府印发《关于加强公共卫生体系建设深化医疗卫生体制改革的若干意见（试行）》，提出用 3 年左右的时间建立健全突发公共卫生事件应急机制、疾病预防控制体系和卫生执法监督体系。

6 月 3 日 福建、江西、湖南、广东、广西、海南、四川、贵州、云南 9 省区人民政府和香港、澳门特别行政区政府共同签署《泛珠三角区域合作框架协议》。

6 月 10 日 省政府转发省卫生厅等部门《关于 2004 年新型农村合作医疗试点工作的方案》。泉州市安溪县、龙岩市新罗区和厦门市同安区成为实施建立新型农村合作医疗制度的试点县（区）。

6 月 15 日—16 日 省委、省政府召开全省创新农村工作机制工作会议，对全省创新农村工作机制工作及选派党员干部驻村任职工作进行部署。会后，确定省级扶贫开发工作重点村 208 个，对省直和中央驻闽单位选派的 208 名驻村任职干部进行专门培训。省驻村干部于 7 月 8 日全部进村到岗，担任村党支部书记或第一书记。7 月 28 日，省委、省政府下发《关于创新农村工作机制的若干意见》。同月，省、市、县（区）党政机关、事业单位和中央驻闽单位，共选派 4134 名有一定工作经历的优秀党员干部，到后进村、薄弱村任职，每期3年。

6月22日　全省进行种粮耕地减免农业税改革试点。2004年福建省耕地种植水稻，农业税免征，全省可减免农业税约2.25亿元。

8月7日—8日　省委七届七次全体（扩大）会议在福州开幕。会议按照中央的要求树立和落实科学发展观，紧密联系全省实际谋划和建设好海峡西岸经济区。原则同意《海峡西岸经济区建设纲要》和有关配套政策意见，明确海西建设总体要求和战略目标，提出构建九大支撑体系的任务。会议通过中共福建省委七届七次全会决议。

8月9日　厦门市政府、漳州市政府、招商局漳州开发区管委会举行厦门湾港口经济合作第一次联席会议，共同制定厦门湾港口经济合作联席会议制度，确定港政、港口合作开发的目标任务，整合岸线资源，形成一个功能互补、综合竞争力强的厦门湾港口。同时，由漳州招商局和厦门港务集团联合投资的招商局漳州开发区第四区港口事务筹备处及办公室正式揭牌，厦漳两港合作全面运转。

8月15日　全国最大的农业围垦项目——泉州外走马埭围垦工程在惠安动工。2012年项目通过竣工验收，完成总投资4.6亿元，围垦总面积34.35万公顷。

8月17日　随着最后一批三峡移民抵达诏安县的两个安置点，福建省新增三峡移民1500人接收安置任务完成。福建省从2004年开始三峡移民安置试点工作，累计接收安置三峡移民1615户7062人，随迁28人，分别安排在全省9个设区市50个县（市、区）113个乡镇（街道）的146个安置点。

9月1日　首部《福建省专利保护条例》正式实施。

9月8日—11日　第八届中国投资贸易洽谈会在厦门举办。此次投洽会首次召开“闽台经贸合作与海峡西岸经济区建设”研讨会，首次设立投资福建对口洽谈的对台招商项目区，共签订投资合作项目1496个，总投资金额149.04亿美元，利用外资115.84亿美元。

9月12日 省政府和中国海洋石油总公司在北京举行福建LNG总体项目燃气电厂购电购气合同、城市燃气利用工程购气合同以及运输项目的运输安排原则协议签字仪式。2005年4月15日，福建LNG站线项目正式开工。2008年10月23日，位于莆田湄洲湾秀屿港区的福建LNG新增储罐正式开工建设，燃气电厂首台机组正式投产发电，实现了福建LNG燃气发电零的突破。至2011年7月23日，莆田、晋江和厦门3个燃气电厂陆续投产，年发电量可达140亿千瓦时。

10月3日 武夷山机场进出港旅客吞吐量突破50万人次，首次超过年42万人次设计吞吐能力，步入民航3类机场行列。

10月4日 厦门市获“联合国人居奖”。厦门市是2004年全世界唯一获得“联合国人居奖”的城市。

10月12日 在中央电视台“2004年度中国魅力城市展示”活动中，泉州市荣膺CCTV2004年度“最佳中国魅力城市”称号。全国10个城市获此桂冠。

10月18日 全国第一家林业要素市场——永安林业要素市场正式成立。

10月28日 省委、省政府发出关于《贯彻落实〈中共中央、国务院关于进一步加强人才工作的决定〉的实施意见》，提出实施人才强省战略。

11月4日 省委正式印发《海峡西岸经济区建设纲要（试行）》，明确建设海峡西岸经济区的总体要求和战略目标，提出构建九大体系的任务。2005年1月24日，省十届人大三次会议通过《关于海峡西岸经济区建设的决定》。同年10月，党的十六届五中全会通过《中共中央关于制定国民经济和社会发展第十一个五年规划的建议》，明确把“支持海峡西岸和其他台商投资相对集中地区的经济发展，促进两岸经济技术交流和合作”写进“两岸关系”部分。2006年全国两会期间，“支持海峡西岸经济发展”分别被写入《政府工作报告》和《中华人民共和国国民经济和社会发展第十一个五年规划纲要》中。2007年10月15日，“支持海峡西岸和其他台商投资相对集中地区经济发展”，被写入党的全国代表大会报告。在2008年十一届全国人大一次会议上，“海峡西岸”再次被写入《政府工作报告》。

11月26日 《福建汽车工业集团公司与戴姆勒——克莱斯勒公司合资生产轻型商用汽车合同》在德国不来梅签署。2010年4月16日，福建戴姆勒工厂竣工暨新车下线仪式在闽侯青口投资区内的福建戴姆勒工厂举行。福建戴姆勒汽车工业有限公司于2012年3月1日正式更名为福建奔驰汽车工业有限公司。

12月7日 福建游客组成的3个旅游团共乘“同安号”客轮启程前往金门，标志着福建居民赴金门地区旅游正式启动。

12月12日 中共中央决定，卢展工任中共福建省委书记。

12月13日 《福建省水库库区重要水源地水土保持生态建设实施纲要》颁布。这是国内首个全省性库区水土保持建设纲要。

12月15日 省机关事业社保局为自谋职业者开设的个人缴费窗口正式对外开放。此后，已参加机关事业单位养老保险的自谋职业人员，在与单位解除劳动关系后，可通过这个窗口，选择“两条通道”接续养老保险。这种方式在全国属首创。

12月17日 铁道部与省政府在福州签署《关于加强福建铁路建设有关问题的会议纪要》，明确了“构筑快速通道，完善区域路网，改造既有铁路，配套港口铁路”的总体思路和加快福建省境内铁路建设的目标任务。

12月18日—19日　省委七届八次全体（扩大）会议在福州召开。会议审议通过《中共福建省委贯彻〈中共中央关于加强党的执政能力建设的决定〉的实施意见》。

12月24日　温（州）福（州）铁路（福建段）在福鼎市秦屿镇财堡村开工建设。2005年8月26日，福建段全线动工。总投资约174.8亿元。2009年6月30日，福建段开通货物运营。9月28日，温福铁路开行动车组。福建省从此迈向高铁时代。

12月28日　三福高速公路、漳龙高速公路全线通车。全省高速公路通车里程突破1000公里，9个设区市全部贯通高速公路，以省会福州为中心的“4小时经济圈”正式形成。“一纵两横”高速公路网主骨架基本建成。

本年　省政府下发《关于全面建立和实施农村居民最低生活保障制度的通知》。

本年　福建省被国家林业局确定为“国家林业改革与发展综合试验区”。

本年　全省生产总值6053亿元。全社会固定资产投资1899.10亿元。外贸进出口总额475.50亿美元，实际利用外商直接投资按可比口径53.18亿美元，增长7.6%。财政总收入622.76亿元，其中，地方级财政收入333.36亿元。社会消费品零售总额增长14.7%。城镇居民人均可支配收入增长11.8%，农民人均纯收入增长9.5%。

二〇〇五年

1月1日　全省第一次全国经济普查正式开始登记填报。2005年12月20日,《福建省第一次全国经济普查主要数据公报(第一号)》显示，福建省第二产业吸纳就业高出第三产业130多万人，制造业吸纳就业居各行业之首。

1月7日　夏新电子股份有限公司自主研发的V3笔记本电脑，经过微软硬件环境测试实验室的各项严格测试，成为全国第一台通过与微软中国技术中心合作得到WHQL(硬件设备质量实验室)认证的笔记本电脑。

1月17日—24日　省十届人大三次会议在福州召开。会议通过了《关于促进海峡西岸经济区建设的决定》，海峡西岸经济区建设进入全面实施阶段。会议选举卢展工为省人大常委会主任、黄小晶为省政府省长。

1月29日—2月18日　厦门航空公司参与2005年台商春节包机直航任务。这是海峡两岸自1949年以后，首次实现双向对飞直航。

1月　省"两纵四横"高速公路规划被列入国家高速公路规划网。"两纵"是国道主干线黑龙江同江至海南三亚公路福建段、国家重要干线天津至汕尾公路福建段。"四横"是国道主干线北京至福州公路福建段、国家重要干线厦门至昆明公路福建段、泉州至贵州毕节公路福建段、宁德沿海辐射南平山区的骨架公路。

2月11日　联合国教科文组织在法国巴黎召开世界地质公园专

家评审会，泰宁县国家地质公园入选世界地质公园。

2 月 24 日 全国唯一的国家级对台专题博物馆——中国闽台缘博物馆在泉州奠基。2006 年 5 月 27 日，中国闽台缘博物馆正式开馆。

4 月 8 日 福建水口水电站升船机正式对外试通航。这是国内首座建设的大型全平衡式湿运垂直卷扬升船机，规模当时在同类型升船机中居世界第 2 位、中国第 1 位。

4 月 25 日 省政府向国务院上报《关于建立海峡两岸（福建）农业合作实验区的请示》。7 月 18 日，国台办、商务部、农业部正式批复同意设立，并将福州、漳州海峡两岸农业合作实验区扩大到全省。9月，对外公布试验区规划。10月 15 日，试验区规划在北京通过评审。

4 月 30 日 全国第一条大断面海底隧道翔安隧道正式动工。

5 月 13 日 省委、省政府正式启动高校贫困生助学工作，在全国率先设立政府助学奖学金。

5 月 16 日 福建省公布首批加快产业集聚重点培育的产业集群名单，包括福州显示器产业集群、厦漳视听产品产业集群等 32 个主要产业集群。

6 月 14 日 全国首家也是唯一的海峡两岸现代林业合作实验区在三明市设立。

6 月 25 日 总投资 17 亿元的福耀集团福清浮法玻璃项目全面竣工投产，结束了中国原产汽车玻璃原片依赖进口的历史。

7 月 8 日 福建炼油乙烯一体化合资项目工程在位于湄洲湾的福建炼油厂正式开工。2007 年 3 月 30 日，中国第一个炼油、化工及成品油营销全面一体化中外合资企业——福建联合石油化工有限公司、中石化森美（福建）石油有限公司在北京正式成立。2009 年 8 月 26 日，乙烯裂解装置开车成功，产出合格产品。11 月 11 日，福建炼油乙烯一体化合资项目正式投入商业运行。

7 月 11 日 福建紫金矿业公司正式被列入世界权威矿山指数——FTSE 矿山指数第 14 位，市值为 1165.83 百万美元，指数比例为 1.51%。这是中国首家在 FTSE 矿山指数中名列前 20 名的企业。

7 月 18 日 雪津啤酒有限公司被国家环保总局授予企业环境保护的最高成就奖——国家环境友好企业。这是全国酿酒行业第一家、福建省第一家获此殊荣的企业。

7 月 29 日—31 日 首届海峡两岸图书交易会在厦门国际会展中心举行。这是首次在大陆举办的以海峡两岸图书交流为主题的专业展会，首次允许台湾图书在大陆现场销售。

8 月 1 日 福建师范大学与菲律宾国际科技学院合作的现代汉语远程教育网正式开通。这是中国首条跨国汉语远程教育网络。福建师范大学开始向菲律宾高校学会所属的 52 个成员校开展汉语远程网络教育。

8 月 24 日 福建省首次作出规定，全省 11.1 万名有劳动能力且有就业需求的城镇残疾人，今后可通过各级残联所属的劳动就业服务机构，办理失业登记手续、申领失业证，可享受公共就业服务和就业扶持政策。

8 月 29 日 省政府出台《进一步做好利用外资工作的若干意见》。

9 月 6 日—11 日 国家旅游局和福建省政府在厦门共同举办首届海峡旅游博览会。会上，闽台旅游业界通过《海峡旅游区域协作备忘录》，签订武夷山—阿里山、大金湖—日月潭旅游对接协议。

9 月 8 日—11 日 第九届中国国际投资贸易洽谈会和亚欧会议贸易投资博览会在厦门举办。经国务院批准，此届投洽会正式由“中国投资贸易洽谈会”更名为“中国国际投资贸易洽谈会”，成为当时唯一经国务院批准举办的、以促进双向投资为目的的全国性国际投资促进活动。洽谈会共签订各类投资项目1411个，总投资金额268.5亿美元，利用外资222.75亿美元；进出口贸易成交1.25亿美元。亚欧会议成员方的投资方与各成员单位共签订各类投资项目226个，总投资金额60.25亿美元，利用外资53.05亿美元；进出口贸易成交1418万美元。

9月23日 《福建省中心城市框架专题规划》在北京通过专家评审。规划研究报告创新提出“大通道、大产业、大服务”的总体框架规划思路，“两大经济圈、两条发展带、两大支撑体系”的福建省区域经济发展总体布局设想，以及“十一五”重大基础设施建设项目若干建议，并从框架规划的宏观角度，提出对全省9个中心城市自身发展战略选择和空间布局的调整意见。

同日 海关总署和省政府在福州签署《关于建设福建电子口岸的合作备忘录》。

9月28日 《福建省终身教育促进条例》正式施行。这是我国第一部终身教育地方性法规。

同日 光泽县寨里乡江源村通电话，标志着全省14595个行政村全部通电话。福建省通过固定电话、移动电话相互补充的形式，提前实现村村通电话。

9月30日 福州至厦门的福厦铁路正式动工兴建。福厦铁路是我国“四纵四横”铁路网规划中沿海铁路快速大通道的重要组成部分，全长272.58公里，总投资144.2亿元，速度目标值200公里/小时。2010年4月26日，福厦铁路正式通车运营。

10月23日 第十届全国运动会在南京闭幕。福建省获得17金、12银和14铜，总分1063.5分，所获金牌数为历届运动会最多。金牌总数排名第8、总分名列第10，取得了福建竞技体育的历史性突破。

11月3日—5日 省委七届十次全会在福州召开。会议确定海峡西岸经济区建设的总体目标。会议还审议通过《中共福建省委关于制定福建国民经济和社会发展第十一个五年发展规划的建议》。

11月8日 首次海峡两岸软件产业研讨会暨项目对接会在福州举行。15家台湾软件企业与福建省398家软件企业建立协作关系，共同签署《闽台软件产业合作协议书》。这是闽台两地首次举办的大型软件对接活动。

11月21日 省委、省政府发出《关于全面提升民营经济发展水平的若干意见》。

11月30日 平潭二期10万千瓦风力发电场项目动工。2007年12月31日，该项目50台风机全部并网发电，年发电量2.6亿千瓦时，成为全省单个最大的风电项目，也是当时全国最大的风电场。

12月19日 《中共福建省委关于进一步加强中国共产党领导的多党合作和政治协商制度建设的实施意见》印发。

12月23日 福建有36个项目被列入第一批国家级非物质文化遗产公示名单；省政府批准公布福建省第一批省级非物质文化遗产代表作名录，101个民族民间艺术项目被列入名单。

12月26日 三明机场续建开工典礼在沙县举行。这是中国民用机场允许民营以来的第一个民办航空机场。

12月29日 福建省医疗保险信息网络率先在全国实现全省联网。

12月30日 全省第一家农村合作银行——南安农村合作银行正式创立。

本年 全省生产总值6487亿元。全社会固定资产投资2320亿元。外贸进出口总额542亿美元。按可比口径实际利用外商直接投资62.3

亿美元。财政总收入786.83亿元。其中，地方级财政收入431.85亿元。社会消费品零售总额增长13.5%。城镇居民人均可支配收入实际增长8%。农民人均纯收入实际增长5.6%。城镇登记失业率控制在4%以内。人口自然增长率控制在5.98‰。

二〇〇六年

1月4日 为贯彻落实《国务院关于深化改革严格土地管理的决定》，保障被征地农民的权利，省政府决定，统一全省耕地年产值和征地补偿标准。

1月12日 省十届人大四次会议批准实施《福建省国民经济和社会发展第十一个五年规划纲要》。

同日 赣龙线首趟直通旅客列车——龙岩至北京西A336次“海西号”列车开通。

1月12日—16日 中共中央总书记、国家主席、中央军委主席胡锦涛先后到连城、永安、厦门、福州等地视察工作。他充分肯定了福建省委、省政府提出的建设海峡西岸经济区的战略构想和取得的成效，着重要求：福建要抓住国家继续鼓励东部地区率先发展、支持海峡经济发展的“两个历史机遇”，发挥对台优势，做到“六个扎实推进”；各项工作走在全国前列，为全局作出重大贡献。

1月18日 省政府办公厅出台《关于进一步加强我省水利水电工程移民安置工作的意见》。这是全国首部地方性水利水电工程移民管理办法。

1月23日 建设部发布《关于命名国家园林城市的决定》，福建省泉州、漳州二市入选第九批国家园林城市。

2月8日 省政府新闻办公室召开新闻发布会宣布，从2006年春季学期开始，福建省对农村义务教育阶段学生免除学杂费，比中央规定的2007年的时限提前1年。

2月11日 福建省新增一处国家级自然保护区——闽江源自然保护区。

2月28日 中国科学院发布《2006中国可持续发展战略报告》。福建省资源环境绩效水平居全国第2位，可持续发展能力位居第9。

4月5日 省教育厅发出通知，决定福建省从2006年起开展为农村学校培养教育硕士师资工作，服务范围为省内20个经济欠发达县的中学。

同日 省政府第五十一次常务会议审议通过《福建省大型深水港保护与开发方案》，提出六大深水港湾的临港产业发展布局。

4月17日—19日 中国国民党荣誉主席连战一行38人访问福建。17日，省委书记卢展工在福州会见连战。19日，连战夫妇等赴漳州龙海马崎村祭祖。

4月28日 农村"户户通电"工程攻坚战全面启动。9月27日，全省农村"户户通电"工程提前竣工。

5月9日 浦城猫耳山商代窑群入选2005年全国十大考古新发现。2013年，窑群被列为第七批全国重点文物保护单位。

5月13日—14日 由国家林业局、省政府、中央党校和中国人民大学联合主办的全国集体林权制度改革高峰论坛在三明举行。来自中央有关部委、高等院校、科研单位和全国28个省（自治区、直辖市）的领导、专家、学者100多人参加论坛。

5月18日—22日 第八届海峡两岸经贸交易会、第三届中国福建商品交易会在福州举行。实际签约项目275项，按注册资本统计，利用外资15.43亿美元，其中合同项目192项，利用外资8.76亿美元。

5月20日 国务院批准文化部确定的第一批国家级非物质文化

遗产名录公布，福建省有36项入列，总数居全国第2位。

5月25日 省委、省政府印发《海峡两岸（福建）农业合作试验区发展规划》及配套文件《鼓励和支持海峡两岸（福建）农业合作试验区建设的暂行规定》，推进闽台农业合作。

6月9日 省委组织部、省人事厅、省教育厅联合表彰97名扎根基层的优秀高校毕业生。此举在全国属首次。

6月16日 省政府与交通部正式签署共建农村公路的意见书，交通部将在“十一五”期间出台五大措施，安排12.6亿元，支持福建省农村公路建设。

7月1日 福州、厦门海关区域通关改革试点正式启动，两地试行“属地报关、口岸验放”的新型通关模式。

7月9日 省政府印发《福建省人民政府贯彻国务院关于解决农民工问题的若干意见的通知》。这是福建省首次就农民工问题发布政策性文件。

7月27日 省委七届十一次全会在福州召开。会议审议通过《关于扎实推进海峡西岸社会主义新农村建设的决定》。

8月2日 《福建沿海地区与金门、马祖、澎湖间海上直接通航运输管理暂行规定》颁布实施。

同日 省政府印发《福建省“十一五”闽台产业对接专项规划》。“十一五”期间，福建省将进一步落实五大涉台优惠政策，出台四项服务举措，在10个重点领域和行业全面加强闽台产业对接，建设海峡西岸先进制造业基地。

8月16日 省政府印发《福建省人民政府关于做好第二次全国农业普查工作的通知》。2008年6月24日，普查主要数据公报公布。

8月18日 省委、省政府印发《关于加快建设海洋经济强省的若干意见》。

同日　省政府印发《关于开展农业保险试点工作的通知》。8月23日，全省（除厦门外）农业保险试点工作正式启动。

8月21日　省政府授权省民政厅与人保财险福建分公司签订《福建省农村住房统保协议》，全省农户（不含厦门）由此步入免费住房保险保障阶段。这在全国属首例。

8月30日　全省县乡两级人大换届选举工作会议在福州举行。换届选举于2006年11月1日至12月31日进行。2007年2月，工作结束。全省84个县（市、区）共选出县级人大代表17050名，940个乡（镇）共选出乡级人大代表54931名。

9月1日　新修订的《福建省失业保险条例》正式实施。其中规定，自愿缴纳其月工资总额1%的失业保险费的农民合同制工人可以享受与城镇职工同等的失业保险待遇。这在全国地方立法中属首次。

9月8日　福建正式启动农民工银行卡特色服务，成为全国第三个开通此项服务的省份。

9月8日—11日　第十届中国国际投资贸易洽谈会在厦门举行。来自全球46个国家和地区的政府和投资促进机构参展，80个国家和地区的383个境外机构组团参会。各成员单位签订各类投资项目1068个，总投资金额216.56亿美元，利用外资150.76亿美元。

9月15日　福建省慈善大会举行。大会向70位海内外个人、22个慈善机构和11个慈善项目颁发首届“八闽慈善奖”。

9月20日—21日　省委、省政府在福州召开全省科学技术大会。

10月24日　《福建文化强省建设纲要》颁布。纲要提出要加快福州、厦门、泉州等中心城市文化建设，重点保护闽南文化、客家文化、红土地文化、船政文化、妈祖文化、朱子文化和畲族文化等地方特色文化。

10月28日—11月4日 省第十三届运动会在龙岩市举行。全省3754名运动员参加竞赛。金门体育观摩团42人应邀观摩。这是首个参加福建省运动会的台湾体育观摩团。

10月31日 省政府印发《关于落实海西建设实践要领的若干意见》。

11月7日 省委、省政府印发《关于深化集体林权制度改革的意见》，提出要“稳定一大政策、突出三项改革、完善六个体系”，以巩固扩大集体林权制度改革成果，建立和完善林业发展新机制。

11月22日—26日 中国共产党福建省第八次代表大会在福州召开。大会通过《中国共产党福建省第八次代表大会关于中共福建省第七届委员会报告的决议》等，选举产生中共福建省第八届委员会委员67名、候补委员13名。省委八届一次全会选举卢展工为省委书记。

12月9日 福建省启动“三支一扶”实施计划。首批参加的217名大学毕业生分赴全省7个设区市、47个县（市、区）农村基层，开展为期两年的支教、支农、支医和扶贫工作。

12月22日 国家工商总局出台《关于支持海峡西岸经济区建设的意见》。

12月25日 龙厦铁路开工建设。龙厦铁路是福建省境内一条连接龙岩市、漳州市、厦门市的国铁Ⅰ级双线电气化铁路。2012年6月29日铁路通车运营。

12月30日 三坊七巷保护修复工程正式启动。2009年6月10日，福州三坊七巷入选首批中国历史文化名街。

本年 省机关事业社会保险局在配合机关事业单位改革时，在全国率先开创“一保两制”，参保单位员工既可选择参加事业养老保险，又可选择参加企业养老保险。

本年 全省生产总值 7501.63 亿元。全社会固定资产投资 3115.08 亿元。外贸进出口总额 626.63 亿美元，按可比口径实际利用外商直接投资 71.85 亿美元，增长 15.3%。财政总收入 1011.86 亿元，其中，地方级财政收入 541.03 亿元。社会消费品零售总额增长 15.3%。城镇居民人均可支配收入实际增长 10.4%。农民人均纯收入实际增长 8.3%。

二〇〇七年

1月11日 福州、厦门海关和杭州、宁波、汕头、南昌、武汉、长沙、贵阳、银川海关（“2+8”海关）共同签订《海西区域通关改革联系配合办法》，为海峡西岸经济区区域通关改革注入新动力。

1月29日 省十届人大五次会议通过《福建省建设海峡西岸经济区纲要》。纲要全面系统阐述建设海峡西岸经济区的重大意义、指导思想、目标任务和构建九大支撑体系及保障措施。

2月3日 2006年中国六大考古新发现评选活动揭晓，浦城仙阳镇管九村周代土墩墓群入选。

2月26日 福建在全国率先出台《江河下游地区对上游地区森林生态效益补偿方案》。

2月27日 国家科学技术奖励大会在北京举行，福建省5项科研成果获2006年度国家科学技术奖。

3月13日 《中国省域经济综合竞争力发展报告（2005—2006）》蓝皮书发布。2005年福建省经济综合竞争力位居全国第9位，比2004年上升1位。

3月24日 经过两年普查，福建省已基本摸清全省涉台文物的资源情况，共登记涉台文物1076处。

4月20日 《福建省绿色通道建设规划大纲》出台。

5月18日—22日 第九届海峡两岸经贸交易会、第四届中国福建商品交易会在福州举行，国台办首次参与主办。20个国家驻华使领馆官员和政府官员、近50个台湾团组、300多个海外华侨社团、200多家著名境外企业和跨国公司代表，以及来自47个国家和地区的客商近万人应邀参会。海交会签约外商投资项目238项，利用外资16.69亿美元。累计出口成交额4221万美元，进口成交额1612万美元，内销成交额1.73亿元。

5月28日　省政府出台《关于促进海峡西岸金融业又好又快发展的若干意见》。

6月1日　《福建省科学技术普及条例》由省十届人大常委会第二十九次会议通过，2007年9月1日起正式实施。

6月5日　文化部公布首批国家级非物质文化遗产代表性传承人名单，福建省共有7项技艺的10位传承人入选。

6月9日　文化部正式批准设立国家级闽南文化生态保护实验区，保护泉州、漳州、厦门的文化遗产及与文化遗产相关的自然环境、文化生态环境。这是首个国家级文化生态保护实验区。

6月30日　省政府下发《福建省节能减排综合性工作方案》，下达节能减排硬任务，实行问责制和“一票否决制”。

7月1日　福建省启动第二次全国土地调查工作，并以2009年12月31日为标准时点汇总二次调查数据。2014年6月30日主要数据成果公布。

8月13日　省政府下发《关于加快我省创意产业发展的指导意见》，提出通过5年至10年的努力，形成若干个整体优势明显、区域特色鲜明、产业集聚突出、充满生机活力的海峡西岸经济区创意产业集群。

8月15日　省委、省政府决定，在2007年7月完成第一批整村推进扶贫开发的基础上，确定200个省级扶贫开发重点村，通过捆绑

16个省直部门和中央驻闽单位资金，实施新一轮扶贫开发。

9月7日 全国第十届精神文明建设“五个一工程”奖评选揭晓。福建省共有5部作品获优秀作品奖，4部获入选作品奖，在6个奖项中，都有作品获奖，历史上首次实现“满堂红”。

9月8日—11日 第十一届中国国际投资贸易洽谈会在厦门举办，共有119个国家和地区组团参会。本届投洽会新增香港、澳门特别行政区政府及中国交通运输协会为成员单位。本届投洽会共签订各类投资项目1070个，总投资金额229.9亿美元，利用外资190.1亿美元。其中，合同项目669个，总投资金额122.9亿美元，利用外资96.2亿美元，千万美元以上合同项目269个。

9月13日 省新闻出版局和福州市新闻出版局在闽侯县尚干镇洋中村联合举行全省首家农家书屋挂牌仪式。

9月22日—23日 国家林业局在永安召开以“支持集体林权制度改革促进林业产业发展”为主题的投融资现场会，总结、交流和推广福建省集体林权制度改革投融资创新的经验。

9月26日 省政府印发《关于推进城镇居民基本医疗保险试点工作的实施意见》，在全国率先启动城镇居民医疗保险制度试点。

10月8日 省政府出台《关于推进生态公益林管护机制改革的意见》，正式启动占全省林地三分之一的生态公益林管护机制改革。

10月15日—21日 中国共产党第十七次全国代表大会召开。中共中央总书记胡锦涛作题为《高举中国特色社会主义伟大旗帜，为夺取全面建设小康社会新胜利而奋斗》的报告。

10月 环保总局出台《关于支持海峡西岸经济区建设的意见》。

11月8日 中国已建供水管道跨海最深的供水工程——平海湾跨海供水工程正式通水。工程于2006年8月开工，总投资1.84亿元，设计规模为日供水 6.5 万吨。

11 月初 全省建制村移动通信覆盖率达 100%，提前两个月完成省委、省政府确定的为民办实事项目。

11 月 11 日 省委办公厅、省政府办公厅印发《关于进一步加快福建省革命老区发展的意见》，明确加快老区发展的目标任务和措施。

11 月 12 日—13 日 省委八届三次全体（扩大）会议在福州召开。省委书记卢展工作《深入学习贯彻党的十七大精神，全面推进海峡西岸经济区建设》的讲话，提出努力把海峡西岸经济区建设成为科学发展的先行区、两岸人民交流合作的先行区。

11 月 17 日—20 日 由省政府、国台办、农业部、质监总局、工商总局及台湾省农会、台湾茶协会等联合主办的首届中国海峡两岸茶业博览会在泉州举办。

11 月 22 日 福建省首次在诏安县试点推行海域使用权招投标制度，在全国率先为海域使用权市场化配置探索新路子。

11 月 23 日 国家"十一五"重点工程向莆铁路福建段开工建设。向莆铁路为国家一级快速铁路干线，西起江西省南昌市新建区乐化站，大线起自江西南昌县向塘镇，东至福建莆田市，福建境内约长 384.2 公里，设计时速 200 公里，福建境内投资约 349.2 亿元。2012 年 11 月 29 日铁路全线贯通，2013 年 9 月 26 日客运线正式开通运营。

同日 厦深铁路福建段开工建设。厦深铁路北起厦门北站、南至深圳北站，设计等级为国铁 I 级双线电气化，设计时速 250 公里。福建境内约长 145.74 公里，投资约 128.5 亿元。2013 年 12 月 28 日，厦深铁路全线通车运营。

11 月 27 日 省政府发布《关于解决城市低收入家庭住房困难的实施意见》。

11月30日 平潭海峡大桥正式开工建设。大桥起于福清市东瀚镇小山东，跨越海坛海峡，终至平潭娘宫。全线采用二级公路标准建设，双向4车道，设计时速80公里，大桥总长4976米，总投资11.39亿元。桥面和接线公路宽度同为17米，通航等级为5000吨级海轮。2010年12月25日大桥正式通车，是福建省第一座真正意义上的跨海特大桥。

12月14日 福建省典型海岛生态保护工作会议确定全省首批10个无居民海岛为生态修复工程示范点。

12月31日 截至本日，福建省共设立消费维权服务站点22083个，在全国率先完成覆盖全省、深入乡村街区的12315消费维权网络建设。

12月 福建省决定在10个县（市、区）、100个乡村开展农村沼气服务体系试点建设。

12月 国家旅游局出台《关于支持海峡西岸经济区发展的意见》，推进构建海峡两岸旅游合作体系，打造“海峡旅游品牌”，服务国家和平统一大业。

本年 全省生产总值9075亿元。财政总收入1284亿元，其中，地方级财政收入700亿元。全社会固定资产投资4322亿元，增长38.7%。外贸进出口总额744.6亿美元，增长18.8%，按可比口径实际利用外商直接投资81.3亿美元。社会消费品零售总额增长17.9%。城镇居民人均可支配收入15505元，实际增长10.1%。农民人均纯收入5467元，实际增长7.3%。

二〇〇八年

1 月 16 日—22 日　省政协十届一次会议在福州举行。选举梁绮萍为十届省政协主席。

1 月 18 日—25 日　省十一届人大一次会议在福州召开。会议选举卢展工为省人大常委会主任、黄小晶为省长。

2 月 18 日　中共中央党史研究室确认，将乐县、沙县为 1933 年 6 月至 1934 年 2 月中央主力红军东方军开辟的新苏区，属于中央苏区鼎盛时期的范围。至此，全省有 15 个原中央苏区县。

同日　宁德核电站工程开工仪式举行。一期工程建设 4 台机组，总投资约 512 亿元。2013 年 4 月 15 日，宁德核电站一期 1 号机组投入商业运行。2、3、4 号机组分别于 2014 年 5 月 4 日、2015 年 6 月 10 日、2016 年 7 月 21 日陆续投产。

2 月 25 日　文化部公布第二批国家级非物质文化遗产项目代表性传承人，福建省有 179 人入选。

2 月 27 日　漳平（永福）台湾农民创业园经农业部、国台办批准为国家级台湾农民创业园。

3 月 7 日　人事部印发《关于支持海峡西岸经济区建设推动福建人事工作发展的意见》，明确把福建作为全国人事制度改革先行试验区和两岸人才交流合作先行试验区，并提出 7 条政策措施支持海峡西岸经济区又好又快发展。

4 月 3 日　省政府出台系列支农惠农政策，进一步加大农业投入，实施更实惠的支农补贴、更有力的市场监管、更完善的资金管理制度，力促全省农业和粮食生产。

4月7日 建设部批复《海峡西岸城市群协调发展规划》。这是继京津冀城市群之后，国家批复的又一区域城市群协调发展规划。11月11日，该规划通过专家审查。

4月17日 第二次全国经济普查综合试点（福建）动员大会在福鼎召开。2010年2月9日，福建省第二次全国经济普查公报公布。

4月24日 省委、省政府联合发布《关于实施品牌带动的若干意见》。

5月11日—13日 北京奥运会圣火依次途经福州、泉州、厦门、龙岩4市，分别进行“文化之旅”“历史之旅”“和谐之旅”“红色之旅”传递，传递总里程96.85公里。

5月12日 四川省汶川县发生里氏8.0级特大地震。5月13日，省委、省政府向四川省委、省政府发去慰问电，并向四川灾区先期捐助500万元。5月14日，省委常委会召开会议，研究部署支援四川灾区抗震救灾工作。同日，省委、省政府办公厅联合发出《关于做好支援四川地震灾区抗震救灾工作的通知》。截至6月12日，全省共接收社会捐款12.55亿元，累计派出各类救援人员1661人。6月16日，福建省对口支援彭州市灾后恢复重建领导小组成立。至2011年5月，福建省援建领导小组确定在彭州市援建146个项目，资金总额37.33亿元。

同日 全省9个设区市与温州、金华、衢州、丽水、上饶、鹰潭、赣州、抚州、汕头、梅州、潮州相关领导，在武夷山召开海西20城市环境保护协作会。会上通过《海峡西岸20城市环境保护协作武夷山宣言》。

5月18日 商务部和海关总署确定，在福建省增开霞浦三沙、东山铜陵、晋江深沪、厦门大嶝4个对台小额贸易口岸为扩大开放试点。至此，福建省已有6个扩大开放试点口岸，是大陆对台开放试点口岸最多的省份。

5月18日—22日 第十届海峡两岸经贸交易会、第五届中国福建商品交易会、第三届中国（福建）消费品全球采购交易会、第五届福建商贸行业投资合作洽谈会、海峡西岸经济区城市协作展在福州举行。共签约外资项目203项，利用外资17.1亿美元。累计出口成交额6205万美元，进口成交额3820万美元，内销成交额2.13亿元。

5月30日 省政府公布首批省级非物质文化遗产项目代表性传承人232人。

6月5日 国务院批准设立厦门海沧保税港区。这是国务院批准设立的第七个、福建省第一个保税港区，也是国内开放度最高、功能最齐全、政策最优惠、通关最便捷的海关特殊监管区域之一。

6月7日 国务院公布第二批国家级非物质文化遗产名录和第一批国家级非物质文化遗产扩展项目名录，福建50项入选第二批国家级非物质文化遗产名录，14项入选第一批国家级非物质文化扩展项目名录。

6月13日 海峡两岸关系协会与海峡交流基金会签订《海峡两岸关于大陆居民赴台湾旅游协议》，福建列入首批开放大陆居民赴台旅游的13个省市和组织首发团的5个省市。7月4日，福建赴台旅游首发团一行从厦门高崎机场飞往台湾台北松山机场，这也是两岸周末包机厦门航点的首发航班。

6月18日—20日 第六届中国·海峡项目成果交易会在福州开幕。此届交易会首次由中国·福建项目成果交易会更名为中国·海峡项目成果交易会。海峡两岸的科技交流与合作成为亮点，共对接项目4685项，总投资865.5亿元。

7月9日—11日 国务院扶贫办在银川召开全国东西扶贫协作工作经验交流大会。闽宁扶贫协作机制被誉为“东西扶贫协作的典范”。

7月 联合国教科文组织第32届世界遗产大会表决通过“福建土楼”列入《世界遗产名录》。这是继武夷山之后，福建省第二个世界遗产。

7月 国家统计局调查队公布对全国15个副省级城市公共文明指数的测评调查结果，厦门市以96.17分位列第二，仅次于大连市（96.97分）。

7月 科技部最新统计数据显示，2007年福建省综合科技进步水平指数为43.67，较2006年提高5.04个百分点，列全国第8位，较上年上升3位。

8月8日—24日 第29届夏季奥运会在北京举办，福建省有18名运动员和10名教练员参加，实现了福建参加奥运会参赛人数、参赛项目、金牌总数和奖牌总数上的历史性突破。

8月30日 省政府发布《关于扶持中小企业经营发展的若干意见》。

8月 从2008年春季学期开始，全省全部免除城市义务教育阶段学生学杂费。提前半年实现国务院确定的目标。

9月2日 省政府出台《福建省新型农村合作医疗制度建设指导方案》。

9月8日—11日 第十二届中国国际投资贸易洽谈会在厦门举行。投洽会期间，各代表团共签约投资项目784个，投资金额159.03亿美元，利用外资135.55亿美元。其中，福建团签约项目586个，总投资额 106.11 亿美元，利用外资 96.54 亿美元；在签约项目中，合同项目 453 个，总投资额 76.81 亿美元，利用外资 69.64 亿美元。

11 月 4 日 海峡两岸关系协会和海峡交流基金会在台北举行会谈，签署《海峡两岸空运协议》《海峡两岸海运协议》《海峡两岸邮政协议》《海峡两岸食品安全协议》4 项协议。根据协议，福建省的厦门、福州列入客运包机航点，福州、松下、宁德、泉州、肖厝、秀屿、漳州、厦门列入直航港口，福州、厦门列入邮件封发局。

11 月 16 日 全国优秀农民工表彰大会在北京召开。这是中国首次对农民工和农民工先进集体进行表彰。厦门市劳动和社会保障局和福州市总工会获全国农民工工作先进集体称号，40 位在闽农民工获评全国优秀农民工。

11 月 17 日 厦漳大桥开工建设。大桥跨九龙江，经海门岛，全长 9.33 公里，总投资 57 亿元。2013 年 5 月 28 日，大桥通车运营。

11 月 21 日 福建福清核电站正式开工建设。该项目由中国核工业集团公司、华电福建发电有限公司和福建投资开发总公司共同出资建设，是国内首项采用核电工程总承包模式开工的核电项目。一期工程 1 号至 4 号机组分别于 2014 年 11 月至 2017 年 9 月间投入商业运行。2021 年 1 月 30 日，5 号机组完成满功率连续运行考核，投入商业运行。

11 月 29 日 福建、江西签署《关于加强海西港口合作、促进闽赣经济共同发展》框架协议，从密切港口口岸合作、推进通道建设合作、加强区域物流合作、推进产业对接合作以及加强对台经贸合作等方面提出了对策措施。

12 月 15 日 两岸海运直航、空运直航、直接通邮全面启动。福州马尾港举行海峡两岸海上直接通航仪式，两岸间海运进入全面双向直航的“三通”时代。12 月 18 日，福州至台湾的直航航班开始。

12月16日—17日　省委八届五次全体（扩大）会议在福州召开。会议通过《中共福建省委贯彻〈中共中央关于推进农村改革发展若干重大问题的决定〉的意见》。

12月17日　福建省纪念改革开放30周年大会在福州召开。

12月26日　由国台办、国家文物局和省政府共同举办的涉台文物保护工程启动仪式在泉州举行。首批启动15个涉台文物保护工程项目。此后，全省全方位推进涉台文物保护维修工程，先后完成或启动了国家、省级项目逾100个。

年底　全省建制村基本实现通硬化公路，硬化率达96%以上，提前两年完成“年万旦农村路网工程”。

本年　全省生产总值10863亿元，全省经济总量首次突破万亿元大关。财政总收入1516亿元，其中，地方级财政收入833亿元。全社会固定资产投资5270亿元，增长22%。外贸进出口总额848亿美元，增长13.9%，按可比口径实际利用外商直接投资100亿美元。社会消费品零售总额增长20%。城镇居民人均可支配收入17850元。农民人均纯收入6180元。

二〇〇九年

1月14日　全国最大燃气电厂——福建晋江天然气发电有限公司正式投入使用。

1月30日　住房和城乡建设部、中国联合国教科文组织全委会联合报国务院，同意将“泰宁丹霞”项目申报世界自然遗产。2月8日，“泰宁丹霞”正式作为“中国丹霞”重要组成部分向世界自然遗产申报。2010年8月2日，“中国丹霞”被正式列入《世界遗产名录》，成为中国第8个世界自然遗产、第40个世界遗产。

1月　省交通厅在全国率先出台扶持政策支持通自然村公路建设，省级补助标准每公里7万至10万元，建设标准：原则上按3.5米宽标准铺设水泥路面，特别困难路段按3米实施。2011年9月，省财政、交通部门联合出台《关于试点开展整合自然村道路建设省级补助资金和一事一议财政奖补资金的通知》，将交通、财政两项补助资金累加使用，增加通村公路的省补资金。“十二五”期间，规划推动约7500个较大自然村通村公路建设，修建里程8000公里，基本实现300人以上自然村通上水泥路。

1月　福建省启动侨批档案申遗工作。2010年3月，侨批档案入选第三批中国档案文献遗产名录。2012年5月，侨批档案入选世界记忆亚太地区名录。2013年6月，由福建、广东两省联合推荐，国家档案局申报的“侨批档案”成功入选《世界记忆名录》。这是福建省首个入选世界文献遗产的项目。

2 月 12 日　省政府授予 200 项科技成果 2008 年度省科学技术奖，予以表彰和奖励。

2 月 21 日　福建境内所有政府还贷二级公路收费站停止收费，予以撤销。3 月 17 日，全省 120 个政府还贷二级公路收费站撤除工作全部完成。

2 月　福建省印发《关于台港澳人员参加医疗保险有关问题的通知》，在全国率先将台港澳人员纳入基本医疗保险。

3 月 10 日　2009 年《中国省域竞争力蓝皮书》在北京发布，福建在全国省域经济综合竞争力中排名第 8。

3 月 15 日　泉（州）三（明）高速公路全线通车。公路起点与沈海高速公路相接，终点与福银高速公路相连，是一条与中西部地区公路干线网相连的重要出海通道。主线全长 281.7 公里，于 2005 年 9 月 25 日开工，总投资 159.89 亿元。

3 月 20 日　首次闽浙赣皖九方经济区工业经济协作会在福建省武夷山市召开。浙江省金华市、丽水市、衢州市，福建省南平市，江西省上饶市、抚州市、景德镇市、鹰潭市和安徽省黄山市等九市经（贸）委代表参会。会议决定建立闽浙赣皖九方经济区工业经济协作组织，并共同签署了《闽浙赣皖九方经济区工业经济协作与发展协议》。

3 月 24 日　省委、省政府在福州召开表彰突出贡献企业家暨纪念企业“松绑放权”25 周年大会。36 位为福建经济发展作出突出贡献的企业家受到表彰，每人奖励一辆价值 30 多万元商务车；18 位在 25 年前在全国率先呼吁为企业“松绑放权”的厂长、经理代表获“企业改革先行纪念章”。

3 月 25 日　莆（田）永（定）高速公路龙岩段开工。全线起于莆田市湄洲湾北岸开发区冯厝，终于永定下洋镇。2013 年 12 月 31 日，莆永高速全线通车。

3 月 厦门市完成全市 1100 多个 TD-SCDMA 基站的建设，成为中国第一个国产标准 3G 网络全覆盖的城市。

4 月 2 日 《福建省人民政府关于支持台资企业发展的若干意见》印发。

4 月 20 日 台湾航业公司所属“台华轮”搭载 923 名大陆游客，从高雄发船前往澎湖马公，21 日经金门直航厦门。这是福建沿海与金门、马祖地区直接往来首个海上直航的包船个案。4 月 22 日，厦门—台湾海上客运首航启动仪式在海峡邮轮中心举行。搭载 904 名大陆游客的台湾客货滚装轮“台华轮”，从厦门东渡海峡邮轮中心码头出发，首航厦门—澎湖—高雄航线。这是首次从厦门包船直航台湾的旅游团，也是首次以个案形式获批的台湾客滚运输船从大陆载客直航台湾本岛。

4 月 30 日 福建省投资开发集团有限责任公司在福州成立。这是福建首家总资产超 200 亿元、净资产超百亿的大型省属集团。

4 月 美国著名财经杂志《福布斯》发布 2009 年全球上市公司 2000 强榜单，兴业银行排名第 389 名，成为第一家入围《福布斯》全球上市公司前 500 强的福建籍企业。

5 月 4 日 国务院总理温家宝主持召开国务院常务会议，讨论并原则通过《关于支持福建省加快建设海峡西岸经济区的若干意见》。5 月 14 日，《国务院关于支持福建省加快建设海峡西岸经济区的若干意见》正式发布，海峡西岸经济区由区域战略上升为国家战略。

5 月 7 日 中国科学院宣布，中科院福建物质结构研究所与江苏丹化集团、上海金煤化工新技术有限公司联手，成功开发了万吨级

CO 气相催化合成草酸酯和草酸酯催化加氢合成乙二醇（简称“煤制乙二醇”）成套技术，实现了全套“煤制乙二醇”技术路线和工业化应用。这是一项拥有完全自主知识产权的世界首创技术。

5 月 8 日 古雷石化启动项目开工仪式在漳州古雷港经济开发区举行。项目计划总投资 188 亿元，包括年产 80 万吨对二甲苯和年产 150 万吨精对苯二甲酸等两个项目。

5 月 12 日 福建省应急视频会商指挥系统正式投入运行。双向视频交流功能覆盖全省 1108 个乡（镇、街道、管委会、开发区），单向视听功能覆盖 15331 个行政村的“应急视频会商指挥系统”，是福建省应急现代化的标志性工程。

5 月 15 日 福建省邮政部门开通福州马尾马祖（两马）、厦门—金门（两门）的特快专递、航空和水陆路邮件总包直接封发业务。这是“两马”“两门”首次建立邮件总包直封关系。

5 月 15 日—22 日 首届海峡论坛以厦门主会场举办，主题为：“扩大民间交流、加强两岸合作、促进共同发展”。中共中央政治局常委、全国政协主席贾庆林出席论坛并致辞。论坛期间，两岸有关方面达成和签订了一系列合作意向和协议，有关部委办还发布了一批惠台和先行先试政策。

5 月 25 日 《福建省促进闽台农业合作条例》颁布实施。这是全国第一部涉台农业地方性法规。

同日 首届泛珠三角区域口岸合作联席会议在广州召开。福建、江西、湖南、广东、广西、海南、四川、贵州、云南等省正式签署《泛珠三角区域九省、区口岸合作备忘录》。

5 月 31 日 《福建省人民政府关于推进居家养老服务工作的实施意见》颁布实施，提出推进居家养老服务的总体目标和基本原则、主要任务、保障措施。9月17日，福建省确定符合条件的56个城市社区、44个农村社区作为省级居家养老服务试点单位。2010年，省、市、县、区政府投入7000多万元人民币，在33个县、区建立500个居家养老服务中心。2011年，新建500个社区养老服务站，并完善已建成的500个社区养老服务中心。省级财政将拨款3000万元予以补助。2012年，全省新建1000个社区居家养老服务中心（站），基本形成覆盖全省城市社区的居家养老服务网络，为居家老年人提供助餐、助洁、助医、助行、助急等多种形式的养老服务。

6月1日 全国第一部地方性社会保障性住房法规——《厦门市社会保障性住房管理条例》施行。条例从社会保障性住房的规划与建设、申请与分配、售价与租金、退出、使用管理、法律责任等方面进行了规范。

6月15日 科技部批复同意并支持厦门市建设“对台科技合作与交流基地”。这是全国首个国家级对台科技合作与交流基地。

6月18日—20日 第七届中国·海峡项目成果交易会在福州举行。共对接项目5008项，总投资886亿元。签约项目中，项目成果对接4564项，总投资839亿元；企业技术需求对接444项，总投资47亿元。

6月20日 福州市城市地铁有限责任公司正式揭牌。12月27日，总投资约188亿元的福州城市地铁1号线在地铁则徐广场站举行动工仪式。2017年1月6日，福州地铁1号线（一期）全线正式开通试运营，福州正式迈入地铁时代。

6月23日 福建省与中国海洋石油总公司签署《关于加快三都澳溪南半岛开发推进海峡西岸经济区建设的合作协议》。

7月28日 福建新大陆电脑股份有限公司投资收购台湾帝普科

技公司股权申请通过商务部核准，获得商务部颁发的企业境外投资证书。新大陆公司成为大陆首家经过国家核准的赴台投资企业。8 月 10 日，台湾新大陆股份有限公司在台北挂牌成立。

7 月 28 日—29 日　省委八届六次全体会议在福州召开。会议审议并通过《福建省贯彻落实〈国务院关于支持福建省加快建设海峡西岸经济区的若干意见〉的实施意见》，原则同意《福建省建设海峡西岸经济区纲要（修编)》，正式作出设立福州（平潭）综合实验区的决定。

7 月　全国首个渔排气象站落户连江可门港。

8 月 1 日　福建省机构改革方案正式确定。根据方案，全省设政府机构 48 个，其中工作部门 42 个，部门管理机构 6 个，比原来减少 2 个厅级机构。

8 月 14 日　“福建省国际电子商务应用平台晋江专区”举行开通仪式。这是国内首个与省级国际电子商务平台直接挂钩、互联互动的县（市）级电子商务专区。

9 月 8 日—11 日　第十三届中国国际投资贸易洽谈会在厦门举行，此届投洽会首设“中国国际地产投资交易馆”“中国文化创意产业专题馆”和“农业招商展区”，并首次举办“台湾地区馆日”活动。此届投洽会共签订各类投资项目 742 个，总投资 158.4 亿美元，利用外资 134.6 亿美元。

9 月 9 日　福建省中小企业信用再担保有限责任公司开业。

9 月 22 日　省委召开常委会（扩大）会议，传达学习党的十七届四中全会精神、《中共中央关于加强和改进新形势下党的建设若干重大问题的决定》。会议要求，全省各级各部门要深刻学习贯彻全会精神，统一思想，立足实际，高举旗帜抓党建、围绕中心抓党建、改革创新抓党建、突出重点抓党建，不断拓展党的建设工作思路，继续推进党的建设新的伟大工程，为加快福建发展和海西建设提供强大动力和坚强保证。

9月30日 联合国教科文组织保护非物质文化遗产政府间委员会会议经审议表决，决定将妈祖信俗、福建南音列入《人类非物质文化遗产代表作名录》。妈祖信俗成为中国首个信俗类世界级遗产。

9月 新罗区、海沧区、晋江市、福清市、武夷山市、思明区、湖里区、永安市、泰宁县、福鼎市等10个县（市、区）入选福建省首批知识产权强县。

10月1日 《福建省文物保护管理条例》开始实施。条例对涉台文物设立专章进行规范，这在全国文物保护立法中尚属首次。据统计，全国已普查登记的涉台文物总数为1354处，福建省有1076处，占80%左右。

10月28日 第十一届全运会闭幕。福建代表团共有344人参赛，取得19金11银21铜的成绩，排名第9。其中金牌数和奖牌数都创造了福建体育代表团在全运会史上的最好成绩。

11月1日 省政府常务会议审议通过福建省港口体制一体化整合总体方案，提出积极整合港口资源，全面巩固提升厦门港、加快开发湄洲湾港（泉州—莆田）、整合优化福州和宁德港，加快建成福州港、湄洲湾港（泉州—莆田）、厦门港3个亿吨以上大港，形成面向世界、服务中西部发展的现代化、规模化、集约化的海西港口群。

11月26日 《福建省林权登记条例》经福建省十一届人大常委会第十二次会议审议通过，自2010年3月1日起施行。这是中国首部林权登记地方性法规。

11 月 30 日　省委召开全省领导干部大会，传达中共中央关于福建省委主要领导同志职务调整的决定。孙春兰任中共福建省委委员、常委、书记，卢展工同志调任河南省委委员、常委、书记。

12 月 17 日　福建省能源集团有限责任公司举行揭牌仪式。至此，省政府确定的能源、交通、投资、外贸、华侨等五大企业集团全部组建完成。

12 月 24 日—25 日　省委八届七次全体（扩大）会议在福州召开。全会通过《中共福建省委贯彻〈中共中央关于加强和改进新形势下党的建设若干重大问题的决定〉的实施意见》。

12 月 31 日　海西铁路建设动员大会暨海西铁路网三线开通、六线一站开工仪式在全省 9 个设区市同时举行。

12 月　根据国家林业局的审核认定，福建省森林面积 11500 万亩，森林覆盖率 63.10%，列全国第 1 位；人工林蓄积量 1.96 亿立方米，列全国第 1 位。

12 月　福建省瑞芯微电子公司"个人移动信息终端 SOC 芯片"、万利达集团公司"安全适用计算机 CPU"、福建升腾资讯公司"龙芯安全适用计算机 CPU"和夏新电子公司"新一代同轴电缆宽带接入套片"4 个项目，成功入围国家"核高基重大专项"，共获得国家财政扶持资金 7000 多万元。这标志着福建省芯片设计和计算机研发应用已进入国家队行列。

本年　至年底，福建省在全国率先基本解决关闭破产国有企业、城镇集体企业退休人员和困难企业职工参加医保问题。关闭破产国有、城镇集体企业退休人员参保人数达9.19万人，困难企业职工（含退休人员）参保人数达 10.33 万人。

本年　全省生产总值 11950 亿元。财政总收入 1694 亿元，其中，地方级财政收入 932 亿元。全社会固定资产投资 6362 亿元。外贸进出口总额 797 亿美元。按可比口径实际利用外商直接投资 101 亿美元。社会消费品零售总额增长 16.5%。城镇居民人均可支配收入 19577 元。农民人均纯收入 6680 元。

二〇一〇年

1月11日 省政府下发《福建省环境保护监督管理“一岗双责”暂行规定》，对各级政府和40多个省直部门环保监督职责作出明确规定，并将纳入领导干部年度政绩考核。福建成为国内首个推行环保“一岗双责”的省份。

1月22日 《国家发展改革委办公厅关于福建省中央苏区、革命老区和少数民族地区范围有关问题的复函》下发，明确在安排中央预算内资金投资时，将福建省长汀县、上杭县、连城县等20个原中央苏区县纳入参照执行西部地区政策，宁德蕉城区、福安市、福鼎市等32个革命老区县纳入参照执行中部地区的有关政策。

1月27日 省政府颁布实施首部《福建生态功能区划》。

1月30日 省政府出台《关于贯彻国家知识产权战略纲要的实施意见》。这是福建省第一个有关知识产权的纲要性文件。

2月5日 招商局漳州开发区人工岛——“双鱼岛”开工兴建。总规划面积约2.2平方公里，为2007年国务院批准的全国首例经营性用海项目，也是国务院批准通过的第一个离岸式人工岛项目。

2月9日 福建省第二次全国经济普查公报公布。2008年末，全省共有从事第二、三产业的法人单位23.26万个，与2004年末第一次全国经济普查相比，增加6.66万个；产业活动单位29.90万个，增加8.12万个；有证照的个体经营户98.64万户，增加39.59万户。全省第二、三产业单位和有证照的个体经营户从业人员数为1319.90万人，与 2004 年末相比，增加 494.22 万人。

2 月 12 日—15 日　中共中央总书记、国家主席、中央军委主席胡锦涛到漳州、龙岩、厦门考察工作。胡锦涛要求福建广大干部群众牢牢把握国家鼓励东部地区率先发展、支持福建省加快建设海峡西岸经济区的重要历史机遇，切实加快经济发展方式转变，切实做好保障和改善民生工作，切实提高党的建设科学化水平。2 月 16 日，省委发出《关于认真学习贯彻胡锦涛总书记在福建考察时的重要讲话精神的通知》。

2 月 23 日　省政府印发《关于开展小城镇综合改革建设试点的实施意见》，确定在闽侯县青口镇、荆溪镇，福清市龙田等 21 个小城镇开展综合改革建设试点，着力打造“规划先行、功能齐备、设施完善、生活便利、环境优美、保障一体”的宜居城市综合体。

3 月 5 日—14 日　十一届全国人大三次会议在北京召开。支持海峡西岸经济区在两岸交流合作中先行先试被写入《政府工作报告》。

3 月 13 日　省政府印发《福建省城乡绿化一体化“四绿”工程实施方案（2010 ~ 2012 年）》，启动绿色城市、绿色村镇、绿色通道、绿色屏障建设，按照“以城带乡，以乡促城，城乡联动，整体发展”的要求，用 3 年时间实现“一年一变化、三年大变样”的绿化目标。

3 月 24 日—27 日　中共中央政治局常委李长春到福州、莆田、平潭综合实验区等地调研。

4 月 6 日　科技部印发《关于进一步推进创新型城市试点工作的指导意见》和《创新型城市建设监测评价指标（试行）》。福州和厦门两市经科技部批复，启动建设国家创新型试点城市，并于 2017 年顺利通过科技部、国家发改委组织的第三方评估。

4 月 14 日　省政府和环保部在福州举行共同推进福建省加快建

设海峡西岸经济区会谈并签署合作协议。双方在建立环境防范体系、治理体系、政策法规体系和管理体系等方面先行先试，探索中国特色环境保护新道路。

4月23日 环保部、财政部在北京召开全国农村环境连片整治示范工作启动会。会上，福建省被财政部、环保部列入全国8个中央农村环境综合整治示范省份之一。5月，省政府与环保部、财政部签署《农村环境连片整治示范区工作部省协议》，于2010—2012年期间投入15亿元，用于开展“三清”（以保护农村饮用水源为重点的“水源清洁”示范工程、以整治集中连片村庄生活污水和垃圾为重点的“家园清洁”示范工程、以整治农村畜禽养殖和面源污染为重点的“田园清洁”示范工程）。

4月25日 国务院办公厅复函给福建省政府、商务部，同意漳州招商局经济开发区升级为国家级经济技术开发区，定名为漳州招商局经济技术开发区。

4月 全省部署在党的基层组织和党员中深入开展创先争优活动。此后，全省8.7万个基层党组织和182.3万名党员，以“深入学习实践科学发展观、加快福建发展和海西建设”为主题，以“比学赶超、建设海西”为实践载体，深入开展创先争优活动。

5月5日—10日 省长黄小晶率福建省经贸文化交流团赴台，开始以“走亲访友做生意”为主题的闽台经贸文化交流活动。

5月18日 国务院批准设立福州保税港区。福州保税港位于福清的福州新港（江阴港区），总面积9.2平方公里。2011年12月16日，福州保税港区通过国家验收。

5月18日—22日 第七届中国福建商品交易会、第十二届海峡两岸经贸交易会在新落成的福州海峡国际会展中心举行。交易会期间，全省共签约外资项目 221 项，利用外资 31.15 亿美元；共签约内资项目 260 项，总投资 605.43 亿元；商交会出口成交额 7192 万美元，进口成交额 5361 万美元，内贸成交额 3.16 亿元。

5 月 28 日 《福建省人民代表大会常务委员会关于促进生态文明建设的决定》颁布实施。

6 月 7 日 省政府印发《关于加快循环经济发展的意见》，提出以打造循环型产业、循环型行业（企业）、示范性工程为抓手，不断提高资源与产品的循环利用和废物资源化水平，逐步建立具有福建特色的循环经济发展体系和运行机制，实现经济社会与资源、环境协调和可持续发展。

6 月 18 日—20 日 第八届中国 · 海峡项目成果交易会在福州举行。交易会期间，全省共对接项目 5358 项，总投资 992.9 亿元。

6 月 19 日—25 日 第二届海峡论坛举办。中共中央政治局常委、全国政协主席贾庆林出席论坛并致辞。论坛期间，福建省推出在两岸人才合作交流方面的新举措，成立促进平潭开放开发顾问团；闽台两地百对乡镇签订 117 项交流合作协议；有关部门宣布惠及两岸民众的新举措。

6 月 20 日 国务院批准将厦门经济特区扩区到全市，并同意厦门发挥在体制机制创新方面的试验区作用，扩大金融改革试点，建立两岸区域性金融服务中心，先行试验一些金融领域重大改革措施。

6 月 26 日 国务院批准泉州经济开发区升级为国家级经济技术开发区，定名为泉州经济技术开发区。

6 月 29 日 海峡两岸关系协会会长陈云林与台湾海峡交流基金会董事长江丙坤在重庆签署《海峡两岸经济合作框架协议》（ECFA）。协议 9 月正式生效。两岸经贸合作进入制度化轨道。

7月22日—23日 省委八届九次全会在福州召开。会议审议并通过《中共福建省委关于进一步贯彻落实胡锦涛总书记来闽考察重要讲话精神推动福建跨越发展的若干意见》，明确提出坚持“先行先试、加快转变、民生优先、党建科学”的总体要求，部署实施“大干150天，打好五大战役（重点项目建设、新增长区域发展、城市建设、小城镇改革发展、民生工程）”，抓住牵动全局的重点和关键。8月1日，五大战役“大干150天”启动。

8月2日 闽宁互学互助对口协作第十四次联席会议在福州市召开。两省区代表签署《闽宁互学互助对口协作第十四次联席会议纪要》，商定在宁夏建设福建产业转移示范区和闽宁产业园。

8月8日 省经贸委出台《关于加快产业集群产业基地建设推动工业跨越发展的实施意见》，提出力争5年内形成湄洲湾石化产业集群、古雷石化产业集群、厦门火炬高新区电子信息产业集群等12个千亿产业集群（基地），以及若干500亿级产业集群（基地），形成东部沿海先进制造业重要基地，推动福建迈入产业强省。

8月16日 省政府出台《关于关于营造优良环境提供优质服务支持民营企业加快发展的若干意见》。

8月27日—31日 以“深化合作、共谋发展”为主题的第六届泛珠三角区域合作与发展论坛暨经贸洽谈会在福州举行。大会期间，2010年泛珠三角区域合作行政首长联席会议举行，泛珠各方签署《加强泛珠区域综合交通大通道建设合作备忘录》《泛珠三角区域旅游合作福州宣言》等10个合作框架协议或备忘录。各代表团共签约项目1263项，签约金额2831亿元，其中福建省签约148项，总金额263.54亿元。

8月29日 福建、江西两省签署《关于加强闽赣两省海西港口经济合作的框架协议》《闽赣两省实施进出口货物直通放行和区域通关备忘录》。自2010年9月15日起，两省实行区域通关合作，在全国率先实施跨省区进出口货物直通放行和区域通关协作制度。

同日 福建、广东两省水利防汛部门在福州签署《韩江（汀江）流域防洪安全和生态安全合作框架协议》，流经闽粤两省的韩江（汀江）防洪建设与生态保护迎来省际合作新阶段。

8月31日 经省政府同意，厦门港在现有8个港区的基础上，将漳州市行政区划内的古雷、东山、云霄、诏安港区纳入，成为以国际外贸集装箱运输为主、散杂货为辅的国际航运枢纽港。

9月3日—6日 中共中央政治局常委、中央书记处书记、国家副主席习近平先后到福州、宁德、厦门等地，深入农村、企业和城市社区，围绕深化改革开放、推动科学发展、加强和改进党的建设进行调研。习近平强调，要努力实现福建科学发展、跨越发展，必须贯彻“又好又快，好字优先”的方针，进一步深化改革开放，为加快福建的发展增添新动力。9月13日，省委召开常委会扩大会议，孙春兰在会上强调，要全面把握习近平副主席对做好福建工作提出的新要求，扎实推进福建省科学发展、跨越发展。

9月6日—9日 联合国贸发会议在厦门举办第二届世界投资论坛。主题为“投资与可持续发展”。中共中央政治局常委、书记处书记、国家副主席习近平出席论坛开幕式并发表主旨演讲，1200多名政界、企业界人士及相关国际组织和机构人员等出席。

9月8日—11日 第十四届中国国际投资贸易洽谈会在厦门国际会展中心举行。国家副主席习近平启动“金钥匙”为投洽会开馆。来自144个国家和地区的1.5万名境外人士参会。大会期间，各代表团共签订各类投资项目639个，总投资224.1亿美元。福建省团共对外签约项目 532 项，总投资 176.2 亿美元。

9 月 省政府办公厅转发《关于加快建立预防和处置医患纠纷“五位一体”长效机制意见的通知》，要求全省强化政府部门职责，加强协调联动配合，加快建立预防和处置医患纠纷“五位一体”长效机制，努力构建创建“平安医院”工作新格局。

10 月 13 日 福建省卫生厅出台《关于推进乡村卫生服务一体化管理的实施意见》，提出到 2012 年底，在全省实现乡村一体化管理。

10 月 23 日—30 日 福建省第十四届运动会举办。9 个设区市、32 个行业系统的 5201 名运动员、教练员参赛，金门代表团首次组团参赛。

10 月 29 日 省政府同意在湄洲岛设立湄洲妈祖文化生态保护实验区。这是福建省首个文化生态保护区。

11 月 1 日 省委、省政府印发《福建省中长期人才发展规划纲要（2010—2020 年）》。这是福建省第一个中长期人才发展规划。

11 月 9 日 省政府召开全省城市公厕建设工作会议，出台《福建省城市公厕建设的实施意见》，全面推动城市公厕建设管理工作。

11 月 10 日 省政府出台《关于优先发展城市公共交通的实施意见》，提出加大政策扶持力度，完善城市公交规划，发展绿色低碳公交，推进城乡客运和多种运输方式一体化，加快提升城市公交服务水平，为广大人民群众提供快捷、安全、方便、舒适的公交服务。

11 月 17 日 省政府印发《关于进一步推进福建省与中央企业对接合作的指导意见》。

11 月 20 日 省政府印发《关于加快推进旧城镇旧厂房旧村庄改造的意见》，正式启动全省“三旧”改造工作，对存量建设用地、低效用地加大科学改造和深度开发。

11月22日 省委、省政府下发《关于加快造林绿化推进森林福建建设的通知》，提出到2015年森林覆盖率达到65.5%，确保森林覆盖率继续居全国首位。11月24日，福建省造林绿化动员大会在福州召开，各设区市、平潭综合实验区管委会以及省直有关部门负责人向省长黄小晶递交了造林绿化责任书。11月30日，省政府出台《关于加快城乡绿化建设的实施方案》，提出两年在全省创建300个绿色乡镇和3000个绿色村庄。

11月22日—23日 省委八届十次全会在福州召开，会议审议并通过《中共福建省委关于制定福建省国民经济和社会发展第十二个五年规划的建议》。

11月29日 省十一届人大第十八次会议通过新修订的《福建省实施〈中华人民共和国台湾同胞投资保护法〉办法》，自2011年1月1日起施行。

12月2日 省政府批转省卫生厅、省发改委、省财政厅制定的《关于进一步加强社区卫生服务中心和乡镇卫生院建设的实施意见》，提出按保基本、强基层、建机制的原则，进一步加强基层医疗卫生机构建设，提升基层医疗卫生机构人员素质和信息化水平。

12月9日 福建省与中央企业项目合作洽谈会在北京人民大会堂举行，116家中央企业参加，现场签约项目27项，总投资额3740亿元。各设区市、平潭综合实验区和省属有关企业最终确定合作项目123项，总投资8464亿元。

12月21日 中国邮政正式开通福州—台北邮货快递往返航线。福州成为大陆首个与台湾开展快递业务的航点。

12月27日 省政府出台《关于进一步加强农村卫生所建设的意见》，提出到2015年底，全省村卫生所设施、设备配备达到国家标准，就医条件明显改善。这是福建省首次专门就加强村卫生所建设出台省政府文件。

12 月 31 日 福建省电子政务顶层设计试点通过工信部信息化推进司和数字福建专家的验收，第一个为全国提供完整的设计方案。

本年 联合国开发计划署和全球环境基金会向全球推广“福建东山—广东南澳海洋生物多样性保护示范区”合作保护海岸带和生物多样性的成功经验。“南部沿海地区生物多样性管理项目”于 2005 年 2 月 2 日启动。

本年 全省生产总值 14737.12 亿元，人均地区生产总值 40025 元。全年农林牧渔业生产总值 2307.06 亿元，工业生产总产值 23805.32 亿元。全年进出口总额 1087.80 亿美元，全社会固定资产投资总额 8273.42 亿元。全年财政总收入 2056.01 亿元，地方财政一般预算收入 1151.49 亿元，财政支出 1695.09 亿元。金融机构人民币各项存款余额 18309.45 亿元。全年社会消费品零售总额 5310.03 亿元。城镇居民人均可支配收入 21781 元，城镇居民人均消费支出 14750 元。农民人均纯收入 7427 元，农民人均消费支出 5498 元。

二〇一一年

1月1日　两份《海峡两岸经济合作框架协议》原产地证书在福建签发。全国质检系统首份ECFA原产地证给予福州耀隆化工集团公司，出口产品为纯碱。福建贸促会签发的首份ECFA原产地证给予福州源丰机械工业有限公司。同日，4.08吨台湾水果成为首单到大陆的台湾ECFA早期收获货物。

1月14日　2010年度国家科学技术奖励大会在北京举行。福建省有7项科研成果获奖，其中国家技术发明二等奖1项、国家科技进步二等奖6项。

1月15日　省政府作出对首届福建省专利奖获奖项目给予奖励的决定，共有44项专利项目获奖。

1月19日　水利部和省政府在福州签订合作备忘录，双方将在加快完善防洪防潮减灾体系、病险水库除险加固和防洪水库工程建设、农村饮水安全和灌区节水改造工程建设、推进水资源配置工程建设、推进水土保持和生态环境建设与保护、水利改革方面开展合作。

1月28日　中共中央总书记、国家主席、中央军委主席胡锦涛给龙岩市上杭县古田镇五龙村党支部回信，向全村乡亲们提前拜年，希望村党支部带领乡亲们努力把五龙村建设得更加美好，让革命老区焕发出新的勃勃生机。

1月30日　胡锦涛给福建漳浦和漳平永福台湾农民创业园的台商农民回信，鼓励两岸农业进一步扩大交流与合作，向他们致以新春问候，勉励他们同大陆同胞一道，光大中华民族农业文明悠久传统，造福两岸同胞。

2月1日 《福建省药品和医疗器械流通监督管理办法》正式施行。这是福建第一部规范药品和医疗器械流通监管的地方政府规章。

3月10日 国务院正式批准《海峡西岸经济区发展规划》。规划首次明确了海峡西岸经济区的地域范围，要求福建先行先试，努力建设海峡两岸经贸合作的紧密区域、海峡两岸文化交流的重要基地、海峡两岸直接往来的综合枢纽、两岸合作的平潭综合实验区。

3月18日 福建省与宝钢集团在福州签订《福建省与宝钢战略合作协议》。同日，宝钢德盛不锈钢有限公司在罗源湾北岸正式揭牌。

3月24日—27日 中共中央政治局常委李长春深入福州、莆田、平潭综合实验区等地，进企业、入农户、下工地、走访宣传文化单位，就加快转变经济发展方式、发展文化事业和文化产业、促进对台文化交流等进行调研。

4月3日 省委、省政府出台《关于进一步加快县域经济发展的若干意见》，提出要突出发展重点，推进县城工业转型升级，大力发展现代农业，把发展服务业作为新增长点，鼓励民营经济新一轮创业，加强以交通、水利为重点的基础设施建设，提高县城规划建设管理水平，充分发挥小城镇示范带动作用，保护好青山绿水，增创体制机制新优势，提升县域经济开放水平，进一步保障和改善民生，加强和创新社会管理，进一步壮大县域经济综合实力。

4月11日 厦门市两岸区域性金融中心建设指挥部正式挂牌，厦门两岸金融中心建设正式启动。这是国务院批准厦门设立的、全国唯一冠以“两岸”的区域性金融服务中心。

4月29日 全省加快县域经济发展工作会议在晋江召开。省委书记孙春兰强调，要认真学习习近平2002年在晋江调研时总结的“六个始终坚持”的“晋江经验”和“处理好五大关系”的要求，深入学习新时期“晋江经验”。

5月6日 中国社会科学院发布《2011年中国城市竞争力蓝皮书：中国城市竞争力报告》，全国294座城市参加，福建省厦门、福州、泉州、龙岩、漳州和莆田等6城市进入竞争力百强榜，厦门排在第22位。

5月17日 水利部在长汀召开总结推广长汀水土流失治理经验座谈会，贯彻落实习近平重要批示精神，进一步推动全国水土流失防治工作。

同日 省对外文化交流协会、省新闻出版局与美国、南非、菲律宾、匈牙利、阿根廷等国家的闽籍华侨华人社团签订协议，合作建设“闽侨书屋”。闽侨书屋是福建省在国外举办书展衍生的文化“走出去”创新项目。

5月18日 省委、省政府出台《关于支持和促进革命老区加快发展的若干意见》。具体目标是：老区人民与全省人民享受的基本公共服务相协调，老区的经济社会发展与全省提前3年全面建成小康社会的进程同步；到2015年，老区县（市、区）地区生产总值年均增长速度力争达到或超过全省平均水平。

5月18日—22日 第十三届海峡两岸经贸交易会、第八届中国福建商品交易会在福州举办。来自46个国家和地区的263个重点团组、近万名海内外客商应邀参加。海交会突出“对台交流、互利双赢”主题，首次设立ECFA早收清单产品展区，首次举办采购洽谈会，在全国率先举办自贸区产品展，首次举办中泰食品技术合作交流会。全省签约项目308个，总投资782.94亿元。

5 月 25 日　省第六次全国人口普查领导小组办公室、省统计局联合公布第六次全国人口普查汇总的主要数据。全省（除金门、马祖等岛屿外）为 36894216 人，同第五次全国人口普查 2000 年 11 月 1 日零时的 34714835 人相比，10 年共增加 2179381 人，增长 6.28%，年平均增长率为 0.61%。

5 月 28 日　省政府印发《关于加快台湾农民创业园建设的若干意见》，促进闽台农业交流合作。

6 月 2 日　福建省发布 2010 年环境状况公报。2010 年，全省水、大气和生态环境质量继续保持优的良好态势，森林覆盖率为 63.10%，继续位居全国首位，生态环境状况指数继续位居全国前列。

6 月 11 日—17 日　第三届海峡论坛在厦门举办。中共中央政治局常委、全国政协主席贾庆林出席论坛并致辞。本届海峡论坛首次成功实现海峡论坛活动入岛的突破。论坛期间，有关部门宣布惠及两岸民众的新举措等，其中海西先行的元素尤为突出。

6 月 18 日—22 日　第九届中国 · 海峡项目成果交易会在福州举办。海交会期间，参观人数达 29.2 万人次，共对接项目 5188 项，总投资 1241.53 亿元。

7 月 1 日　庆祝中国共产党成立 90 周年大会在北京举行。同日，省委常委会召开会议，学习胡锦涛总书记在庆祝中国共产党成立 90 周年大会上的讲话，要求全省各级各部门要以庆祝建党 90 周年为契机，抓住难得发展机遇，振奋精神、扎实工作，努力推动福建科学发展、跨越发展，为全国发展大局作出应有的贡献。

7 月 6 日　省政府与中国电信集团公司在福州签订《共同建设数字福建智慧城市群暨“十二五”信息化战略合作框架协议》。力争用 5 年时间建成由 10 个智慧城市（9 个设区市和平潭综合实验区）构成的数字福建智慧城市群，使数字福建成为全国信息化建设的标杆。

7月15日 省政府颁布《关于颁发福建省第六届百花文艺奖的决定》，授予电影《突发事件》等15件作品为福建省第六届百花文艺奖荣誉奖，授予电视剧《红色摇篮》等20件作品为一等奖。

7月17日—18日 省委八届十一次全会在福州召开。省委书记孙春兰主持会议。会议审议通过《中共福建省委关于进一步贯彻实施〈海峡西岸经济区发展规划〉的决定》和省委常委会工作报告，作出《关于召开中国共产党福建省第九次代表大会的决议》。

7月18日 国务院第三次全国文物普查领导小组办公室复函省文物局，核定福建省第三次全国文物普查登记不可移动文物33251处。福建不可移动文物总数排名全国第10位。

7月21日 省十一届人大五次会议审议通过《关于动员全省人民为实现〈海峡西岸经济区发展规划〉而努力奋斗的决议》。

8月20日 省政府印发《关于促进总部经济发展的意见》，重点是大力培育和发展金融服务、现代物流、国际会展等服务业总部企业。

8月24日 省政府印发《关于提高行政机关办事效率的十条意见》。内容包括进一步简政放权，加强行政服务中心建设，大力推行“一线工作法”，坚决反对推诿扯皮、办事拖拉、散漫的不良作风等。

8月29日 福建省党政代表团赴宁夏回族自治区出席闽宁互学互助对口协作第十五次联席会议，进行学习考察，进一步完善协作机制，拓展合作领域。

8月 省政府批复《福州宁德港口管理体制一体化实施方案》，整合福州、宁德、平潭综合实验区所有港区，形成新的福州港，实现三地9个港区的港政、航政、沿海水路运政统一管理。9月2日，福州港口管理局正式挂牌成立。10月8日，交通运输部正式批复福建省给予确认。

9月7日—11日 第十五届中国国际投资贸易洽谈会在厦门举行。中共中央政治局常委、全国人大常委会委员长吴邦国启动“金钥匙”宣布开馆。来自112个国家和地区的1518名境外人士参会，108个国家和地区的636个境外机构组团参会，其中“金砖五国”成员国首次集体亮相投洽会。此届投洽会各代表团共签订各类投资项目493个，总投资金额214.5亿美元，利用外资173.7亿美元。

9月26日 国家发改委、住房和城乡建设部、财政部联合发文，确定全国第一批7个试点示范小城镇为“绿色低碳重点小城镇”，厦门集美区灌口镇位列其中。

10月24日 省政府办公厅批转省教育厅、省发展改革委、省财政厅制定的《关于加快原中央苏区和财政特别困难老区县基础教育发展的若干措施》，明确在“十二五”期间加快22个原中央苏区县和周宁、政和、寿宁、柘荣、松溪、顺昌、屏南、延平、古田、霞浦10个财政特别困难老区县（2008—2010年人均体制财力计算）基础教育发展。

11月7日 省政府印发《福建省“十二五”建设海峡两岸产业合作基地专项规划》，提出重点扶持和培育10家年销售收入超百亿元的台资企业，打造闽台合作石化、信息超千亿元产业集群（基地）。

11月14日 省经济和信息化委员会公布福建省“十二五”循环经济示范试点单位（第一批）名单，厦门市循环型综合示范和国家低碳试点城市、泉州市节水型社会建设试点城市、莆田市节水型社会建设试点城市等15个城市、22个园区和205家企业入选。

11月15日 福建省石狮市（灯谜）、福清市（闽剧）、晋江市

（闽南戏曲、灯谜）、武夷山市（武夷茶文化）、浦城县（剪纸）、诏安县（绘画）、漳浦县（剪纸）等25个县（市、区）、镇入选中国民间文化艺术之乡。

11月15日—19日 中共福建省第九次代表大会在福州召开。省委书记孙春兰作题为《坚持科学发展跨越发展，为建设更加优美更加和谐更加幸福的福建而奋斗》的报告。报告首次提出“爱国爱乡、海纳百川、乐善好施、敢拼会赢”的“福建精神”。11月19日，省委九届一次全会选举孙春兰为省委书记。

11月30日 “海峡号”客滚轮直航台中港首航仪式在平潭澳前码头举行。平潭至台湾本岛航行时间最短的海上直航航线正式开通。“海峡号”于11月21日首次由平潭试航台湾基隆，11月28日试航台湾台中。

12月7日 省委常委会召开会议，传达贯彻中央扶贫开发工作会议精神，研究部署全省扶贫开发工作。会议要求，要以贯彻落实中央扶贫开发工作会议精神为契机，加大扶贫开发工作力度，层层落实扶贫开发目标任务，推动老区苏区和贫困地区实现跨越发展。

12月10日 中共中央政治局常委、中央书记处书记、国家副主席习近平对《人民日报》有关长汀水土流失治理的报道作出重要批示，要求中央政策研究室牵头组成联合调研组深入长汀实地调研。12月24日，由中央政策研究室、国家发展改革委、财政部、环保部、水利部、林业局和国务院扶贫办等7个部委组成的长汀水土保持治理中央联合调研组一行到闽开展调研工作。2012年1月8日，习近平在调研组报送的《关于支持福建长汀推进水土流失治理工作的意见和建议》上作出重要批示，强调应进一步加大支持力度，要总结长汀经验，推动全国水土流失治理工作。省委书记孙春兰主持召开省委常委会会议，传达贯彻习近平关于长汀推进水土流失治理工作的重要批示。1月19日，省委办公厅、省政府办公厅发出《关于贯彻落实习近平同志重要批示精神加快推进全省水土保持工作的通知》。7月21日，国家林业局在龙岩长汀召开全国林业厅局长会议。会议要求学习长汀经验，弘扬长汀精神，全面加强生态建设，加快发展现代林业，为改善生态和改善民生作出更大的贡献。

12月13日　省政府与教育部在北京签订《加快福建教育事业发展推进海峡西岸经济区发展新一轮战略合作协议》。根据协议，教育部将对福建省革命老区、少数民族地区、原中央苏区县教育发展，以及共建厦门大学和福州大学、深化闽台高校教育交流与合作、提高高等教育质量、发展创新职业教育、建立健全公共教育服务体系、完善终身教育体系、加强教师队伍建设等8个方面，从政策、项目、资金、人才等方面予以倾斜，支持福建教育事业发展。

12月14日　省政府公布第四批省级非物质文化遗产名录，共计74项。

12月15日　经国务院批准，国家发展改革委正式发布《平潭综合实验区总体发展规划》，同意平潭实施全岛放开，在通关模式、财税支持、投资准入、金融保险、对台合作、土地配套等方面赋予平潭综合实验区比经济特区更加特殊、更加优惠的政策。规划范围包括海坛岛及附属岛屿，陆域面积392.92平方公里，总人口39万人，规划期至2020年。

12月17日　国务院发出《关于厦门市深化两岸交流合作综合配套改革试验总体方案的批复》，正式批准《厦门市深化两岸交流合作综合配套改革试验总体方案》。总体方案赋予厦门推进改革的政策措施80多项、支撑长远发展的平台建设10多个，是厦门特区建设涉及领域最广、政策措施最多、改革力度最大的一个综合改革方案。

12 月 20 日 福建大武夷旅游联盟成立大会在武夷山市召开。14 个成员单位共同签署《福建大武夷旅游联盟合作宣言》，旨在发展规划、体制创新、区域整合、整体营销、人才培养等方面通力合作。

同日 全国精神文明建设工作表彰大会在北京举行。福建省的福州市获全国文明城市（区）称号，永春县县城等 25 个村镇获全国文明村镇称号，福州市军门社区等 57 个单位获全国文明单位称号。厦门市的全国文明城市（区）称号继续保留。

12 月 21 日 省政府办公厅印发《福建省全民科学素质行动计划纲要实施方案（2011—2015 年)》，提出全省实施科学教育与培训基础工程、科普资源开发与共享工程、大众传媒科技传播能力建设工程、科普基础设施工程、科普人才建设工程等五大工程，实施科学素质行动，带动全省公民科学素质整体水平持续提升。

12 月 22 日 省委九届二次全体（扩大）会议在福州召开。会议审议通过《中共福建省委关于贯彻落实党的十七届六中全会精神推动文化大发展大繁荣的实施意见》，宣读中央文明委《关于表彰第三批全国文明城市（区）、文明村镇、文明单位的决定》和省委、省政府《关于表彰 2009—2011 年度省级文明城市、文明村镇、文明单位的决定》，并颁奖授牌。

12 月 26 日 厦门经济特区建设 30 周年庆祝大会在厦门举行。中共中央总书记、国家主席、中央军委主席胡锦涛致信祝贺。中共中央政治局常委、中央纪委书记贺国强出席并讲话。

同日 农业部评选出 100 个“中国著名农产品区域公用品牌”，福建省安溪铁观音、度尾文旦柚、德化黑鸡、平和琯溪蜜柚、福鼎白茶、漳州白芽奇兰、福州茉莉花茶、连城地瓜干、永春芦柑 9 个产品入选，福建省是全国获此殊荣产品数量最多的省份。

12 月 30 日　工信部牵头联合福建、广东、浙江 3 省出台《海峡西岸经济区先进制造业发展规划（2011—2015 年）》，明确加强科技创新和技术进步，促进“两化”深度融合，推动节能减排和淘汰落后产能，扶持重点骨干企业发展，推进产业集聚和优化升级等主要任务，力争经过 5 年努力，初步建成具有较强竞争力的全国先进制造业基地，成为我国经济社会发展新的增长极。

12 月 31 日　省政府出台《关于促进科技成果转化和产业化的若干意见》，以加速科技成果转化为现实生产力，推动企业真正成为技术创新的主体，切实增强全省自主创新能力。

本年　全省生产总值 17560.18 亿元，人均地区生产总值 47377 元。全年农林牧渔业总产值 2730.94 亿元，工业总产值 30330.59 亿元。全年进出口总额 1435.22 亿美元，全社会固定资产投资 10119.47 亿元。全年财政总收入 2597.01 亿元。地方级财政一般预算收入 1501.51 亿元，财政支出 2198.18 亿元。金融机构人民币各项存款余额 21055.49 亿元。全年社会消费品零售总额 6276.19 亿元。全年城镇居民人均可支配收入 24907 元，城镇居民人均消费支出 16661 元。农民人均纯收入 8779 元，农村居民食品消费支出 6541 元。

二〇一二年

1月2日 福建省第一条城市快速环形路——福州三环快速路全线通车。公路全长约50公里，总投资约97.6亿元。

1月15日 福建省出台《关于进一步促进台资企业发展的若干意见》，支持台资企业转型升级，加快发展。

1月21日 国务院正式批复设立福建省泉州台商投资区、漳州台商投资区，实行现行国家级经济技术开发区的政策。1月30日，福州台商投资区扩区申报获国务院批准，扩区面积为11.46平方公里。

1月28日 省政府出台《关于进一步促进民营经济发展的意见》，支持民营企业又好又快发展，做大做强。

1月 福建省出台《关于进一步加强农村公共文化服务建设的意见》，提出到2015年，全省县（市、区）、乡（镇）、建制村的公共文化服务设施全面达到国家标准、形成覆盖全省的农村公共文化服务阵地网络。

2月2日 福建省《沿海设区市海洋环保责任目标（2011—2015年)》印发。在全国率先实行沿海设区市海洋环保责任目标考核制度。

2月6日 福建省出台《关于加快推进农业科技创新推广增强农产品供给保障能力提高农村基本公共服务水平的若干意见》。提出进一步加大强农惠农富农政策力度，奋力夺取农业好收成，合力促进农民较快增收，全力推进城乡基本公共服务均等化，努力维护农村社会和谐稳定。

2 月 21 日 省政府与国家知识产权局在福州举行第三次合作会商会议，决定将 2 月 21 日确定为福建省知识产权日。这是全国首个省级知识产权日。

2 月 29 日 全国经济综合竞争力研究中心在京发布《“十一五”期间中国省域经济综合竞争力发展报告》蓝皮书。福建省域经济综合竞争力排名位居全国第 9。其中，政府发展经济竞争力居全国第 1。

3 月 1 日 福建省《公共租赁住房租金管理暂行办法》正式实施。根据该办法，政府投资建设并运营管理的公租房租金实行政府定价，各类企业和其他机构投资建设、运营管理的公租房租金实行政府指导价。

3 月 12 日 两岸直航定期航线客货滚装“中远之星”轮承运装载来自台湾地区 54 件、2626.71 千克的快件集装箱运抵厦门快件监管中心，标志着厦门率先全国开通两岸海上快件运营。

3 月 21 日 省政府常务会议研究通过《深化湄洲湾港口管理体制一体化方案》。同意将原湄洲湾港的 4 个港区、原泉州港的 3 个港区、原莆田港的 1 个港区，合并组成湄洲湾港。科学规划、合理布局、错位发展的沿海三大港口格局正式形成。

同日 《构建福州大都市区、推进福莆宁同城化发展框架协议》在福州签署。根据协议，三市将共同推进与平潭综合实验区互动联动发展，积极争取实验区优惠政策效应辐射到福清江阴、长乐松下和兴化湾等周边地区，进而延伸至莆田湄洲湾、宁德环三都澳区域，涵盖三市，实现借梯登高、借势发展。探索建立协作机制，与平潭综合实验区开展深入合作。

3 月 29 日 省十一届人大常委会第二十九次会议表决通过《福建省促进茶产业发展条例》。条例 6 月 1 日正式施行，这是全国首个关于茶产业发展的地方性法规。

3月30日 全省集中开通一批“数字福建”建设项目。开通的项目有省公安5＋N公共服务平台、省级网上行政执法平台等共14个，集中体现了“统筹整合、深化应用、保障安全”的“数字福建”建设主要特征。

3月 省委决定，从2012年3月至2013年2月在全省开展“下基层、解民忧、办实事、促发展”活动。

4月1日 福建省全面实施《婚姻登记服务规范》。这是福建省民政系统制定的第一个地方性服务标准，也是全国第一个婚姻登记服务地方标准。

4月2日—3日 中共中央政治局常委、国务院总理温家宝到泉州、莆田、福州等地就经济运行情况进行调研。温家宝充分肯定福建近年来经济社会发展取得的成绩。他要求，福建要充分利用自身优势，牢牢把握“稳中求进”的总基调，大力推进海峡西岸经济区建设，促进绿色可持续发展，加快推进产业转型升级，大力促进革命老区加快发展，加快发展海洋经济，推动经济社会又好又快发展。

4月28日 省委九届四次全会在福州召开。全会以无记名投票方式确定了福建省出席党的十八大代表候选人预备人选。6月1日，中国共产党福建省代表会议在福州召开，正式选举产生41名福建省出席党的十八大代表。

同日 全省深化医药卫生体制改革工作会议在福州召开。会议指出，“医保、医药、医疗”是深化医改的主攻方向，要认真贯彻国务院“十二五”医改规划和全国深化医改工作会议精神，力争在重点领域改革上取得突破性进展。

4月 福建基本摸清全省涉台文物资源的情况，共登记不可移动涉台文物1515处，占大陆涉台文物登记总数的80%以上。其中，全国重点文物保护单位50处，省级文物保护单位279处，县（市、区）级文物保护单位490处。

5月2日　省政府出台《关于促进农业机械化和农机工业又好又快发展的实施意见》，提出到2015年和2020年，全省水稻耕种收综合机械化水平应分别达到40%和55%，茶叶、蔬菜、水果、食用菌等重点特色经济作物的关键生产环节及水稻生产全程机械化水平明显提高，农业生产方式进入以机械化作业为主的新阶段。

5月9日　省政府出台《关于统筹推进新一轮“菜篮子”工程建设的实施意见》，提出构建“生产稳定发展、产销衔接顺畅、质量安全可靠、市场波动可控、农民稳定增收、市民得到实惠”的“菜篮子”建设新格局。

5月12日　省政府出台《关于2012年度主要污染物减排工作的意见》，要求加大结构减排力度，坚决淘汰造纸、制革、印染、铁合金、炼铁等重点行业落后产能。

5月15日　福厦漳高速公路漳州段扩建工程建成通车。至此，福厦漳高速公路扩建工程全线建成通车，这是福建省建设的第一条8车道的高速公路。全长270公里，投资额达208亿元。

5月　省委办公厅、省政府办公厅联合下发《关于支持扶贫开发和水土流失治理重点县加快发展七条措施的通知》。具体包括加大财力保障力度、加大项目前期经费和项目建设补助力度等。

5月　省政府下发《关于加快社会养老服务体系建设的意见》，提出“十二五”全省社会养老服务体系建设任务，明确土地供应、税费优惠、医疗服务、政府补贴、金融扶持、资金投入以及监督管理等七大保障措施。

6月16日—22日　第四届海峡论坛举办。中共中央政治局常委、全国政协主席贾庆林出席论坛并致辞。论坛期间，国台办主任王毅代表国家有关部委集中发布八个方面13条对台政策举措。福建省发布6条对台新举措。

6月19日　数字福建·宽带工程在福州启动。提出到“十二五”末，全省光纤到户覆盖家庭达到800万户，全省固定宽带用户规模达到1080万户，建制村通宽带率力争达100%。

同日　中国联通在平潭举行“闽台一卡通”通信产品首发仪式。至此，两岸实现了移动通信互通一个价。

6月21日　第九十次省政府常务会议决定，授予平潭综合实验区在辖区内行使部分省级行政职权，其中省级行政审批项目52项，其他省级行政职权项目44项。

6月27日　省政府印发《关于鼓励外商投资的若干意见》，从优化外资结构、拓宽引资方式、加强要素保障、提升服务水平等方面实行新举措，鼓励外商来闽投资。

6月28日　国务院印发《关于支持赣南等原中央苏区振兴发展的若干意见》，赋予包括福建省原中央苏区在内的一系列特殊扶持政策。

7月1日　福建省居民生活用电实行同价并全面推行阶梯电价制度。

7月27日—8月12日　第30届夏季奥林匹克运动会在英国伦敦举行。福建省体育健儿奋勇拼搏，获得了2金2银3铜的优秀成绩，创造了福建参加历届奥运会人数最多、境外征战成绩最佳、获得奖牌总数最多的历史最好成绩。

8月6日　省委九届五次全体（扩大）会议在福州召开。会议认真学习贯彻胡锦涛总书记在省部级主要领导干部专题研讨班上的重要讲话精神，研究我省贯彻落实全国科技创新大会精神的实施意见，讨论通过省委、省政府《关于深化科技体制改革加快创新体系建设的若干意见》《关于加快海洋经济发展的若干意见》《关于加快旅游产业发展的若干意见》。

8月15日　省政府印发《关于支持和促进海洋经济发展九条措施的通知》。

8月21日　厦门至金门直通光缆建成庆典仪式在厦门举行。这是两岸之间第一条信息“高速公路”，使两岸之间通信能力提高百倍。

8月28日　福州居民赴台湾个人游正式启动。同日，海西11个城市居民赴金马澎地区个人游启动。

8月　省委组织部、省公务员局等单位联合印发《福建省高校毕业生基层培养工作实施方案》，引导鼓励高校毕业生到基层就业创业。

9月8日—11日　第十六届中国国际投资贸易洽谈会在厦门举行。本届投洽会共签订各类投资项目485个，总投资金额270.4亿美元，利用外资218.3亿美元，其中，合同项目355个，总投资金额191.8亿美元，利用外资154.2亿美元，千万美元以上的合同项目263个。

9月24日　国务院批准《福建海峡蓝色经济试验区发展规划》。该规划是继山东、浙江、广东之后，国务院批准的第四个试点省海洋经济发展规划。以此为依据制定的《福建海洋经济发展试点工作方案》也获得了国家发展改革委的批复，福建海洋经济发展上升为国家战略。

9月28日　闽江北水南调（平潭引水）工程和罗源霍口大型水库同时动工。闽江北水南调工程包括“一库一闸三线”和平潭岛内水务项目，投资为93亿元。

同日 莆永高速公路龙岩段建成通车。龙岩在福建省山区市中率先实现“县县通高速”，也是福建省第三个实现“县县通高速”的设区市。10 月 9 日，宁德至武夷山高速公路全线通车，基本形成“二纵四横”高速公路网。11 月 18 日，莆永高速公路莆田段提早半年建成通车。12 月 18 日，松溪至建瓯高速公路建成通车，至此国家高速公路网在我省境内的“两纵四横”主骨架全线建成贯通。

10 月 4 日 载有 160 多名大陆游客的客机从厦门高崎国际机场飞往澎湖，厦门至澎湖包机直航正式启动。此前，大陆居民到澎湖旅游要先坐船到金门中转。

10 月 10 日 《福建省海洋功能区划（2011—2020 年）》获国务院批复。

10 月 17 日 由省民政厅和中国电信福建公司举办的福建社区信息化平台开通仪式在福州举行。2011 年起，福建省在全国率先推出“社区信息化”工程，在全省街道、社区建设并推广“海西智慧社区平台”。

10 月 18 日 中国福州海西引智试验区揭牌。该试验区是国家外专局与地方政府和部门共建的第一个国家级引智试验区，也是全国第二个获国家外专局批准的国家级引智试验区。

10 月 27 日 由厦门大学国家传染病诊断试剂与疫苗工程技术研究中心研制、厦门万泰沧海生物技术有限公司实现产业转化的世界上第一支戊型肝炎疫苗“益可宁”在厦门正式上市。

10 月 省政府、工业和信息化部共同编制的《关于合作推进“数字福建”建设实施方案》印发，“数字福建”升格为国家试点工程。

10 月 省委、省政府印发《关于深化山海协作的八条意见》。从推进山海协作共建产业园区、建立山海产业转移项目的利益共享机制、完善山海对口帮扶制度等方面，提出40条政策措施。

10月 省委办公厅、省政府办公厅联合印发《关于积极推进城镇化发展的十二条措施》的通知。

11月6日 大陆首条横跨台湾海峡的海峡光缆1号工程开工。这是两岸电信运营商共同投建并运营的首条连接大陆与台湾的直达通信电路。2013年1月18日，海峡光缆1号工程竣工。

11月8日—14日 中国共产党第十八次全国代表大会在北京举行。中共中央总书记胡锦涛作《坚定不移沿着中国特色社会主义道路前进，为全面建成小康社会而奋斗》的报告。大会通过关于《中国共产党章程（修正案)》的决议，将科学发展观同马克思列宁主义、毛泽东思想、邓小平理论、“三个代表”重要思想一道确立为党的指导思想。大会选举产生第十八届中央委员会和中央纪律检查委员会。11月15日，中共十八届一中全会召开，选举习近平为中共中央总书记。11月19日，省委发出《关于认真学习宣传贯彻党的十八大精神的通知》，就全省深入学习宣传贯彻党的十八大精神作出部署。

11月12日 福建省出台《关于全面提高高等教育质量的实施意见》，提出适度扩大本科教育规模，支持办学条件优良的高职院校升格为本科院校。同时，健全高校自主录取、破格录取、推荐录取和定向录取等制度，建立多元招生录取机制。

11月16日 省政府办公厅发布《关于进一步完善保障性住房分配政策、加快配租配售步伐的通知》，要求各地实行差别化租金政策，逐步实现廉租房和公共租赁房统筹建设、并轨运行。

11月17日 省政府办公厅转发省发展改革委、卫生厅、财政厅、人社厅等联合制订的《关于进一步完善城乡居民大病保险工作的实施意见》，确定从城镇居民医保基金、新农合基金划出一定比例或额度作为大病保险资金，不再向参保（合）人另行收取大病保险费用。

11月18日 《福建省绿道网总体规划纲要（2012—2020）》出台。

11月21日 福建省委召开全委（扩大）会议，中央政治局委员孙春兰主持会议并讲话。中央决定，孙春兰不再兼任福建省委书记、常委、委员职务，孙春兰兼任天津市委书记。12月19日，福建省召开领导干部大会，传达中共中央决定，尤权任福建省委委员、常委、书记。

11月28日 福建省出台《关于深入推进义务教育均衡发展的意见》，以巩固提高全省九年义务教育水平，深入推进义务教育均衡发展。

11月 福建省实现所有建制村通宽带，农村地区4兆带宽覆盖率97%，建制村光缆通达率99%，农村宽带接入用户数240万户；所有县级市及发达乡镇实现3G信号连续覆盖和深度覆盖。

12月17日 住房和城乡建设部、文化部、财政部三部委公布了全国第一批646个中国传统村落名单，福建省48个村落位列其中，数量与山西省并列全国第3位。

12月19日 福建中科光芯光电科技有限公司总投资4000多万元的半导体“光芯”高端微纳工艺生产线开机。中国光通信产业第一条半导体“光芯”高端微纳工艺生产线建成。

12月20日 省政府办公厅转发省卫生厅等10部门联合制定的《关于推行方便群众就医的若干意见》，明确全省各地卫生机构要全面落实各项惠民便民措施，创新和简化门急诊就诊流程，同时通过建立差别付费机制，引导参保人员到基层医疗卫生机构就诊。

12月21日 国务院正式批准《福建省泉州市金融服务实体经济综合改革试验区总体方案》，并由中国人民银行等十二部委联合发布。泉州市成为继浙江省温州市、广东省珠江三角洲金融改革创新综合试验区之后，第三个国家级金融综合改革试验区。

12 月 27 日　省委九届六次全体（扩大）会议在福州召开。会议要求，全省各级党组织和广大党员要紧密团结在以习近平同志为总书记的党中央周围，深入学习贯彻党的十八大精神，把思想统一到党的十八大精神上来，把智慧和力量凝聚到实现党的十八大确定的目标任务上来，认真落实中央经济工作会议部署，切实做好明年经济社会各项工作，在新的起点上加快福建科学发展跨越发展。

12 月　国家海洋局公布批准建立一批国家级海洋特别保护区和海洋公园。福建的莆田湄洲岛海洋公园、诏安城洲岛海洋公园、宁德福瑶列岛海洋公园、长乐海洋公园上榜。至此，全省共有 5 处国家级海洋公园。

12 月　福建省出台《关于支持福建农民创业园建设的若干意见》，确定首批 9 个省级农民创业园和 10 个省级农民创业示范基地。2013 年 3 月 21 日，首个授牌的省级农民创业园——连江省级农民创业园举行授牌仪式。

本年　全省生产总值 19701.78 亿元。人均地区生产总值 52763 元。全年农林牧渔业完成总产值 3007.18 亿元。公共财政总收入 3008.91 亿元。其中，地方公共财政收入 1776.21 亿元，公共财政支出 2601.08 亿元。全省工业实现增加值 8644.19 亿元。全社会固定资产投资 12709.66 亿元。进出口总额 1559.27 亿美元。全年农民人均纯收入 9967 元，扣除价格因素，实际增长 10.8%。城镇居民人均可支配收入 28055 元，扣除价格因素，实际增长 10.0%。农村居民食品消费支出占消费总支出的比重为 46.0%，城镇为 39.4%。

二〇一三年

1月15日 省教育厅、省发改委、省公安厅、省人社厅联合发布《关于做好进城务工人员随迁子女接受义务教育后在当地参加升学考试工作的实施意见》，提出进一步完善随迁子女在福建参加中考的政策，细化和落实符合条件的随迁子女在福建参加高考和录取的政策。

同日 《福建省2012年食品安全工作状况白皮书》正式发布。这是福建省首次发布食品安全白皮书。

1月18日 省政府和中国联通集团公司在福州签署《"数字福建·智慧城市群"建设合作协议》。

1月23日 省委常委会会议传达学习习近平总书记关于厉行勤俭节约、反对铺张浪费重要批示精神，研究贯彻落实意见。会议强调，要从现在抓起、从各级领导干部做起，以身作则、率先垂范，认真执行党风廉政建设责任制，严格遵守廉洁自律各项规定，严格执行公务接待制度，严格落实各项节约措施，坚决杜绝公款浪费现象。

1月26日—30日 省政协十一届一次会议在福州召开。

1月27日 省政府转发省经贸委制定的《2013年全省工业转型升级专项行动计划》，要求加快推动全省工业以升级淘汰落后、以改造代替关停，促进存量改造、增量优选，加快传统产业改造提升、先进制造业向高端推进、新兴产业倍增发展，进一步增强工业经济的竞争力和发展后劲。

2月1日 省政府印发《关于进一步加强农村金融服务十条措施

的通知》。

同日　三明市对县级以上（包括县级）公立医院实施药品零差率销售改革，取消药品加成，药品由政府集中采购、统一配送。三明市破除公立医院“以药补医”模式的做法开创了本省先河。

2月7日　省政府办公厅印发《福建省2013年—2015年金属非金属矿山整顿关闭工作方案》，提出在3年内关闭金属非金属矿山（含独立生产系统和尾矿库）392座。

2月16日　全国首批12个“国家级海洋生态文明示范区”出炉，福建省的厦门市、晋江市、东山县上榜。

2月21日　《福建省计划生育家庭养老扶助促进行动方案》正式印发，提出“十二五”末基本实现计生家庭优先、优惠、优待政策在社会养老服务体系中全覆盖，为计生家庭率先基本实现“老有所养”创造条件。

3月12日　财政部正式批复平潭对台小额商品交易市场的税收政策，同意对进入平潭对台小额商品交易市场的人员免税。这是继厦门大嶝岛之后国家批准建设的大陆第二个对台小商品免税交易市场。

3月18日　全省首个街道“网格110”——厦门海沧区新阳街道网格化社会服务管理指挥中心正式揭牌投用。这标志着本省社会管理创新又取得了新突破。

4月2日　省卫生厅印发《关于全面开展城市社区全科医生签约服务工作的通知》，要求当年全省所有社区卫生服务中心全面启动全科医生签约服务。

4月10日　长汀县争创国家水土保持生态文明县工作通过水利部组织的专家组评审，成为全省第一个国家水土保持生态文明县。

5月3日　国务院公布第七批全国重点文物保护单位名录。福建省有 52 处，另有 3 处扩展项目上榜。至此，全省共有 137 处全国重点文物保护单位。

5 月 16 日 省委、省政府印发《关于开展“马上就办、办就办好”活动的实施意见》，决定在全省乡镇以上党政机关、中央驻闽机构，以及其他依法承担行政和公共事务管理职能的组织，开展“马上就办、办就办好”活动。

5 月 17 日 闽浙赣皖福州经济协作区第十五次市长联席会议在福州召开。本次联席会议以“共谋科学发展之计，共建区域生态文明”为主题，推动闽浙赣皖福州市经济协作区的大跨度、深层次、全方位发展。

5 月 18 日 第十五届海峡两岸经贸交易会、第十届中国福建商品交易会在福州海峡会展中心开幕。交易会以“传承弘扬‘3820’工程战略精髓，打造国际招商招展平台”为主线，进一步深化大开放理念，扩大国际招商力度，加强海峡两岸商品交易，推动对台交流和互利共赢。

同日 首届海峡两岸（福州）大学生创业创新大赛在福州海峡国际会展中心颁奖。

5 月 21 日 农业部公布全国首批 19 个重要农业文化遗产。本省的福州茉莉花种植与茶文化系统、尤溪联合梯田上榜。

5 月 28 日 厦漳跨海大桥建成通车。大桥全长 9.33 公里，总投资 57 亿元，采用双向六车道高速公路标准建设，设计速度为 100 公里 / 小时。大桥于 2009 年 8 月 5 日开工，2012 年底全线贯通。

5 月 省委出台关于推进领导干部“信访接待下基层、现场办公下基层、调查研究下基层、宣传党的方针政策下基层”工作的意见。领导干部“四下基层”是中共中央总书记习近平在福建宁德工作时大力倡导的工作方法、工作制度。

6月5日 中国政府网公布经国务院审定的21处新建国家级自然保护区，福建省的闽江河口湿地和茫荡山上榜。

6月11日—16日 中共中央政治局常委、全国政协主席俞正声到福州、平潭综合实验区、厦门等地，就对台工作进行调研，强调要紧紧抓住国家支持加快建设海峡西岸经济区的机遇，进一步深化对台经贸交流合作，为促进两岸关系和平发展作出新的更大贡献。

6月16日—21日 第五届海峡论坛举行。中共中央政治局常委、全国政协主席俞正声出席论坛开幕式并致辞。论坛期间，福建省发布7项对台惠民政策措施。

6月30日 全球首个闽侨文化中心——南非闽侨文化中心在约翰内斯堡揭牌。

7月4日 福建省深入开展党的群众路线教育实践活动动员大会在福州召开，拉开了全省教育实践活动的序幕。

7月19日 省政府常务会议研究通过《福建省人民政府关于进一步深化集体林权制度改革的若干意见》。

7月24日 由福建联通承建的省电子政务移动办公云服务平台演示推广会在福州举行。这是全国第一个省级政务办公移动云平台。

7月25日 省十二届人大四次会议通过《关于加快推进平潭综合实验区开放开发的决定》。

7月30日 福建省出台有序推进农业转移人口市民化八条措施，以提高城镇化质量。措施包括放宽落户条件、推进集体土地有序流转、完善社会保险转移接续办法、提高保障房覆盖面、保障随迁子女平等接受教育、推动更高质量就业等。

8月16日 省委九届九次全会在福州召开。会议研究加快省级扶贫开发工作重点县和现代农业发展问题，并对深入开展群众路线教育实践活动，做好今后一个时期的工作提出要求。

8 月 24 日 省委、省政府出台《关于进一步扶持省级扶贫开发工作重点县加快发展的若干意见》。

8 月 26 日 由文化部主办的首届“东亚文化之都”评选终审在国家博物馆举行。泉州市成为我国唯一入选城市。

9 月 1 日 《福建省关于加快推进现代农业发展的若干意见》印发，提出坚持用工业化理念发展农业、用先进适用技术提升农业、用现代经营方式拓展农业，着力推进农业集约化、专业化、组织化和社会化，全面提升农业现代化水平。

9 月 8 日—11 日 第十七届中国国际投资贸易洽谈会在厦门举行。来自全球 118 个国家和地区的 15173 名境外客商参会，共签订投资项目 1386 个，总投资额 4206 亿元。

9 月 24 日 全国绿化委员会、国家林业局授予厦门“国家森林城市”称号。这是我省首个国家森林城市。

10 月 20 日 省委印发《关于省委常委会改进作风的意见》。

10 月 23 日 闽宁互学互助对口协作第十七次联席会议在银川召开。

10 月 26 日 福（州）平（潭）铁路全线开工。

11 月 25 日—26 日 省委九届十次全体（扩大）会议在福州召开。会议审议通过《中共福建省委关于贯彻党的十八届三中全会精神全面深化改革的决定》和《中共福建省委第九届委员会第十次全体会议决议》。

11 月 29 日 省十二届人大六次会议表决通过《福建省机关效能建设工作条例》《福建省专利促进与保护条例》。其中，《福建省机关效能建设工作条例》是国内首次对机关效能建设工作进行立法。

12 月 12 日 福建省地方标准《政府绩效管理规范》通过专家审

定。这标志着福建省政府绩效管理工作走进标准化时代。

12 月 20 日　国务院发文批复漳州高新技术产业园区升级为国家高新技术产业开发区，定名为漳州高新技术产业开发区。

12 月 26 日　《福建省实施〈地方志工作条例〉办法》公布，于 2014 年 2 月 1 日起正式施行。这是本省第一部关于地方志工作的政府规章。

12 月 28 日　两岸货运“黄金通道”——“平潭—台北”航线正式开通。

12 月　福建省首个通用航空产业基地——福州通用航空产业基地正式投入运行。

本年　全省生产总值 21759.64 亿元。公共财政总收入 3428.76 亿元，其中，地方公共财政收入 2118.67 亿元。全社会固定资产投资 15526.87 亿元。外贸进出口总额 1693.5 亿美元。实际利用外商直接投资 66.8 亿美元。社会消费品零售总额增长 14%。城镇居民人均可支配收入 30816 元，首次突破 3 万元大关。农民人均纯收入 11184 元，首次突破万元大关。

二〇一四年

1月1日 省政府印发《关于进一步推动工业稳增长促转型十一条措施的通知》。

1月9日 省政府印发《关于提升交通运输服务八条措施的通知》，要求市、县政府科学编制发展规划，采取加强协调、加大投入等措施，进一步提升交通运输服务水平。1月24日，印发《关于城市优先发展公共交通的实施意见》《关于促进城乡客运一体化发展的实施意见》《关于促进交通物流转型发展的实施意见》，致力于为社会提供更优质的交通运输服务。

1月12日 省政府印发《2014年现代农业发展行动计划实施方案》，提出从粮食产能区建设、做大做强产业龙头、巩固提升园区平台、突出发展设施农业等8个方面重点突破，全面提升农业现代化水平。

1月19日 福建省出台《宜居环境建设行动计划》，提出进一步推动“点线面”攻坚和美丽乡村建设，用5年时间在全省打造若干条10公里以上特色景观带（廊道），创建一批宜居环境建设示范县（市），全面完成“六江两溪”流域和旅游景区面源污染治理，全面改善全省城乡环境面貌和质量。

1月23日 省委、省政府确定2014年为民办21项实事，包括提高城乡居民社会养老保险基础养老金、提高农村居民最低生活保障标准等。

1月24日 全省深入开展党的群众路线教育实践活动第一批总结暨第二批部署会议在福州召开。10月14日，全省党的群众路线教育实践活动总结大会在福州召开。

同日 “新三板”全面扩容后吸纳的首批285家企业在北京集体举行挂牌仪式，福建省8家企业搭上首班车，进入全国中小企业股份转让系统。

1月25日 省政府办公厅印发《城乡基础设施提升行动计划实施方案（2014—2015年)》，提出围绕改善交通、能源、市政、水利、信息、环保等城乡基础设施薄弱环节，加快构建适度超前、功能配套、管理科学、安全高效的现代化城乡基础设施体系。

1月28日 省委制定出台《中共福建省委常委会重大决策征求意见制度》和《中共福建省委常委会定期听取和研究解决干部群众反映的突出问题制度》。

1月 省政府教育督导办发出通知，确认诏安、松溪、政和3个县为省高水平高质量普及九年义务教育县。至此，全省县（市、区）全面实现“双高普九”目标，比原定规划提前2年。

2月19日 住建部、国家文物局公布了第六批中国历史文化名镇（村）名单，福建省有6个镇和13个村入选。

2月24日 省纪委正式出台《任职廉政谈话制度实施办法》等5项制度。

2月26日 省委常委会会议决定成立福建省全面深化改革领导小组，尤权任组长。

2月 国务院正式批复同意平潭港口岸对外开放。

2月 《2014年全省重点领域（农业部分）改革实施方案》正式印发。提出以构建立体式复合型现代农业经营体系为主线，以农户家庭经营为基础、合作与联合为纽带、社会化服务为支撑，通过培育新型农业经营主体，引导农村土地承包经营权向农民合作社、家庭农场和农业龙头企业流转。

3 月 5 日 福建省在全国率先出台《关于加强中小学教师专业技术职务聘后管理的意见》，首次对中小学教师各层级职务聘后履职岗位责任提出定性与定量要求。

3 月 10 日 国务院印发《关于支持福建省深入实施生态省战略加快生态文明先行示范区建设的若干意见》。福建省成为党的十八大以来，国务院确定的全国第一个生态文明先行示范区。此后，省委、省政府出台《贯彻落实〈国务院关于支持福建省深入实施生态省战略加快生态文明先行示范区建设的若干意见〉的实施意见》。

3 月 11 日 国务院批复《赣闽粤原中央苏区振兴发展规划》。福建省 41 个县（市、区）入围。省委、省政府出台《关于贯彻落实〈赣闽粤原中央苏区振兴发展规划〉的实施意见》，从加快构建现代产业体系、加快完善基础设施、加强生态环保等 8 个方面做出具体部署。

3 月 19 日 省委召开常委会（扩大）会议，传达贯彻习近平总书记对福建工作的重要指示精神，研究部署进一步加快福建科学发展跨越发展。会议决定，要抓住难得机遇，坚定信心、扬长避短，努力把中央支持和区位、对台、生态、港口、民营经济、改革开放等优势充分发挥出来，推动全省发展再上一个新台阶。

3 月 29 日 省十二届人大八次会议表决通过关于修改《福建省人口与计划生育条例》的决定，“单独两孩”新政自条例公布之日起启动，审批时限为 15 个工作日。

同日 省委、省政府、省军区制定出台《关于大力推进福建军民融合深度发展的决定》。这是党的十八大后全国省级单位出台的首份全面推进军民融合深度发展的法规性文件。2015 年 4 月，《福建推进军民融合深度发展规划纲要（2015—2020 年）》正式印发。

3 月　国家发改委批复同意将泉州市和莆田市列为国家发改委民营经济综合改革试点地区，原则同意《福建省泉州莆田民营经济综合改革试点总体方案》。

4 月 1 日　即日起，福建省居民申请普通护照、往来港澳通行证和签注、往来台湾通行证和签注三类出入境证件，申请表简化合并为中国公民出入境证件申请表。

4 月 9 日　福建省企业与企业家联合会等 9 家涉企组织向全省企业与企业家发出《弘扬敢为天下先精神　勇当改革发展排头兵——致全省企业与企业家的倡议信》，倡导广大企业与企业家进一步发挥顶梁柱、生力军的作用，解放思想，乘势而上，矢志改革，再创佳绩。

4 月 10 日　省政府出台《关于数字福建智慧城市建设的指导意见》。这是全国率先出台的省级智慧城市建设指导意见。

4 月　《法治福建建设纲要（2014—2020 年）》出台，提出到 2020 年，把全省建成立法更加科学、执法严格高效、司法公正权威、全民守法意识有效提升的法治省份。

5 月 12 日　省委办公厅、省政府办公厅印发《关于进一步规范经营性房地产用地出让工作的意见》，规定经营性房地产用地应主要采取招标或拍卖方式出让，同时禁止违规设定前置条件，限制挂牌出让和“毛地”出让。同月，“福建省土地使用权出让管理系统”（内网办公）开通试运行，并于 2015 年 1 月 1 日起在全省全面运行。福建在全国率先实现土地使用权出让网上公开。

5 月 15 日　省委、省政府印发《福建省新型城镇化规划（2014—

2020年)》，提出走具有福建特色的以人为本、优化布局、生态文明、文化传承的新型城镇化道路，实现“百姓富、生态美”有机统一。

5月16日 厦门国际物联网博览会开幕。这是本省首次举办以物联网为主题的博览会。

5月20日 长泰、南靖、德化、永春、泰宁等五县获环保部授予的“国家生态文明建设示范区”称号。

5月20日—25日 中央媒体聚焦“中国扶贫第一村”——福建省福鼎市磻溪镇赤溪村。《人民日报》刊发通讯《下山溪村下山记》，新华社播发通讯《福建宁德：扶贫扶智更扶志 弱鸟要先飞》。在党的扶贫政策支持下，被称为“中国扶贫第一村”的赤溪村经过数十年的精准扶贫，全村农民人均纯收入从166元增加到16640元，从一个远近闻名的贫困村发展成为小康村。

5月28日 省政府出台《关于进一步加快电子商务发展的若干意见》，加大对引进电子商务行业龙头企业的扶持力度，培育壮大企业规模。

6月5日 省政府印发《关于进一步加强重要流域保护管理切实保障水安全的若干意见》。首次提出河道岸线、河岸生态、饮用水水源地、地下水警戒保护蓝线制度。

6月14日—20日 第六届海峡论坛举办。中共中央政治局常委、全国政协主席俞正声出席论坛并致辞。论坛新增“两岸民生交流活动”，新增两岸青少年新媒体文创论坛和海峡茶会等活动，首次邀请台湾民间四大公益社团组织参与，东山、金门、澎湖“三岛论坛”首次纳入海峡论坛活动。

6月17日—21日 第十二届中国·海峡项目成果交易会在福州举行。共有来自64个国家和地区近400家高校院所的3000多名专家参会，2100 多家企业参展。

6 月 20 日 《福建省县级公立医院综合改革实施方案》实施。2014 年 9 月 1 日起，全省试点县公立医院将全部实行药品零差率。

7 月 1 日 厦门大学马来西亚分校奠基典礼在马来西亚雪兰莪州雪邦举行。厦大马来西亚分校是我国公立大学在海外设立的第一所分校。

7 月 7 日 海关总署正式批准设立平潭海关。15 日，平潭综合实验区正式封关运作，国家赋予平潭的各项优惠政策全面落地。

7 月 17 日—19 日 中共中央政治局常委、国务院副总理张高丽深入泉州、厦门、平潭、福州等地调研。他强调要认真贯彻落实党中央、国务院的决策部署，抓住机遇，科学规划，重在落实，扎实推进“一带一路”建设，在新阶段推动福建改革开放科学发展。

7 月 19 日 省委办公厅印发《关于培育和践行社会主义核心价值观的实施意见》的通知。提出要推动社会主义核心价值观融入人们生产生活和精神世界，激励全省人民为推进福建科学发展跨越发展，实现“百姓富、生态美”有机统一，全面建成小康社会而努力奋斗。

7 月 27 日 省委、省政府出台《关于深化对台交流合作推动平潭科学发展跨越发展的意见》，对新阶段平潭开放开发进行全面部署。

7 月 28 日 合福高铁闽赣段贯通。铁路从安徽省合肥市到福州。闽赣段全长 466.8 公里，允许时速 300 公里。2015 年 6 月 28 日，合福高铁开通运营。

7 月 31 日 中共中央总书记、国家主席、中央军委主席习近平来到福建，亲切看望慰问部队官兵和双拥模范代表。他强调，面对新的形势任务，各级要深入贯彻强军目标，扎实推进部队建设、改革和军事斗争准备，增强履行使命能力，坚决完成党和人民赋予的各项任务。8 月 1 日，省委召开常委会会议，学习习近平总书记来闽看望慰问部队官兵和双拥模范代表时的重要指示精神。

同日 省政府出台关于加快远洋渔业发展 6 条措施，提出力争到 2017 年，全省远洋渔船规模达 700 艘，远洋捕捞产量达 60 万吨，产值 80 亿元；培育产值亿元以上远洋渔业龙头企业 10 家，建成 15 个境内外远洋渔业基地。

8 月 8 日 福建省出台《关于促进房地产市场平稳健康发展的若干意见》，加强和改善房地产市场调控，确保房地产市场平稳健康发展。

8 月 省政府印发《福建省河长制实施方案》，要求 2014 年底前在全省全面推行河长制。

9 月 4 日 省政府出台《关于完善城乡居民基本养老保险制度的实施意见》，进一步完善城乡居民养老保险一体化政策。

9 月 8 日 福州海关、福建出入境检验检疫局、厦门海关、厦门出入境检验检疫局决定，即日起全面实施通关单无纸化，覆盖福建所有口岸进出境法定检验检疫货物。

9 月 8 日—11 日 第十八届中国国际投资贸易洽谈会在厦门举行。投洽会期间，共有来自 126 个国家和地区的 670 个团组、15685 名境外客商参会，共签订各类投资项目 1455 个，总投资金额 4639 亿元，其中，利用外资 2200 亿元，对外投资 236 亿元，区域合作 2203 亿元。

9 月 9 日 省政府发布《关于加快新能源汽车推广应用八条措施的通知》，从加大财税支持力度、加大公共领域推广力度、加快推进充换电设施建设等八方面推动推广应用工作。

9 月 15 日 省委九届十一次全会在福州召开。会议讨论了《关于进一步加快福建科学发展跨越发展的行动计划》《贯彻落实〈国务院关于支持福建省深入实施生态省战略加快生态文明先行示范区建设的若干意见〉的实施意见》，审议通过了会议决议。会上，55 位省直单位主要领导向省委委员、候补委员述职述廉，接受民主测评。

9 月 17 日 在省政府召开的全省推广政府和社会资本合作（PPP）试点工作视频会议上，省财政厅、省发改委联合发布 28 个项目，总投资 1479 亿元，推荐开展政府和社会资本合作试点。2015 年 5 月 11 日，省政府办公厅印发《关于推广政府和社会资本合作（PPP）试点扶持政策的意见》，加快推进 PPP 试点工作。

9 月 20 日 《永春县美丽乡村建设规范》正式发布实施。这是本省首个县域美丽乡村建设规范。

9 月 26 日 2014 年度“宽带中国”示范城市（城市群）39 个城市名单正式公布。福建的福州市（含平潭）、厦门市和泉州市入列。

同日 全省医改工作推进会在福州召开。会议要求以列入国家深化医改试点省为契机，围绕“保基本、强基层、建机制”总体要求，合理配置医疗资源，全面推进公立医院综合改革，统筹抓好各项配套改革，加快推进社会资本办医，加强卫生人才队伍建设，满足人民群众多样化的医疗服务需求。

9 月 27 日 福建省首笔排污权交易在海峡股权交易中心落槌。同年 5 月，省政府印发《关于推进排污权有偿使用和交易工作的意见（试行）》，正式启动试点工作，2017 年全面推行。

9 月 28 日 首届海峡两岸联合祭孔大典在福州举行。

9 月 29 日 省委办公厅、省政府办公厅印发《关于厉行节约反对食品浪费的实施意见》的通知，提出从杜绝公务活动用餐浪费、推进单位食堂节俭用餐、推行科学文明餐饮消费模式等八个方面，深入推进厉行节约反对食品浪费工作，加快生态文明先行示范区建设。

同日　全省新型城镇化工作晋江现场会召开。会议总结推广晋江等地新型城镇化工作经验，以推动全省中小城市和城镇改革发展取得更大进展。会议期间印发《关于促进中小城市和城镇改革发展的若干意见》。

9月　商务部、国家统计局、国家外汇管理局联合发布《2013年度中国对外直接投资统计公报》，福建省2013年对外直接投资主要指标均进入全国十强。

10月30日—11月2日　全军政治工作会议在福建省上杭县古田镇召开。中共中央总书记、国家主席、中央军委主席习近平出席会议并发表重要讲话。习近平指出，军队政治工作的时代主题是，紧紧围绕实现中华民族伟大复兴的中国梦，为实现党在新形势下的强军目标提供坚强政治保证。全军必须坚持以马克思列宁主义、毛泽东思想、邓小平理论、“三个代表”重要思想、科学发展观为指导，贯彻党中央关于全面推进依法治国和从严治党的部署要求，贯彻依法治军、从严治军方针，紧紧围绕我军政治工作的时代主题，加强和改进新形势下我军政治工作，充分发挥政治工作对强军兴军的生命线作用。

10月31日　由国务院扶贫办实施的福建、甘肃、宁夏三省（区）“雨露计划”贫困村创业致富带头人培训试点工作，在南安梅山镇蓉中村启动。试点工作期限为一年，依托南安市蓉中村培训甘肃和宁夏两地共400名创业致富带头人。

11月1日—2日　中共中央总书记、国家主席、中央军委主席习近平深入福州市和平潭综合实验区考察指导工作。实地了解经济社会发展情况，看望慰问干部群众和在闽投资兴业的台商。习近平强调，要协调推进建成小康社会、全面深化改革、全面推进依法治国进程，培育发展动力，激发社会活力，凝聚社会合力，把优势和潜力充分发挥出来，保持经济社会发展良好势头，不断取得新成效、实现新突破。11月3日，省委常委会（扩大）会议传达学习习近平总书记来闽考察重要讲话精神。会后下发《中共福建省委关于认真学习贯彻习近平总书记在福建考察工作时的重要讲话精神的通知》。

11月5日 福建省行政审批制度改革工作小组办公室下发关于公布省发改委行政权力清单的通知。这是本省公布的首份政府部门权力清单。

11月19日 中国社科院发布《"十二五"中期中国省域环境竞争力发展报告》绿皮书。2010年至2012年，福建省域环境竞争力排名在全国一直保持在第六位，处于领先地位。

11月26日 由文化部、福建省政府主办的海上丝绸之路国际艺术节在泉州开幕。泉州、福州、漳州、广州、北海、蓬莱、扬州、宁波、南京等9个城市代表签署了《泉州共识》，决定整合、捆绑9座名城海丝资源，联合申报海上丝绸之路为世界文化遗产。

11月28日 省扶贫基金会、扶贫开发协会第四届理事（会员）大会在福州召开。会议提出，要在新起点上实现福建科学发展跨越发展，完成每年5万户20万人口减贫任务，帮助93.8万贫困人口到2018年全面脱贫，需要凝聚全社会的扶贫热情、智慧和力量。

11月30日 省委、省政府出台《关于进一步推进国土资源节约集约利用的意见》。这是全国第一份以省委、省政府名义出台的节约集约利用国土资源的意见。

12月2日 闽宁互学互助对口协作第十八次联席会议在福州举行。

12月5日 福建西藏林芝合作项目签约仪式在厦门举行。福建省向林芝捐赠3770万元对口援助资金，来自厦门、浙江、上海等地的企业代表与林芝党政代表团现场签约，项目投资总额达5.97亿元。

12月12日 国务院召开常务会议，部署推广上海自贸试验区试点经验。会议要求，依托现有新区、园区，在广东、天津、福建特定区域再设三个自由贸易园区，以上海自贸试验区试点内容为主体，结合地方特点，充实新的试点内容。

12月19日 省委九届十二次全会在福州召开。会议深入贯彻落实习近平总书记来闽考察重要讲话精神和党的十八届四中全会精神，进一步动员全省广大党员和干部群众抓住机遇、振奋精神、锐意进取，努力开创福建科学发展跨越发展新局面。会议讨论了《中共福建省委、福建省人民政府关于深入贯彻落实习近平总书记来闽考察重要讲话精神的意见》稿和《中共福建省委关于贯彻党的十八届四中全会精神全面推进依法治省的实施意见》稿等。

12月22日 《人民日报》以整版篇幅发表《积极探索中小城市新型城镇化之路——福建省晋江市推进新型城镇化的经验与启示》的文章。

12月26日 福建首个特高压交流输变电工程正式投运。该工程是华东特高压交流主网架的重要组成部分，也是福建电网电压从500千伏向1000千伏跨越升级的标志。该工程于2013年4月启动建设。

12月28日 十二届全国人大常委会第十二次会议决定：授权国务院在中国（福建）等4个自由贸易试验区扩展区域内，暂时调整《中华人民共和国外资企业法》《中华人民共和国中外合资经营企业法》《中华人民共和国中外合作经营企业法》和《中华人民共和国台湾同胞投资保护法》规定的有关行政审批。中国（福建）自由贸易试验区涵盖平潭片区、厦门片区和福州片区。同月，中国（福建）自由贸易试验区四至范围公布。

12 月 29 日 福建省网上办事大厅开通试运行。首批进驻大厅的事项共 21665 项，其中行政审批 12911 项，公共服务 8754 项。

12 月 30 日 省自贸试验区推进工作领导小组第一次会议召开，研究部署推进自贸试验区建设工作。

同日 《福建省加快推进宅基地和集体建设用地使用权确权登记发证工作实施方案》印发，要求各地争取在 2020 年 6 月底前基本完成辖区范围内的农村地籍和房屋调查，建立城乡一体的地籍数据库，并依法对符合条件的宅基地、集体建设用地使用权确权登记发证。

本年 福建加强对 23 个省级扶贫开发工作重点县的挂钩帮扶，沿海县市与挂钩帮扶山区县累计建成共建产业园区 17 个。实施第四轮整村推进扶贫开发，全省新选派 2349 名党员干部到 2000 多个扶贫开发重点村驻村任职。继续实施造福工程危房改造，全年搬迁安置 50152 户 21.5 万人，新建 100 个百户以上省级造福工程集中安置区。强化落实精准扶贫措施，93.8 万扶贫开发对象实现精准识别。安排 5000 万元为 3 万多贫困农户提供贴息贷款，19 个小额信贷担保试点县筹措风险担保金 1.2 亿元，为 2 万多贫困农户提供贷款担保。

本年 全省生产总值 24055.76 亿元。公共财政总收入 3828 亿元，按总人口计算的人均财政收入达 10140 元，成为全国第 9 个突破万元的省份。地方公共财政收入 2362.29 亿元。全社会固定资产投资 18449.48 亿元。全省民间投资 10731.3 亿元，首破 1 万亿元。外贸出口 1134.6 亿美元，增长 6.6%。实际利用外商直接投资 71.1 亿美元。社会消费品零售总额增长 12.9%。城镇居民人均可支配收入 30722 元。农民人均可支配收入 12650 元。

二〇一五年

1月1日　省政府办公厅印发《关于进一步扶持小微企业加快发展七条措施的通知》。

同日　即日起福建省全面调整排污费征收标准，实行差别化收费政策，倒逼企业减排。

1月28日《福建省重点流域生态补偿办法》印发，规定对跨设区市的闽江、九龙江、鳌江3个流域实行生态补偿办法。

1月　国家卫计委公布全国首批4个综合医改试点，福建名列其中。2月26日，全省深化医药卫生体制改革试点工作会议在福州召开。2016年7月12日，福建省受国家卫计委邀请，向全国介绍医改经验。

2月3日　福建省出台《关于城乡居民基本医保政策一体化的实施意见》，提出2015年实现城乡居民基本医保设区市统筹。

2月13日　莆田对湄洲湾北岸经济开发区内一处海域实施海域使用权拍卖出让。这是本省首次对已收储海域实施填海造地性质的海域使用权招拍挂出让，也是莆田被列为福建海域海岛收储试点市后取得的一大改革突破。

2月17日　省政府出台《关于促进科技服务业发展八条措施》，重点突出加快推进科技服务业发展，加快科技成果转移转化，提升企业创新能力和竞争力。

2月28日　泉州市、漳州市和三明市当选第四届全国文明城市。至此，福建省已有5个全国文明城市。

3月4日 省海洋与渔业厅公布的数据显示，2014年全省水产品产量达698万吨，首次超过全省粮食产量，远洋渔业综合经济实力位居全国第1位。

3月9日 省政府出台《加快互联网经济发展十条措施》，提出到2020年，培育一批知名互联网龙头企业，互联网经济总规模超过4000亿元。

3月10日 《福建省社会信用体系建设规划（2015—2020年）》正式发布。这是本省社会信用体系建设首个较为系统、完整的规划。

3月17日 国家发展改革委批复全国61个地区开展全国中小城市综合改革试点，福建省的三明市、石狮市入选。

3月23日 《福建省2015年深化医药卫生体制改革工作要点》印发，规定全省所有城市公立医院都将实施药品、耗材零差率，彻底破除“以药补医”机制。

3月24日 福建自由贸易试验区总体方案通过中共中央政治局会议审议。4月8日，国务院印发通知，批准《中国（福建）自由贸易试验区总体方案》。4月21日，中国（福建）自由贸易试验区挂牌仪式在福州举行。

3月 省委、省政府出台《关于全面推进农村改革加快特色现代农业发展的若干意见》。

4月3日 住房和城乡建设部、国家文物局公布首批30个中国历史文化街区。福州市三坊七巷、泉州市中山路、厦门市鼓浪屿、漳州市台湾路—香港路等4个历史文化街区入选。

4月8日 国务院印发《中国（福建）自由贸易试验区总体方案》，明确提出平潭重点建设两岸共同家园和国际旅游岛。12月3日，平潭举行国际旅游岛建设启动仪式。

4月11日 《福建省信息通信业科学发展跨越发展行动实施方案（2015—2020年）》印发，提出全力打造信息通信强省的目标任务和政策措施。

4月14日 泉州跨境电商通关试点首单正式启动。

4月15日 《福建平潭与台湾地区间道路货物运输暂行管理办法》出台。4月16日，“台车入闽”正式启动。5月19日，7辆台湾轿车搭乘“丽娜轮”开进平潭。此后，台胞可驾驶自有车辆，通过平潭口岸在福建省内行驶。

同日 龙岩、海口正式成为第五批大陆居民赴台个人游试点城市。这是继厦门、福州（含平潭）、泉州、漳州后本省开放的第五个赴台个人游试点城市。

4月22日—24日 中共中央政治局常委、国务院总理李克强到厦门、泉州、福州考察。李克强充分肯定福建省经济社会发展取得的成绩，希望福建按照“四个全面”战略布局要求，发挥沿海近台的区位优势，抓住自贸区建设的历史机遇，在新一轮改革开放中异军突起，推动科学发展，惠及广大人民。

4月29日 国家工商总局出台12条意见支持福建自贸试验区建设。5月4日，海关总署出台25项措施支持中国（福建）自贸试验区建设发展。

4月 省委、省政府印发《关于进一步加快数字福建建设的若干意见》，提出数字福建2020年发展的总体目标为：智慧化应用体系基本建成，信息化继续保持领先，基本实现数字化、网络化、可视化、智慧化，进一步增强服务经济社会发展的作用。

4月 厦门市入选首批国家“海绵城市”建设试点。

5月1日 海关总署决定即日起启动“泛珠”通关一体化改革，

范围覆盖福建、广东、广西、海南 4 省（区）。四省（区）的 11 个海关间实现无障碍通关。

5 月 4 日 即日起，福建自贸试验区福州、厦门、平潭三大片区正式试点实施“一照一码”登记制度改革，在自贸试验区内登记的法人和其他社会组织，可领到使用统一社会信用代码的营业执照。

5 月 7 日 我国自主三代核电技术“华龙一号”首个示范工程——中核集团福清核电 5 号机组开工建设。2017 年 5 月 25 日，中核集团福清核电 5 号机组穹顶吊装成功，标志着该机组已全面进入设备安装阶段。

5 月 8 日 国家卫计委、财政部、国务院医改办印发《关于确定第三批公立医院改革国家联系试点城市及有关工作的通知》，确定 66 个第三批公立医院改革国家联系试点城市。我省福州、莆田、泉州、漳州、南平、龙岩、宁德等 7 个设区市被列入试点范围。此前，厦门、三明两市已分别于 2010 年和 2014 年被列入第一批、第二批试点城市。福建省成为国家综合医改试点省份之一。

5 月 12 日 全省“三严三实”专题教育工作座谈会在榕召开。同月，省委办公厅印发《关于在全省县处级以上领导干部中开展“三严三实”专题教育实施方案》，对 2015 年在全省县处级以上领导干部中开展“三严三实”专题教育作出安排。

5 月 12 日—21 日 首届 21 世纪海上丝绸之路博览会暨第十七届海峡两岸经贸交易会在福州举行。主题为“开放合作、互利共赢，开创 21 世纪海上丝绸之路新愿景”。共签约重点项目 59 项、总投资 814 亿元。49 个国家和地区的 1850 家企业赴会，实现了海丝沿线主要国家和地区全覆盖。

5 月 23 日 数字福建云计算中心一期（土建）工程在数字福建

（长乐）产业园开建。福建省是全国最早集中建设云计算中心的省份。

5月　省委办公厅、省政府办公厅印发《关于传承和弘扬福建戏曲的若干意见》。由省级两办联合印发传承和弘扬地方戏曲意见，这在全国属首例。

6月4日　省政府下发《关于推进林业改革发展加快生态文明先行示范区建设九条措施的通知》。

同日　福建省产业股权投资基金正式设立，首期规模为100亿元。这是福建省改革投融资体制和财政资金分配方式的一次探索。

6月6日—8日　中共中央政治局常委、中央书记处书记刘云山先后到漳州、福州、平潭综合实验区，就“三严三实”专题教育进行调研。

6月8日　国家发展改革委宣布，我国已选定北京、吉林、黑龙江、浙江、福建、湖北、湖南、云南、青海等9省市开展国家公园体制试点，试点时间为3年。

6月13日—19日　第七届海峡论坛举行。中共中央政治局常委、全国政协主席俞正声出席并致辞，宣布将对台湾居民来往大陆免予签注，适时实行卡式台胞证等两岸民众交流往来新举措。此次论坛把青年和基层作为论坛活动的重点，着重突出两岸青年和基层间的交流。

6月16日　全国自贸试验区首创的厦门两岸青年创业创新创客基地在厦门服务外包产业园正式挂牌，为海峡两岸有梦想的青年创业者们提供一个创业乐园。

6月17日—21日　第十三届中国·海峡项目成果交易会在福州举行。由福建省政府联合国家有关部委共同主办。2300多家企业参展。对接合同项目2515项，总投资567亿元。

6月18日　全省推进阳光信访电视电话会议召开。会议强调，要把阳光信访作为推进信访制度改革和信访工作法治化的重要抓手，不断提高信访工作能力和水平。

6月19日 教育部批复福建省、安徽省、湖南省、广东省、重庆市、四川省、陕西省，同意七省（市）从2016年起普通高校招生统一考试使用全国卷。

6月25日 省政府出台关于进一步扩大有效投资的若干意见，提出在抓好重大基础设施、重大产业和技术改造、民生社会事业项目基础上，进一步加大7个重点领域投资力度。

6月30日 《福建省工程建设项目招标事项核准实施办法》印发，福建率先全面放开民营工程建设项目招投标管理。

同日 截至当日，全省共有98家公司在境内沪深两大交易所上市，规模居全国第8位，总市值16336.98亿元，居全国第7位。全省共计74家企业在新三板挂牌，挂牌企业总股本24.18亿股，其中可交易的股份数量6.35亿股，挂牌企业总市值159.03亿元。

6月 福建省出台《关于控制公立医院医药费用过快增长实施意见》，明确公立医院控费考核评价主要指标。7月，本省全面实施药品（耗材）“零差率”。全省医疗服务价格调整、医保支付、财政补助等政策同步出台、同步实施。出台《关于完善公立医疗机构药品集中采购工作的若干意见》《完善公立医院内部运行管理机制指导意见》，进一步加强公立医院控费力度。2016年1月，出台《福建省医保药品支付标准实施办法》，以新一轮药品集中采购价作为医保药品支付标准，引导医疗机构控制成本和合理用药。

7月7日 经省政府批准，省发改委印发《福清市产港城联动推进新型城镇化试点方案》《长乐市推进港城联动、产城融合建设滨海生态城市试点方案》，推动两地新型城镇化建设，为全省新型城镇化发展及工业发达地区中小城市新型城镇化探索经验，提供示范。

7 月 8 日　全省第一本不动产产权证书在福鼎市不动产登记局服务窗口颁发，不动产统一登记制度在福建正式展开。

同日　省政府出台加快发展智能制造九条措施，进一步加快创新转型、实施《中国制造 2025》，打造产业升级版。

7 月 13 日　省委九届十四次全会在福州召开。全会研究部署今后一个时期福建产业转型升级工作，加快打造福建产业升级版，更好地推动科学发展跨越发展。全会讨论了《关于进一步加快产业转型升级的若干意见》稿和《福建省实施〈中国制造 2025〉行动计划》稿，审议通过全会决议。

7 月 15 日　《福建省永久基本农田划定工作方案》印发，进一步强化耕地尤其是基本农田保护。

7 月 20 日　省委、省政府印发《关于进一步加快产业转型升级的若干意见》，提出通过创新转型，到 2020 年优势产业集群快速成长，主导产业运行质量持续提高，传统特色产业全面提升，新兴产业和新兴业态先导作用日益突出，产业转型升级取得明显成效。

7 月 23 日　省教育厅发布深化本省高校创新创业教育改革十六条措施，以进一步深化高校创新创业教育改革，推动大众创业、万众创新。

7 月 26 日　厦航开通厦门—阿姆斯特丹航线。这是厦航历史上首条洲际航线，也是福建省的航空公司开通的首条洲际航线。

7 月 28 日　福建省实施《中国制造 2025》行动计划印发，提出到 2020 年基本实现工业化，向制造大省迈进。

7 月　省政府出台十条措施，大力推进大众创业、万众创新，打造福建经济增长新引擎、增强发展新动力。

7 月　省政府下发《关于促进慈善事业健康发展的意见》，提出到2020年，培育一批管理规范、运作专业、富有活力的慈善组织，建立一套募用分离、高效顺畅、公开透明的运行机制等，使慈善事业成为全面建成小康社会的重要力量。

7月　省政府办公厅印发《关于加快电子商务发展九条措施的通知》，为打造闽货自营电商平台等注入动力，推动电子商务加快发展。

7月　国家旅游局公布全国15家景区晋升为AAAAA级景区，福建三坊七巷在列。至此，福建省共有8家AAAAA级景区。

7月　至本月，全省共有中国历史文化名城4个、省级历史文化名城4个，中国历史文化街区4个、省级历史文化街区9个，中国历史文化名镇名村42个、省级历史文化名镇名村43个，中国传统村落125个，名镇名村及传统村落数量位居全国前列，初步形成了本省历史文化资源体系。

8月2日　厦门通过环保部组织的国家生态市考核验收，成为本省首个通过验收的城市、全国第二个通过验收的副省级城市。

8月5日　即日起，福建省外居民可以在福州办理赴马祖、在厦门办理赴金门和澎湖、在泉州办理赴金门旅游事宜。这是福建对台旅游先行先试的又一举措。

8月11日　福建省出台《关于加快推进社会办医的若干意见》，提出放宽准入范围、提升服务能力等29条措施促进社会办医。12月，出台《福建省公立医院支援社会办医指导意见》，要求公立医院应重点对口支援社会资本举办非营利性的基本医疗医院、紧缺专科医院、康复与护理医院。鼓励和支持社会资本举办大型综合医院、连锁医院、集团医院。2016年，出台《福建省属公立医院与社会资本合作办医实施方案（试行）》，积极开展闽台医疗产业对接交流活动。

8月16日　平潭综合实验区创业合作对接会举行。来自海内外的近500位企业家相聚平潭，共享商机、共谋发展。共签约合作项目76个，总投资1736亿元。

8月19日 两岸百校大学生创新创业联盟在厦门正式成立。

8月21日 省政府常务会议研究通过《福建省建设21世纪海上丝绸之路核心区实施方案》。

8月22日 福建省印发《关于进一步做好新形势下就业创业工作十五条措施》。

8月24日 福建省国际贸易单一窗口在福建自贸试验区上线试运行，提前完成国务院关于在2015年底前全国沿海口岸全面实现单一窗口的任务目标，成为继上海、天津之后又一个建成国际贸易单一窗口并上线试运行的省份。

8月30日 国务院正式批复同意设立福州新区。福州新区由此成为全国第14个、福建省首个国家级新区。9月13日，国家发改委正式公布《福州新区总体方案》。

9月1日 《福建省乡村旅游扶贫工程实施方案（2016—2020年）》印发，提出5年内在全省建档立卡贫困村中选取约250个省级旅游扶贫开发重点村，每年扶持约50个重点村，充分发挥旅游业的综合带动作用，将其打造成具有一定知名度的乡村旅游特色村，加快贫困村群众脱贫致富步伐。

9月2日 全省深化精准扶贫工作会在福州召开。会议强调，深化精准扶贫，是全社会的共同责任，更重要的是各级党委、政府要落实领导责任，把扶贫开发列入重要议事日程、摆在更加突出位置。要强化资金保障，夯实基层基础，狠抓责任落实和体制机制创新，更好地把“帮”和“促”结合起来，努力打好扶贫开发攻坚战。

9月6日 全省司法体制改革试点工作动员部署会在福州召开，

本省司法体制改革试点工作正式启动。

9月8日—11日 2015厦门国际投资贸易洽谈会在厦门举行。从2015年起，中国国际投资贸易洽谈会实行双数年两年一办，单数年举办厦门国际投资贸易洽谈会。来自105个国家（地区）近10万名境内外客商、4000多家企业参加厦洽会。大会突出“一带一路”元素，30多个“一带一路”沿线国家和地区参展参会，共签订各类投资项目1571个，总投资金额5103亿元。

9月18日 来自欧洲波兰罗兹，装载597.4吨欧洲进口货物的“厦蓉欧”进口班列抵达厦门海沧口岸。这是全国首趟直达自贸试验区的欧洲班列，也是首列直达福建的欧洲返程班列。

9月21日 国家发展改革委批复同意福建省海峡西岸城际铁路建设规划方案，明确2015年至2020年实施6个项目，总里程583公里，总投资约1071亿元。

9月24日—26日 中共中央政治局常委、中央纪委书记王岐山在福建调研并主持召开座谈会，听取党员和群众代表对修订廉政准则和党纪处分条例的意见建议。他强调，要在思想认识、责任担当、方法措施上跟上中央要求，把纪律和规矩挺在前面，把握运用监督执纪“四种形态”，以严明的纪律推进全面从严治党。

9月26日 第十一届泛珠三角区域省会城市市长联席会议在福州举行。各方就加强泛珠兄弟城市间的合作，更好融入国家“一带一路”建设进行深入交流。

10月18日 第一届全国青年运动会在福州海峡奥体中心隆重开幕。共有来自我国各地55个代表团的7959名运动员参赛。福建省体育健儿共获得32金30银32铜，金牌数、奖牌数、总分三项均位列全国第二。

10月26日 福建省政府和社会资本合作项目首场推介会在北京举行。来自全国的230多家大型央企、国企、民企、金融机构和咨询机构500多名代表参加会议，并与推介项目的授权机构进行一对一的洽谈对接。

10月 省政府印发《关于加快转变农业发展方式的实施意见》。

11月3日 “台平欧”海铁联运列车首列正式开行。来自台湾的货物搭乘“海峡号”客滚船在平潭澳前码头登岸，随即运往江阴港整装上火车，从新疆阿拉山口出关，跨越亚欧大陆，最终抵达德国汉堡。

同日 省政府出台《关于支持福州新区加快发展的若干意见》。

11月13日 省委九届十五次全会在福州召开。会议审议通过《中共福建省委关于制定福建省国民经济和社会发展第十三个五年规划的建议》。提出“十三五”期间本省经济社会发展的指导思想、目标要求和重点任务，审议通过会议决议。

11月17日 《福建省21世纪海上丝绸之路核心区建设方案》印发，明确本省21世纪海上丝绸之路核心区建设的四大功能定位、重点合作方向、主要任务等。同年3月，国家发展改革委、外交部、商务部发布《推动共建丝绸之路经济带和21世纪海上丝绸之路的愿景与行动》，支持福建建设21世纪海上丝绸之路核心区。

11月19日 全国检验检疫通关一体化启动。福建检区出口负面清单以外的货物，可由福建检验检疫局完成检验检疫工作后直接签发通关单运往全国任一口岸通关；福建企业从全国任一口岸进口负面清单以外的货物，均可在福建报检，直接运至福建实施检验检疫，口岸检验检疫机构除必要的检疫处理外不再实施检验检疫。

11月24日 闽宁互学互助对口协作第十九次联席会议在福州举行。

同日 龙岩获得“国家森林城市”称号。

11月26日 即日起，赣（州）瑞（金）龙（岩）铁路进入试运行阶段。赣瑞龙铁路西起江西赣州的赣县，东至福建龙岩，正线全长250.2公里，是连接赣南和闽西中央苏区的首条快速铁路。

11月29日 厦门航空开通福州—悉尼航线，该航线是福州历史上首条直飞洲际航线。

12月1日 国家工商总局、省政府联合发布公告：台湾居民在福建自由贸易试验区注册登记个体工商户的营业范围放宽至129项。此项改革在全国属首例。

12月2日 省委常委会会议传达学习中央扶贫开发工作会议精神。会议强调，要认真学习贯彻会议精神特别是习近平总书记重要讲话精神，充分认识深入推进精准扶贫的重要性和紧迫性，切实把精准扶贫、精准脱贫的要求，贯穿到扶贫开发工作的全过程各方面，继续加大扶贫开发工作力度，坚决打赢脱贫攻坚战，确保到2020年本省所有贫困人口一道迈入全面小康社会。

12月3日 省政府出台《关于推进环境污染第三方治理的实施意见》，明确提出以市场化、专业化、社会化为导向，以环境公用设施、重点区域和重点行业污染治理、生态环境综合整治领域为重点，吸引社会资本投入，推进环境污染第三方治理。

12月4日 省政府印发《关于支持农民工等人员返乡创业十二条措施的通知》，从支持新型农业经营主体发展、促进产业转移、引导一、二、三产融合发展等方面，让返乡创业之路更顺畅。

12月7日 东部地区扶贫工作座谈会在宁德召开。会议强调，要认真贯彻落实中央扶贫开发工作会议精神，深入学习领会习近平总书记扶贫开发战略思想，不断提高扶贫开发精准度和有效性，坚决打赢脱贫攻坚战。

12月18日 赣闽粤三省和中国电信集团公司、广东新岸线计算机系统芯片有限公司在北京签署框架协议，合作推进赣闽粤原中央苏区农村超高速无线局域网应用试点工作，以提升信息基础设施建设水平，加快当地农村的信息化和现代化进程。

12月20日 《福建省乡村教师支持计划（2015—2020年）实施办法》印发。

12月24日 省委办公厅、省政府办公厅印发《关于加快构建现代公共文化服务体系的实施意见》，对加快构建现代公共文化服务体系，以标准化推动均等化，加强公共文化产品和服务供给等作出全面部署。

12月26日 邵光、延顺、莆田莆炎、福州绕城东南段、宁连福州段和宁德段等6个高速公路项目建成通车。至此，全省实现县县通高速，高速公路通车里程突破5000公里，形成"三纵六横"主骨架网。同日，赣州至瑞金至龙岩铁路也开通运营。

12月29日 全省扶贫开发工作会议在福州召开。会议深入学习贯彻中央扶贫开发工作会议和东部地区扶贫工作座谈会精神，对当前和今后一个时期扶贫开发工作进行再动员、再部署，确保如期实现脱贫攻坚目标任务。

12月31日 海关总署办公厅复函同意福州、平潭跨境贸易电子商务保税进口试点项目实施方案，进一步支持福建省开展跨境电子商务试点。此后，省商务厅出台《支持福州、平潭开展跨境电子商务保税进口试点十二条措施的通知》。

12月 《中共福建省委贯彻〈中国共产党巡视工作条例〉的实施办法》印发，进一步推进本省巡视工作规范化、制度化发展。

本年 福建省大力实施精准扶贫精准脱贫战略，全年各级财政投入专项扶贫资金13.9亿元。采取易地扶贫搬迁、整村推进扶贫开发、挂钩帮扶等措施，支持贫困户发展生产，实现减贫20万人以上，完成20万人造福工程搬迁危房改造任务。“十二五”期间累计搬迁改造85.6万人。完善落实对口帮扶23个省级扶贫开发重点县制度和“面对面、点对点”会商对接机制。集中财力物力帮助重点县建设一批重点基础设施、优势特色产业项目和教育、卫生、文化、就业、社会保障等民生工程，促进重点县加快发展。重点县的地区生产总值、地方公共财政收入、农民人均可支配收入分别达2445.19亿元、111.32亿元、11994元，分别比2010年增长89.01%、141.58%、86.75%，比全省增幅分别高出13.26个百分点、20.65个百分点、0.27个百分点。

本年　全省生产总值2.59万亿元。一般公共预算总收入4143亿元，增长8.2%。地方一般公共预算收入2544亿元，增长7.7%。全社会固定资产投资2.16万亿元。外贸出口6983亿元。实际利用外商直接投资76.8亿美元，增长8%。社会消费品零售总额增长12.4%。城镇居民人均可支配收入33360元，增长8.6%。农民人均可支配收入13850元，增长9.5%。年度节能减排任务全面完成。

二〇一六年

1月6日 《福建省贯彻国务院三网融合推广方案的实施意见》印发。提出加快网络基础设施建设，尽快完成全省广电网络整合相关后续工作，采用超高速智能光纤传输交换和同轴电缆传输技术，加快建设下一代广播电视宽带网。

1月21日 福建省电子信息口岸管理中心与台湾地区的电子口岸统一平台——台湾关贸网络公司在福州签署《闽台口岸信息互联互通合作协议书》。这是两岸首份物流信息互联互通的协议。

1月22日 福建省出台《关于完善城乡居民医疗救助体系的实施意见》。明确要建立管理科学、标准合理、程序简便、操作规范的医疗救助制度，努力实现困难群众“病有所医”目标。

1月 福建省出台《关于进一步加强环境保护工作的若干意见》。提出加快构建国土空间科学开发的“绿色布局”，推动绿色循环低碳发展的“绿色转型”，共享城乡人居环境建设的“绿色福利”，树立生态文明体制机制创新的“绿色导向”。1月29日，《福建省生态环境监测网络建设工作方案》印发，提出到2020年，全省基本实现生态环境、重点污染源以及生态保护红线管控区的监测点位全覆盖。

2月5日 国务院批复原则同意《厦门市城市总体规划（2011—2020年）》，要求厦门市不断增强城市辐射带动能力，逐步把厦门市建设成为经济繁荣、和谐宜居、生态良好、富有活力、特色鲜明的现代化城市，在促进两岸共同发展、建设21世纪海上丝绸之路中发挥门户作用。

同日 福建省出台《促进旅游投资和消费实施方案》，提出促进“旅游+”跨界融合、推进乡村旅游发展、创新提升旅游景区、培育精品旅游线路、打造旅游商品品牌、发展特色旅游城镇等6项具体措施，推动旅游产品从观光为主向观光、休闲、养生、度假并重发展转变。

2月17日 由省委统战部、省工商联、省扶贫办和省光彩事业促进会共同举办的福建省“百企帮百村”精准扶贫行动在福州启动。“百企帮百村”精准扶贫行动已纳入省委、省政府扶贫开发工作的总体部署，将在3年内推动全省民营企业与300个以上贫困村结对帮扶。

同日 《福建省人民政府关于化解房地产库存的若干意见》印发。提出要加大合理购房消费支持力度、支持农民进城购房、打通库存转换通道等8条意见。

2月18日 福建省出台关于深化国有企业改革的实施意见，深化全省国有企业改革，实现国有企业做大做强做优，切实增强国有经济活力、控制力、影响力和抗风险能力。

2月19日 中共中央总书记、国家主席、中央军委主席习近平到人民日报社等中央新闻单位进行实地调研。在人民日报社的人民网演播室，习近平通过视频同人民日报记者连线，同福建宁德市赤溪村村民交流。习近平叮嘱乡亲们保护好绿水青山，走出一条绿色发展、生态富民的路子。

同日 省十二届人大二十一次会议在福州举行。会议审议并通过关于修改《福建省人口与计划生育条例》的决定。从2016年1月1日开始，实行“全面两孩”政策。

2月23日 在中央全面深化改革领导小组第二十一次会议上，

福建省三明市关于深化医药卫生体制改革的情况汇报受到肯定。2月26日，《人民日报》刊文报道福建省三明市深化医药卫生体制改革取得的成效。

2月25日 《福建省人才兴企促进计划》《福建省工科类青年专业人才支持暂行办法》《2016年度各设区市、平潭综合实验区人才工作目标责任制考核实施办法》《福建省特殊支持高层次人才管理暂行办法》《福建省引进高层次人才推介奖励实施细则（试行）》等5份文件出台。就支持省内高层次人才创业创新、开展人才工作目标责任制考评、兑现引进高层次人才推介奖励等工作，制定了实施办法、细则。

2月27日 中国首个新业态VR产业基地落户福州。该基地计划用三到五年时间，力争使基地生产规模达千亿级别，围绕VR产业生态系统培养各类技术、营销及管理人才超过5万名。

2月 省委办公厅、省政府办公厅印发《贯彻落实开展领导干部自然资源资产离任审计试点方案的实施意见》。全省“生态审计”拉开帷幕。

3月1日 《福建省“十三五”国土资源开发利用专项规划》印发。提出坚持最严格的耕地保护制度和节约集约用地制度，突出“保障发展、保护资源、服务民生”，统筹国土资源开发利用与保护，构建“保障更有力、保护更有效、服务更到位、用地更集约、人地更和谐”的新格局。

3月20日 省政府印发《实施城市内涝防治三年行动计划（2016—2018年）》。提出从2016年起用3年时间，实现内涝防治水平明显提高，中小雨不积水，大雨暴雨不发生严重内涝，特大暴雨城市运转基本正常，不造成重大财产损失和人员伤亡。

3月25日 省公安厅召开新闻发布会宣布，公安部决定实施支持福建自贸试验区10项新的出入境政策措施，涉及外国人签证、居停留以及大陆居民赴台等方面。4月1日，福建省首张省外居民可直达台湾本岛的一次有效往来台湾通行证在平潭签发。

3月27日 省政府分别与苏宁云商集团、京东集团、阿里巴巴集团签署战略合作框架协议、电子商务合作备忘录。4月1日，《福建省"十三五"商务发展专项规划》正式印发，提出2020年全省电子商务年交易额力争突破2.5万亿元。

同日 省政府办公厅印发《家政服务业补短板实施方案》。提出要推动形成多层次、多形式发展的家政服务市场和经营机构，促进家政服务业标准化、职业化、连锁化发展。

3月31日 福建省举行补短板项目发布及融资对接会。省发改委、省经信委等省直有关部门向与会的金融机构、企业推介基础设施、产业、社会事业、民生等四大领域的补短板重点项目2000多个，合计总投资10552.36亿元，融资需求3533.71亿元。

3月 省委、省政府出台《福建省属国有林场改革实施方案》和《福建省县属国有林场改革指导意见》，全省国有林场改革正式启动实施。

3月 国家旅游局下发通知，将"海丝之旅"正式列入2016年首批推出的中国十大国际旅游品牌。

3月 《福建省环境保护督察实施方案（试行）》印发。率先开展环保督察，提出从2016年起，每两年对全省各设区市、平潭综合实验区完成一遍督察，督察结果作为党政领导干部任免重要依据。

4月6日 国家发改委、中国人民银行联合批准福州市、厦门市、莆田市为创建全国社会信用体系建设示范城市。同日，国家发改委、中国人民银行、共青团中央批复同意福建省作为全国首批青年信用体系建设试点省份。

4月11日　《福建省“十三五”民政事业发展专项规划》印发。提出到“十三五”期末，全省每千名老年人拥有养老床位数达35张以上，护理型床位占养老机构总床位30%以上，养老服务设施覆盖所有城市社区和60%以上建制村。

4月14日　福建省出台《关于进一步加快宽带网络建设促进信息通信业发展的意见》，加快建设网络强省。

4月15日　省委常委会会议研究部署全省脱贫攻坚工作。会议强调，做好脱贫攻坚工作，要做好贫困人口精准识别和“造福工程”搬迁摸底工作，建立贫困户脱贫认定机制和动态调整制度。4月28日，全省脱贫攻坚精准施策工作视频会召开，围绕“扶持谁”“怎么扶”“扶什么”，持续提升精准脱贫实效，确保如期完成各项目标任务，提出五点要求。

4月19日　《福建省“十三五”科技发展和创新驱动专项规划》正式印发。

4月27日　福建省立医院与18家县（市）级医疗机构签约，本省首个省级医联体成立。

4月28日　《福建省深化中小学教师职称制度改革实施方案》印发，改革工作有序展开。

4月　省委办公厅印发《关于在全省党员中开展“学党章党规、学系列讲话，做合格党员”学习教育实施方案》。

4月　《福建省住房和城乡建设事业“十三五”规划纲要》印发。提出未来5年，全省将突出棚户区改造，到2020年全省基本完成城市棚户区和危房改造，实现城镇常住人口保障性住房覆盖率达到 23%。

5 月 1 日　营改增试点在福建省全面推开。截至当日 9 时 30 分，全省国税系统 89 个办税厅陆续成功代开出第一张增值税发票。这标志着福建省已顺利实现税制转换。

5 月 4 日　国家旅游局发布 3 项支持福建自贸试验区赴台团队旅游便利化的新举措，赋予福建自贸试验区更多对台旅游先行先试功能。

5 月 12 日　《福建省“十三五”教育发展专项规划》公布。规划提出，要高质量普及 15 年基本教育，实现高中阶段免费教育。这是本省首次提出高中免费教育。同日，《福建省深化考试招生制度改革实施方案》印发。

5 月 18 日—22 日　第十八届海峡两岸经贸交易会在福州海峡国际会展中心开馆，主题为“深化对台交流、搭建海丝平台、共享发展成果”。

5 月 27 日　《福建省“十三五”文化改革发展专项规划》正式印发。提出“十三五”期间，力争把福建省建设成为公共文化服务体系均衡发展省、全国对台对侨对外文化交流的重要基地、全国重要的文化产业基地等。

5 月　国家发改委公布农村产业融合发展试点示范县名单。全国共有 137 个县（市、区）入选，福建省 5 个，分别是漳平市（功能拓展型）、连江县（产业链延伸型）、建宁县（多业态复合型）、建瓯市（农业内部融合型）、同安区（产业链延伸型）。

6 月 1 日　《福建省食品经营许可管理规定》正式施行。全省各地市同日启用并颁发食品经营许可证。

6 月 3 日　福建省出台《关于加大脱贫攻坚力度支持革命老区开

发建设的实施意见》。明确提出到2020年，全省老区综合经济实力显著增强，地区生产总值增速达到或超过全省平均水平，省定扶贫标准的农村贫困人口全部脱贫，省级扶贫开发工作重点县农民人均可支配收入增长幅度高于全省平均水平，省级扶贫开发工作重点县全部摘帽，与全省同步进入小康。

同日　《福建省“十三五”综合交通运输发展专项规划》正式发布。提出“十三五”期间加快完善综合交通运输体系，推进交通运输现代化发展。

同日　福建省出台《关于开展特色小镇规划建设的指导意见》。提出通过3年到5年的培育创建，建成一批产业特色鲜明、体制机制灵活、人文气息浓厚、创业创新活力迸发、生态环境优美、多种功能融合的特色小镇。6月6日出台《关于深入推进新型城镇化建设的实施意见》，对加快推进新型城镇化工作作了全面部署。

6月11日—17日　第八届海峡论坛举行。中共中央政治局常委、全国政协主席俞正声出席论坛开幕式并致辞。本届论坛突出两岸青年的交流，新增“乐业两岸，创享未来”青创先锋汇、台湾专业人才对接等活动，两岸专家学者倡议设立两岸智库论坛。

6月14日　福建省公布2016年推进简政放权放管结合优化服务工作要点。以更有力举措推进简政放权、放管结合、优化服务改革，破除制约企业和群众办事创业的体制机制障碍，着力降低制度性交易成本，优化营商环境，激发市场活力和社会创造力，促进全省经济社会持续健康发展。

6月16日　国务院批复同意福州、厦门、泉州3个国家高新技术产业开发区建设国家自主创新示范区。随后《福厦泉国家自主创新示范区建设实施方案》印发。

同日　福建省出台《持续深化集体林权制度改革六条措施》，从新型林业经营主体培育、金融支持林业发展、林权抵押贷款风险防控机制完善、重点区位森林资源管护、林下经济科学发展、林业服务体系建设等6个方面，推进林改持续深化。

6月17日　福建省出台《关于解决无户口人员登记户口问题的实施意见》，全面解决无户口人员登记户口问题，切实保障公民依法登记户口的基本权利。

6月18日　省发展和改革委员会主办的官方微信公众号“福建省碳排放权交易”、官方网站“福建省碳排放权交易市场”正式上线，福建省碳排放权交易市场全面启动。9月26日，《福建省碳排放权交易市场建设实施方案》正式印发。

6月18日—22日　第五届世界闽商大会、第十四届中国·海峡项目成果交易会、第六届民营企业产业项目洽谈会在福州举行。展会期间，进馆总人数达21.28万人次，累计对接合同项目5852项，总投资1433亿元。

6月27日　中央全面深化改革领导小组第二十五次会议审议通过《关于设立统一规范的国家生态文明试验区的意见》《国家生态文明试验区（福建）实施方案》等。要求福建等试验区要突出改革创新，聚焦重点难点问题，在体制机制创新上下功夫，为其他地区探索改革的路子。

6月30日　福建省中小企业公共服务平台正式开通。全省中小企业公共服务平台已基本形成“1+9+32”的主体服务架构，即1个省级枢纽平台、9个市级综合窗口平台和32个产业集群和专业窗口平台。

6月　省委宣传部印发《福建红色文化保护、传承和弘扬工程实施方案》。

7月12日 省人社厅、财政厅联合出台推进精准就业扶贫6条措施，着力帮助贫困家庭劳动力尽快实现就业脱贫。

7月16日 福建省晋华存储器集成电路生产线项目在晋江开工。该项目由省电子信息集团和泉州、晋江两级政府共同投建，一期投资370亿元，将打造成为国内首家具有自主技术及世界级先进制造工艺的存储器研发制造企业，填补我国动态存储器产业国产化空白。

7月18日 省政府决定成立省医疗保障管理委员会，负责统筹指导、协调全省医疗保障工作。

7月25日 省委九届十六次全会在福州召开。会议研究部署当前和今后一个时期本省深入实施创新驱动发展战略、坚定不移推进供给侧结构性改革问题，为建设机制活、产业优、百姓富、生态美的新福建提供强大支撑和持久动力。审议通过《关于实施创新驱动发展战略建设创新型省份的决定》《关于召开中国共产党福建省第十次代表大会的决议》和全会决议等。

7月29日 全国双拥模范城（县）命名暨双拥模范单位和个人表彰大会在京举行。福建省有19个市（县）获全国双拥模范城（县）称号，实现全省所有设区市连续四届“满堂红”，成为全国唯一获此殊荣的省份。

7月30日 《福建省推进供给侧结构性改革总体方案（2016—2018年）》印发。要求围绕去产能、去库存、去杠杆、降成本、补短板五大任务，促进福建经济社会发展再上新台阶。

7月31日 第二批国家“万人计划”科技创新、创业领军人才名单公布，福建省有30人入选。至此，我省共有40人入选两批国家“万人计划”的科技创新、创业领军人才。

8月3日 中国农业银行在安溪首发“金穗快农贷”产品，首批面向安溪茶农试点。这是全国金融机构第一次和政府部门大数据对接推出的农户小额贷款产品。

8月5日—22日 第三十一届夏季奥林匹克运动会在巴西里约热内卢举行。福建省体育健儿有4名获得金牌，1名获得银牌，2名获得铜牌，创造了本省运动员奥运会成绩的历史新纪录。

8月8日 国务院批复原则同意《平潭国际旅游岛建设方案》。要求进一步突出特色、发挥优势，积极探索海岛旅游开发新模式，构建以旅游业为支柱的特色产业体系。12月7日，省政府常务会议通过贯彻落实国务院批复的《平潭国际旅游岛建设方案》的实施意见。

8月9日 福建省在全国率先实施各类市场主体名称登记便利化改革。由此成为全国首个在全省范围内推行各类市场主体名称“自助查重、自主申报”的省份。

8月14日 省委出台《关于建立市县党委巡察制度的意见》。全面启动市县党委巡察工作，形成上下联动的巡视巡察一体化工作格局。

8月20日 主题为“家庭医生：我们的健康梦”的2016中国家庭医生合作发展论坛在厦门举行。全国首个“互联网＋家庭医生签约平台”同步上线。

8月24日 省政府常务会议确定实施综合交通“五个工程”建设，确保“十三五”期间全省综合交通有效投资完成7500亿元。

8月26日 福建省出台《关于促进高校科技创新能力提升的若干意见》，提出一系列给科研人员“松绑＋激励”的政策措施。

8月31日 福建省在全国率先实现土地使用权出让网上公开。截至当日，全省已有91个市、县（区）通过土地出让管理系统（外网）挂牌出让土地2749宗，成交2334宗，面积达10.97万亩，成交价款422.7亿元。

8月 中共中央办公厅、国务院办公厅印发《关于设立统一规范的国家生态文明试验区的意见》及《国家生态文明试验区（福建）实施方案》，福建成为全国首个生态文明试验区。9月，省委、省政府印发《福建省贯彻落实〈国家生态文明试验区（福建）实施方案〉任务分工方案》。

9月1日 全省深化基层医药卫生体制综合改革现场推进会在三明召开。会议强调要坚持保基本、强基层、建机制的基本原则，强化基础、注重集成、完善机制、严格督察，不断提高全省基层医药卫生体制综合改革精准化、精细化水平，更好地保障人民健康。

9月6日 省政府与国家卫生和计划生育委员会在福州签订合作共建协议。根据协议，国家卫健委所属（管）的北京协和医院、上海交通大学医学院附属瑞金医院、复旦大学附属华山医院分别与福建省立医院、福建医科大学附属协和医院、福建医科大学附属第一医院建立“一对一”合作共建关系，提升福建省医疗技术水平，助力健康福建建设。

9月8日—11日 第十九届中国国际投资贸易洽谈会在厦门举行。本届大会紧扣“聚焦‘一带一路’，推动双向投资”主题，来自100多个国家和地区的近12万名境内外客商、5000多家企业参展参会。本届投洽会共签订各类投资项目1502个，总投资5073亿元，其中，利用外资2210亿元，对外投资573亿元，区域合作2290亿元。

9月9日 福建省出台《关于深化人才发展体制机制改革的实施意见》。为加快建设人才强省，建设机制活、产业优、百姓富、生态美的新福建提供有力人才支撑。

9月15日 第14号台风“莫兰蒂”在厦门翔安登陆。这是年初以来全球最强的台风，也是1949年以来登陆闽南最强的台风，给福建省造成了严重损失。省委、省政府领导深入受灾最严重的厦门、漳州、泉州等地，组织指挥抗灾救灾和灾后恢复重建。9月18日，省委、省政府召开视频会议，部署灾区灾后恢复重建工作。

9月19日 三明市被国家林业局授予“国家森林城市”称号。这是继厦门、漳州、龙岩之后本省第4个获此殊荣的城市。

9月23日 省政府常务会议确定政策性农村住房保险实施方案。支持受灾群众重建家园；确定进一步健全特困人员救助供养制度，切实保障特困人员基本生活；确定“互联网+流通”行动计划实施方案，加快流通现代化进程。

9月26日 《福建省征地补偿和被征地农民社会保障办法》出台。旨在维护被征地农民和农村集体经济组织的合法权益，保障被征地农民的基本生活和长远生计，规范征地补偿和被征地农民社会保障工作。

同日 兴泉铁路在清流县开工建设。铁路全长461公里，北起江西兴国县，终至福厦铁路泉州站，投资总额为372.2亿元。

10月6日 由福建福耀集团投资的全球最大的汽车玻璃单体工厂在美国俄亥俄州代顿市投产。厂房面积约17万平方米，总投资约为6亿美元，这是中国制造业对美最大投资之一。

10月11日 《福建省健全落实社会治安综合治理领导责任制实施办法》印发。首次系统地对综治领导责任制作出制度化、规范化、程序化规定。

10月15日 省政府办公厅印发《关于进一步加强房地产市场土地调控的通知》，进一步稳定土地供应、平抑地价，促进房地产土地市场的持续平稳健康发展。

10月16日 国家义务教育发展基本均衡县福建督导检查反馈会在福州召开。督导检查组认为，福建省所有县（市、区）均达到国家规定的评估认定标准，是继上海、北京、天津、江苏、浙江、广东之后，第七个全面通过国家义务教育发展基本均衡县督导检查的省份。这是福建省教育事业发展具有里程碑意义的大事。

10月27日 中共中央办公厅、国务院办公厅印发《关于进一步加强东西部扶贫协作工作的指导意见》。文件确定，福建省帮扶宁夏回族自治区，福州市帮扶甘肃省定西市，厦门市帮扶甘肃省临夏回族自治州。

10月 《福建省信息通信业“十三五”规划》正式发布。提出到2020年，全省信息通信基础设施不断完善，基本建成高速、移动、安全、泛在的新一代信息基础设施等。

11月5日 即日起，全省各设区市及平潭综合实验区推行市级医保管理体制改革，实行医保经办体制“三保合一”。

11月7日 福建古雷石化有限公司揭牌仪式在厦门举行。这是两岸石化业合作发展史上的一个重要里程碑。福建古雷石化有限公司由福建炼油化工有限公司和台湾旭腾投资有限公司合资成立。

11月9日 省政府常务会议确定出台关于加快物联网产业发展的8条措施，力争到2020年全省物联网产业产值达1000亿元。

11月16日 省委办公厅、省政府办公厅印发《关于进一步深化基层医药卫生体制综合改革的意见（试行）》的通知。

11月23日—27日 中国共产党福建省第十次代表大会在福州召开。尤权作题为《再上新台阶建设新福建以优异成绩迎接中国共产党成立100周年》的报告。大会号召，全省各级党组织和广大党员更加紧密地团结在以习近平同志为核心的党中央周围，解放思想、开拓创新，凝心聚力、苦干实干，为推动经济社会发展再上新台阶，加快建设机制活、产业优、百姓富、生态美的新福建而努力奋斗。11 月 27 日，省委十届一次全会选举尤权为省委书记。

11 月 25 日 省住房和城乡建设厅印发《关于推进工程建设项目劳务实名制管理工作的通知》。决定自 2017 年 1 月 1 日起在全省建筑和市政工程项目全面推进项目劳务实名制管理。福建省由此成为全国第一个全面实行“劳务实名制管理”的省份。

11 月 省政府与交通运输部共同签订《落实〈中共中央、国务院关于打赢脱贫攻坚战的决定〉加快革命老区交通运输发展共建协议》，共同加大投入力度，建立联动机制，合力加快推进本省交通扶贫工作。到 2020 年全面建成革命老区“外通内联、通村畅乡、班车到村、安全便捷”的交通运输网络。

11 月 福建省启动“互联网 +”区域化链条化试点。首批列入试点的 9 个县（市、区）及其试点内容分别为长乐市“互联网 + 纺织业”、晋江市“互联网 + 鞋业”、南安市“互联网 + 泛家居产业”、莆田市秀屿区“互联网 + 银饰珠宝”、永安市“互联网 + 竹产业”、建宁县“互联网 + 建莲产业”、平和县“互联网 + 蜜柚产业”、建瓯市“互联网 + 笋竹产业”、沙县“互联网 + 沙县小吃产业”。

12 月 4 日 全省脱贫攻坚现场推进会在长汀召开。会议深入贯彻落实以习近平同志为核心的党中央坚决打赢脱贫攻坚战的战略决策和省第十次党代会对精准扶贫、精准脱贫的新部署，总结交流经验，部署下一阶段脱贫攻坚工作。

12 月 6 日 《福建省农村最低生活保障制度与扶贫开发政策有效衔接实施方案》印发。通过农村低保制度与扶贫开发政策的有效衔接，形成政策合力，对符合低保标准的贫困人口实行政策性保障兜底，对符合扶贫条件农村低保对象实行精准扶贫，确保到2020年现行省定扶贫标准下农村贫困人口全部脱贫。

本年　从本年起，每年按全省一般公共预算收入的2‰以上筹集资金，专项用于精准扶贫精准脱贫，省级财政扶贫资金累计投入375亿元。本年，福建省实现脱贫260425人，“造福工程”搬迁15.6万人，均超额完成年度任务。15.75万贫困人口被纳入农村低保。精准识别农村贫困人口69.6万人，其中有劳动能力的扶贫开发对象45.2万人。60个千户以上贫困人口县全面建立扶贫小额信贷风险担保机构，并启动开展贷款担保业务，为贫困户担保贷款9.8亿元，扶持2.46万户发展生产。23个省级扶贫开发工作重点县“造血”功能增强，累计建成山海协作共建产业园区22个。

本年　全省生产总值2.85万亿元，总量居全国各省（市、区）第10位，首次进入全国前十。一般公共预算总收入4295.2亿元。地方一般公共预算收入2654.8亿元，完成预算的100.2%。固定资产投资2.29万亿元。外贸出口6838.9亿元，占全国份额保持基本稳定。社会消费品零售总额1.17万亿元，增长11.1%。居民消费价格总水平上涨1.7%。城镇居民人均可支配收入36014元。农村居民人均可支配收入14999元。年度节能减排降碳任务全面完成。

二〇一七年

1月1日　即日起，福建省从四大方面推进县级公立医院综合改革，加强县级医院龙头作用，加快实现分级诊疗。

1月11日　中国（福建）自贸试验区福州片区行政服务中心对新注册成立的合资企业，实现对外贸易经营者备案登记和原产地证备案登记的“两证合一”。这在全国属首例。

1月13日　福建华通银行股份有限公司获福建银监局批准开业。这是福建首家民营银行。

1月22日　《福建省老年人权益保障条例》公布，自2017年3月1日起施行。

1月　省银监局出台《关于创建福建银行业支持扶贫开发示范基地的指导意见》。提出以23个省级扶贫开发工作重点县、2213个省级扶贫开发重点村为主要实践地，以扶贫开发重点村、扶贫项目、扶贫龙头企业或专业合作社为单位创建支持扶贫开发示范基地，形成一批能复制、易推广、可持续的扶贫经验和做法，打造全省金融助力脱贫致富的新样本。

1月　住建部发布《关于公布第四批美丽宜居小镇、美丽宜居村庄示范名单的通知》，确定95个镇为美丽宜居小镇示范，413个村为美丽宜居村庄示范。福建省有3个乡镇、19个村入选。

2月3日　福建省出台《关于深入推进农业供给侧结构性改革、加快培育农业农村发展新动能的实施意见》。提出以推进农业供给侧结构性改革为主线，以农业增效、农民增收、农村增绿为目标，以加强科技创新、深化农村改革为动力，大力发展品牌农业、生态农业、智慧农业，加快推进农业结构调整，加快推进农村一、二、三产业融合发展，加快推进精准扶贫稳定脱贫，加快推进社会主义新农村建设。

2月4日 省政府常务会议通过关于深入推行科技特派员制度的实施意见。出台8条措施，建立城镇建设用地增加规模同吸纳农业转移人口落户数量挂钩机制。在省国有控股混合所有制企业开展员工持股试点。

2月15日 厦门航空正式开通福州—纽约往返直飞航线。这是福建省首条直飞美国的洲际航线。

2月20日 省政府常务会议研究部署加快实施创新驱动发展战略，通过了《福建省建设国家创新型省份实施方案》《2017年福厦泉国家自主创新示范区建设工作要点》等。

2月27日 省政府常务会议确定实施2017年全省宜居环境建设行动计划，研究通过《福建省人民政府关于建设一流大学和一流学科的实施意见》等。

同日 《福建省全面推行河长制实施方案》印发。

2月28日 省委常委会会议研究部署全省脱贫攻坚工作和安全生产工作。会议强调，到2020年省定贫困人口全部脱贫，全省贫困村、省级扶贫开发工作重点县全部摘帽，这是对全省人民的庄严承诺。全省各级各部门要进一步落实责任，分解细化脱贫任务，明确脱贫责任措施，确保帮扶责任人帮到位、扶到底，真正取得实效。

2月 文化部批复同意设立客家文化（闽西）生态保护实验区，其保护范围为“古汀州八县”，即包括现今龙岩市的长汀县、上杭县、武平县、连城县、永定区和三明市的宁化、清流、明溪三县。保护区面积1.94万平方公里，人口292.1万人。这是继广东和江西后的第三个国家级客家文化生态保护实验区。

3月2日 一列满载货物的中欧（厦门）班列从福建自贸试验区厦门片区海沧货运站出发，前往波兰罗兹。这标志着“安智贸”首条铁路专线正式启动。4月21日，中欧（厦门—莫斯科）直达班列开通。

3月18日 南平市委常委、常务副市长兼武夷新区党工委书记廖俊波在赶往武夷新区主持召开会议途中不幸发生车祸，以身殉职。4月9日，省委印发《关于追授廖俊波同志“全省优秀共产党员”称号并开展向廖俊波同志学习活动的决定》。此后不久，中共中央总书记、国家主席、中央军委主席习近平对廖俊波同志先进事迹作出重要指示。4月14日，省委发出《关于认真学习贯彻习近平总书记重要指示深入开展向廖俊波同志学习活动的通知》。

4月7日 福州市政府、省商务厅和eBay公司签署战略合作协议，在福建自贸试验区福州片区设立eBay跨境电商服务中心。2018年1月11日，eBay福建跨境电商产业园在福州成立。这是我国首个跨境电商全产业链聚集园区。

4月12日 尤溪朱子文化园景区、永泰百漈沟生态旅游景区、建阳（卧龙湾）武夷花花世界景区、南平印象小密·中国包酒文化博览园景区被批准为国家AAAA级旅游景区。至此，全省共有A级旅游景区220家，其中AAAAA级景区9家10处、AAAA级景区93家、AAA级及以下景区118家。

同日 在省政府新闻发布会上，省林业厅公布第一批福建省重要湿地名录。包括长乐闽江河口湿地国家级自然保护区、东张水库（福清）等50处湿地，总面积约9.95万公顷，约占全省湿地总面积的

11.4%。全省湿地有5类21型，总面积87.1万公顷，约占全省陆域总面积的7%。

4月24日　省政府常务会议部署加快推进国家生态文明试验区建设，研究通过《福建省绿色金融体系建设实施方案》《福建省自然资源统一确权登记办法（试行）》《福建省建设用地总量控制和减量化管理方案》等。

同日　《福建省养老产业投资基金实施方案》印发。提出设立省级养老产业投资基金，总规模60亿元，首期30亿元，由省民政厅、省财政厅、福能集团共同出资6亿元，作为引导基金，同时吸收银行、保险、企业等社会资本24亿元。基金主要投向养老基础设施建设、养老综合体建设、养老服务类及养老产业相关项目。

4月24日—5月24日　中央第五环境保护督察组对福建省开展环境保护督察。截至6月22日，督察组移交地方及省直部门办理的4903件信访件全部办结。7月31日督察组向省委、省政府进行意见反馈。12月18日，省委办公厅、省政府办公厅正式印发实施《福建省贯彻落实中央环境保护督察反馈意见整改方案》。至2018年9月，全省72项整改任务完成31项，其余41项均按序时进度推进。

4月25日　中国东南大数据产业合作发展大会暨国家健康医疗大数据平台启动发布会在福州召开。会上启动国家健康医疗大数据平台（福州）和国家健康医疗大数据安全服务平台（福州），数字福建云计算中心（商务云）同时开业。

4月28日　继全国首家NB-IoT（窄带物联网）规模化商用局2016年11月18日在福州马尾启用后，全国首个物联网开放实验室——中国·福州物联网开放实验室在马尾正式揭牌，标志着福建省物联网产业站在新的发展起点。

5月2日 省政府与华为技术有限公司在福州签署战略合作协议。双方将在物联网、云计算、大数据、智慧城市等领域开展务实合作，携手拓展新模式、培育新业态、打造新产业。

5月3日 驻闽部队全面停止有偿服务工作军地协调领导小组第一次会议召开。会议传达贯彻习近平总书记重要指示精神和中央有关文件精神，研究部署推进驻闽部队全面停止有偿服务工作。

同日 省政府常务会议确定出台实施《福建省农村扶贫开发办法》，进一步推动全省扶贫开发规范化、法制化、长效化。

5月4日 《关于推进“两学一做”学习教育常态化制度化的实施方案》印发。进一步明确了全省推进学习教育常态化制度化的重大意义、目标要求、基本内容、主要措施、组织领导等方面内容。

5月5日 省委常委会会议传达学习贯彻习近平总书记等中央领导对福建自贸试验区建设的重要批示精神。会议强调，要按照中央的部署，抓紧谋划下一阶段深化试验的重点目标任务，力争取得更多可复制可推广的制度创新成果，更好服务全国改革开放大局。

5月9日 省政府出台《关于贯彻国务院“十三五”促进民族地区和人口较少民族发展规划的实施意见》。明确提出到2020年，民族乡村农村经济总收入和人均收入比2010年翻一番，达到或接近全省平均水平。

5月18日—22日 第十九届海峡两岸经贸交易会在福州举办。本届海交会以“突出招商引资、深化榕台交流、搭建海丝平台、共享发展成果”为主题。

5月22日 《福建省优秀传统文化传承发展工程实施方案》印发。方案提出到2025年，优秀传统文化传承发展体系基本建立，具有福建特色、福建风格的文化产品更加丰富、文化品牌更加响亮，文化自觉和文化自信显著增强，文化软实力和影响力显著提升。

5月26日 省委常委会会议传达学习习近平总书记对福建集体林权制度改革作出的重要指示，研究部署进一步深化集体林权制度改革的具体举措。会议强调，要坚持新发展理念，坚持绿水青山就是金山银山，将绿色发展理念融入发展各领域全过程，将生态优势进一步转化为发展优势，为福建发展提供绿色新动能。

5月28日 《“健康福建2030”行动规划》印发。提出实施健康福建五大工程，即健康环境、健康产业、健康促进、健康服务和健康扶贫工程。

5月31日 省政府常务会议研究通过《福建省医疗卫生服务体系规划（2016—2020年）》《福建省精准扶贫医疗叠加保险方案》。6月7日研究通过《福建省关于促进城乡居民增收的实施意见》《进一步降低实体经济企业成本的若干意见》。

6月8日 《福建省“十三五”交通精准扶贫建设专项规划》印发。规划提出，到2020年，98%的乡镇将通达三级及以上公路，建成39座陆岛码头、90个乡镇综合运输服务站项目。

6月8日—10日 中共中央政治局常委、中央书记处书记刘云山深入三明、南平、宁德的镇村、企业和园区，就发挥先进典型引领作用、加强基层党建工作进行调研。他强调，要认真贯彻习近平总书记重要指示，深入学习和大力弘扬廖俊波同志崇高精神，扎实推进“两学一做”学习教育常态化制度化，以党建工作新成效促进改革发展、造福人民群众。

6月15日 省政府常务会议决定出台《加快推进居家社区养老服务十条措施》《进一步促进养老机构健康发展十条措施》，审议通过《关于创新管理优化服务培育壮大经济发展新动能加快新旧动能接续转换的实施意见》等。

同日 国务院办公厅印发《关于建设第二批大众创业万众创新示范基地的实施意见》。在全国启动第二批共92个国家双创示范基地建设。泉州市丰泽区和厦门火炬高技术产业开发区被列入其中。福建省共有3个国家级双创基地。

6月17日—23日 第九届海峡论坛举办。中共中央政治局常委、全国政协主席俞正声出席论坛开幕式并致辞。论坛继续关注和服务两岸青年和基层群体，安排论坛大会、青年交流、基层交流、经贸交流等四大版块共21项活动。

6月25日 省委、省政府联合下发《福建省生态环境保护工作职责规定》。对各级党委、政府及52个部门130项生态环境保护工作职责作出明确界定。

6月29日 全省首张农村集体经济组织证明书由晋江市政府颁发给青阳街道阳光社区股份经济联合社。这为集体资产管理提供了范本。

7月1日 《福建省历史文化名城名镇名村和传统村落保护条例》正式施行。

7月8日 在波兰克拉科夫举行的联合国教科文组织第41届世界遗产委员会会议上，中国世界文化遗产提名项目“鼓浪屿：历史国际社区”顺利通过表决，成功列入《世界遗产名录》。至此，我国世界遗产项目总数达到52个，福建省世界遗产项目达到4个。

7月11日 国家林业局、福建省政府、国家开发银行在北京签署《共同推进深化福建省集体林权制度改革合作协议》。确定福建省作为利用开发性金融推进深化集体林权制度改革重点合作省份，“十三五”期间融资额度600亿元，支持福建集体林权制度改革、国家储备林、林业生态扶贫工程等林业重大工程和重点领域建设发展，贷款期限可达 30 年（含不超过 8 年宽限期）。

7 月 21 日　福建省通过财政部上海证券交易所政府债券发行系统成功发行地方政府债券 485.8 亿元。这是本省首次在上交所发行地方政府债券。

7 月 22 日　东南网菲律宾频道（ph.fjsen.com）上线。这是福建省媒体首次入驻东南亚和海丝沿线国家。

7 月 24 日　省政府常务会议研究通过《福建省新能源汽车产业发展规划》《关于支持新能源汽车产业加快发展的八条措施》等。

7 月 27 日　全国深化集体林权制度改革经验交流座谈会在武平县召开。

7 月 31 日　福建省出台《关于全面提升行政服务效能不断增强群众获得感的意见》。

7 月　福建省出台《关于全面放开养老服务市场提升养老服务质量的实施意见》。明确提出全面放开养老服务市场，提升养老服务质量，加快促进全省养老服务业更好更快发展。

8 月 3 日　省委十届三次全会在福州召开。会议审议通过《中共福建省委关于加快社会事业发展补齐民生短板确保如期全面建成小康社会的决定》。讨论教育、卫生与健康、养老、城乡民生基础设施等领域相关配套文件。全会号召，全省各级党组织和广大党员干部更加紧密地团结在以习近平同志为核心的党中央周围，加快社会事业发展，补齐民生短板，确保如期全面建成小康社会，以“再上新台阶、建设新福建”的优异成绩，迎接党的十九大胜利召开。

8 月 8 日　闽宁互学互助对口协作第二十一次联席会议在福州召开。会议深入学习贯彻习近平总书记在东西部扶贫协作座谈会上的重要讲话精神，共商推进闽宁对口扶贫协作之策。

8月12日 《福建省重点流域生态保护补偿办法（2017年修订)》印发。提出全面建立覆盖全省、统一规范的全流域生态保护补偿机制，采取省里支持一块、市县集中一块的办法加大流域生态保护补偿金筹措力度，促进流域上游地区可持续发展和全流域水环境质量改善。

8月18日 福州国家级互联网骨干直联点在福州滨海新城开通。福州跻身全国通信网络交换枢纽，成为两岸信息通信合作的桥头堡和全国互联网的核心节点、重要支点和新的数据交换口岸，标志着福建省互联网正式接入“高速公路”。

8月24日 省政府常务会议研究通过《福建省省级财政专项产业扶贫发展资金实施方案》，决定开展扶持村级集体经济发展试点。

8月25日 厦门市第十五届人大常委会第六次会议表决通过《厦门经济特区促进社会文明若干规定（草案)》和《厦门经济特区生活垃圾分类管理办法（草案)》，以立法的形式对社会文明提升相关工作作出规定。前者是全国首部对社会文明建设和管理进行法律规范的地方性法规。

8月27日—9月8日 第十三届全国运动会在天津举行。福建体育代表团夺得17.5枚金牌、15.5枚银牌、20枚铜牌，创造了参加全运会的新纪录。

8月28日 全国首个“数字公民”试点项目在福州市鼓楼区启动。

9月3日—5日 金砖国家领导人第九次会晤在厦门市举办。3日，国家主席习近平在厦门国际会展中心出席2017年金砖国家工商论坛开幕式，发表题为《共同开创金砖合作第二个“金色十年”》的主旨演讲。4日，金砖国家领导人第九次会晤在厦门国际会议中心举行。国家主席习近平主持会晤并发表题为《深化金砖伙伴关系　开辟更加光明未来》的重要讲话。会晤后金砖各国发表《金砖国家领导人厦门宣言》。同日，国家主席习近平在厦门出席金砖国家领导人同工商理事会对话会并发表讲话。5日，国家主席习近平主持新兴市场国家与发展中国家对话会并发表题为《深化互利合作　促进共同发展》的重要讲话。9月8日，省委常委会会议传达学习习近平总书记出席金砖国家领导人厦门会晤期间的重要讲话精神，研究部署贯彻意见。

9月18日—21日　2017厦门国际投资贸易洽谈会在厦门举办。本届厦洽会以“聚焦‘一带一路’、助力金砖合作、促进双向投资”为主题，来自107个国家（地区）的10万多名境内外客商、近700个客商团组、40余家跨国公司、4000多家国内外大中型企业云集厦门，共签订各类投资项目1577个，总投资金额5326.6亿元。

9月20日　教育部、财政部、国家发展改革委公布世界一流大学和一流学科建设高校及建设学科名单。厦门大学入选一流大学建设高校，福州大学入选一流学科建设高校。

9月21日　在浙江安吉举办的全国生态文明建设现场推进会上，环保部公布首批国家生态文明建设示范市县名单，涉及25个省份46个市县。福建的永泰县、厦门市海沧区、泰宁县、德化县、长汀县入选。环保部还公布了首批13个“绿水青山就是金山银山”实践创新基地，我省长汀县入选。

9月27日　第十四届精神文明建设“五个一工程”表彰座谈会在京召开。我省有6部作品获奖。其中，高甲戏《大稻埕》获奖，成功实现福建戏剧该奖项的“五连冠”。

同日　在福建自贸试验区福州片区行政服务大厅，福建省首张通过无纸全程电子化登记系统申办的营业执照正式颁出，这标志着全省工商登记全程电子化改革取得阶段性成果。

9 月 30 日 新建福州至厦门铁路全线开工。本省新一轮“三纵六横”铁路网建设进入全面推进阶段、东南沿海高速铁路大通道关键段全面启动。

同日 福建省出台《关于进一步加强房地产市场调控的八条措施》。以新的政策“组合拳”落实“房子是用来住的，不是用来炒的”的定位，促进房地产市场平稳健康发展。

10 月 8 日 省委书记尤权主持召开省委专题会议，研究部署加快推进全省重大产业项目建设有关问题。会议强调，要把谋划和推进重大产业项目建设摆在更加突出的位置，推动本省产业规模和竞争力再上一个新台阶，为建设“机制活、产业优、百姓富、生态美”的新福建提供有力支撑。

10 月 10 日 在墨西哥举行的第 23 届国际灌排大会上，福建宁德黄鞠灌溉工程入选第四批世界灌溉工程遗产名录。

同日 在河北承德举行的 2017 森林城市建设座谈会上，国家林业局正式授予福州、泉州等 19 个城市“国家森林城市”称号。

10 月 17 日 福建省的金龙客车与百度在北京签署战略合作协议，计划于 2018 年实现商用级无人驾驶微循环车的小规模量产及试运营。这标志着中国客车乃至汽车工业的“智造”进程迈出里程碑式的一步。

10 月 18 日—24 日 中国共产党第十九次全国代表大会在北京召开。中共中央总书记习近平在会上作了题为《决胜全面建成小康社会，夺取新时代中国特色社会主义伟大胜利》的报告。大会的主题是：不忘初心，牢记使命，高举中国特色社会主义伟大旗帜，决胜全面建成小康社会，夺取新时代中国特色社会主义伟大胜利，为实现中华民族伟大复兴的中国梦不懈奋斗。10 月 27 日，省委常委会（扩大）会议传达学习党的十九大精神，对抓好贯彻落实提出初步意见。会议强调，深入学习、广泛宣传、全面贯彻党的十九大精神是全省首要政治任务，要把思想和行动统一到党的十九大精神上来，紧密团结在以习近平同志为核心的党中央周围，自觉用习近平新时代中国特色社会主义思想武装头脑、指导实践、推动工作，奋力谱写新时代福建发展的新篇章。11 月 2 日，省委发出《关于认真学习宣传贯彻党的十九大精神的通知》。

10 月 26 日 福建省海洋产权交易平台在福州启动。该平台借鉴国内产权交易中心的经营模式、金融理念、技术和管理经验，开展海域使用权、无居民海岛使用权、海砂开采用海海域使用权交易。

10 月 27 日 福建省普惠金融工作现场推进会在“中国扶贫第一村”福鼎市磻溪镇赤溪村召开，展示了普惠金融发展的新成果、新产品、新服务。同日，赤溪村农村普惠金融综合服务点正式揭牌。这是福建省第一个普惠金融标准化示范点。

10 月 28 日 福建省召开领导干部大会，传达中共中央决定：于伟国任中共福建省委书记。

10 月 福建省决定由省内 17 所高校牵头，启动建设首批 27 个数字福建大数据研究院（所）。

10 月 省文化厅出台《关于特色文化文物示范村镇建设项目实施方案》。提出建设一批文化遗产传承有序、人文气息浓郁深厚、文创产业特色鲜明、文化生态优美精致的特色文化文物示范村镇。

11 月 8 日 由省物联网产业龙头企业新大陆、上润等发起成立的福建省物联网产业联盟在福州市马尾区成立，福州物联网产业促进中心同时揭牌成立。

11 月 9 日 全国深入推行科技特派员制度现场会在南平市召开。会议指出，科技特派员制度是习近平总书记在福建工作时深入总结基层实践经验、科学深化提升、大力倡导推进的一项重要的农村工作机制，有力促进了农村生产力的发展和农民生活水平的提高。要推动科技特派员制度创新发展，在实施乡村振兴战略、推进绿色发展和特色现代农业建设、决胜全面建成小康社会中发挥更大作用。

11 月 16 日—17 日 省委十届四次全会在福州召开。会议深入学习宣传贯彻党的十九大精神，进一步组织动员全省各级党组织、广大党员和干部群众，高举中国特色社会主义伟大旗帜，坚持以习近平新时代中国特色社会主义思想为指导，不忘初心，牢记使命，决胜全面建成小康社会，加快推进新福建建设，为夺取新时代中国特色社会主义伟大胜利、实现中华民族伟大复兴的中国梦作出福建贡献。

11 月 17 日 全国精神文明建设表彰大会在北京举行。福建省莆田市、龙岩市、石狮市、武平县、晋江市、沙县等 6 个参评城市全部获奖。厦门市、福州市、三明市、泉州市、漳州市继续保留全国文明城市荣誉称号。

11 月 24 日 福建省出台《关于加强耕地保护和改进占补平衡的实施意见》。提出到 2020 年，全省耕地保有量不少于 1895 万亩，永久基本农田保护面积不少于 1609 万亩，确保建成 1176 万亩高标准农田，稳步提高粮食综合生产能力，保障全省粮食安全。完善耕地保护制度和占补平衡政策措施，形成保护更加有力、执行更加顺畅、管理更加高效的耕地保护新格局。

11 月 27 日 《福建省环保机构监测监察执法垂直管理制度改革实施方案》印发。全省环保垂直管理改革试点进入实施阶段。

11 月 27 日—28 日　中国工程院、中国科学院分别宣布 2017 年院士增选当选院士名单。新产生 128 位院士，有 4 位福建籍及在福建工作的科学家当选。在福建工作的院士增至 19 位，福建籍及在福建工作的院士增至 155 位。

11 月 28 日　省政府常务会议研究通过《福建省生活垃圾分类制度实施方案》《福建省居民营养计划》《福建省推进医疗联合体建设和发展实施方案》等。决定提高困难残疾人生活补贴和重度残疾人护理补贴标准。

同日　《福建省农副产品平价商店管理办法》印发，要求全省每 5 万人口应有 1 家以上固定平价商店。其中，平价蔬菜、水果类销售价应低于当地同类市场均价 15% 以上，粮、油、肉、禽、蛋及其他生活必需品价格应低于当地同类市场均价 5% 以上。2011 年 7 月，福建省在福州、厦门开展平价商店建设试点工作。9 月，省政府下发《关于稳定当前食品价格十项措施的通知》，平价商店建设工作向全省推开。截至 2017 年 11 月底，全省平价商店共有 499 家。

12 月 3 日—5 日　第四届世界互联网大会在浙江省乌镇举行。大会首次发布的《中国互联网发展报告 2017》对全国各省市区互联网发展状况进行评估，福建排名第 6 位。

12 月 4 日　省委、省政府印发《关于推进防灾减灾救灾体制机制改革的实施意见》。强调切实提高防灾减灾救灾工作法治化、规范化、现代化水平，全面提升全社会抵御自然灾害的综合防范能力。

12 月 6 日　位于莆田涵江区三江口镇的百威英博雪津世界级工厂正式竣工投产，成为当时亚洲单体产能最大、全球装备技术领先的啤酒工厂。

同日　《福建省公共租赁住房租金管理办法》印发。明确公租房租金实行明码标价制度。

12月13日 省委常委会会议学习贯彻习近平总书记关于进一步纠正“四风”、加强作风建设的重要指示精神，研究贯彻落实意见。会议强调，要以永远在路上的坚韧，锲而不舍反“四风”、改作风，着力解决“四风”隐形变异问题，不断巩固、深化和拓展作风建设成果，为“再上新台阶、建设新福建”提供坚强保证。

12月15日 福建与中央企业先进制造业项目对接会在北京举行。省委书记于伟国出席会议并讲话。福建有关方面与中央企业对接了数字经济、战略性新兴产业、电子信息、石油化工、机械装备、节能环保、现代服务业等领域的52个项目，总投资2980亿元。

12月18日 省政府印发《福建省开展“证照分离”改革试点工作方案》。试点范围包括福建自贸试验区福州、厦门、平潭3个片区，8个国家级经济技术开发区，7个国家级高新技术产业开发区，1个国家级新区（福州新区）。试点期至2018年12月21日。

12月20日 厦门港迎来34年发展史上的重要时刻，成为年吞吐量达1000万标箱的国际大港，也是海峡西岸经济区首个千万标箱强港。

同日 省政府、福州市政府与中国科学院在福州签署共建中国科学院大学福建学院协议。

同日 东南卫视正式启播暨福建省卫星电视全面落地澳门仪式在澳举行。本省三大卫星电视（东南卫视、海峡卫视、厦门卫视）实现在澳门全面落地播出。

12月21日—23日 中共中央政治局常委、中央纪委书记赵乐际到福建调研。他强调，要深入贯彻落实党的十九大精神，以习近平新时代中国特色社会主义思想为指导，大兴调查研究之风，推动全面从严治党向纵深发展。要大力弘扬带领群众摆脱贫困的好传统、好作风，扎实做好脱贫攻坚各项工作。

12月25日 省委十届五次全会在福州召开。会议深入学习贯彻党的十九大精神和习近平新时代中国特色社会主义经济思想，全面落实中央经济工作会议各项决策部署。总结2017年经济工作，部署2018年经济工作，推动全省经济向高质量发展阶段迈进。

12月30日 福州南、福州站先后开行至义乌D4162次、宁波D4164次2趟高铁旅游动车组列车。这是本省首次开行高铁旅游列车。

12月 《福建省湿地保护修复制度实施方案》印发。明确提出到2020年，全省湿地面积不低于1306万亩（不包括水稻田），湿地保护率提高到50%以上。

12月 《关于促进福厦泉国家自主创新示范区、中国（福建）自由贸易试验区知识产权工作创新发展的若干意见》出台。

本年 福建省全面实施精准扶贫精准脱贫方略，全年脱贫人口20万人，造福工程扶贫搬迁10万人任务超额完成，脱贫攻坚战取得决定性进展。补录建档立卡贫困人口16909人，清退错识错评人员18593人，剩余建档立卡贫困人口4286人。精准扶贫医疗叠加保险在全省实施。挂钩帮扶23个省级扶贫开发工作重点县制度全面落实。新建成5个山海协作产业园区，累计已达32个。第五轮整村推进扶贫开发启动实施，1958名党员干部驻村任职。

本年 福建省如期保质兑现年初承诺的25件为民办实事项目。2013—2017年，本省民生相关支出占一般公共预算支出比重每年均超过七成，省级财政累计投入801.9亿元，完成110件为民办实事项目。全省民生社会事业短板加快补齐，人民群众的获得感、幸福感、安全感不断增强。

本年　全省生产总值32298.2亿元，首次突破3万亿元。一般公共预算总收入4603.8亿元，其中地方一般公共预算收入2808.7亿元。固定资产投资26226.6亿元。外贸进出口11590.8亿元。实际使用外资573.2亿元。社会消费品零售总额13013亿元。城镇居民人均可支配收入39001元。农村居民人均可支配收入16335元。

二〇一八年

1月1日　全省扶贫资金在线监管系统正式运行。该系统涵盖21项省级以上财政安排扶贫资金，实现全程电子监察、全程留痕可查，有效防止扶贫资金的“跑冒滴漏”。

1月22日《福建省进一步推进“厕所革命”行动计划》印发。要求各级各部门深入开展厕所建设，增加公厕数量，提升建设品质。

1月24日　省委农村工作会议在福州召开。会后，省委、省政府印发《关于实施乡村振兴战略的实施意见》。提出到2020年，乡村振兴取得重要进展，制度框架和政策体系基本形成。到2035年，农业农村现代化基本实现。到2050年，农业强、农村美、农民富全面实现。省委下发通知成立省委实施乡村振兴战略领导小组。

1月25日　福建省在全国率先出台《关于加快全省工业数字经济创新发展的意见》。要求到2020年，全省工业数字经济产业规模持续壮大，电子信息产业实现规模超过1.2万亿元，年均增长12%。以数字技术创新为主要动能的工业新生态初步建立。互联网、大数据、人工智能和实体经济深度融合，工业企业智能化改造步伐加快，新模式、新业态不断涌现。

1月25日—29日　省政协十二届一次会议在福州召开，选举崔玉英为十二届省政协主席。

1月26日—31日　省十三届人大一次会议选举于伟国为省人大常委会主任，唐登杰为省长。

1月27日 《人民日报》在头版头条刊文《福建：为民办实事，全面建小康》，介绍福建省委明确将教育、卫生健康、养老和城乡基础设施作为补短板的四大重点领域，努力实行“一事接着一事办、一年接着一年干”，在补短板中实现全面小康的经验。

1月 省发改委宣布，进一步扩大实施“互联网+”区域化链条化试点，确定新增古田、尤溪、闽侯、德化、上杭、泰宁等6个县分别探索开展“互联网+食用菌”“互联网+油茶”“互联网+木家居艺术”“互联网+陶瓷”“互联网+金铜”“互联网+旅游”等产业试点。

2月6日 联合国粮农组织致函中国农业部，确认“中国南方稻作梯田系统”入选全球重要农业文化遗产。三明尤溪联合梯田是4个子项目之一。

2月24日 省民政厅出台《养老事业补短板2018年行动计划》。提出当年实现新增各类养老床位1万张，每千名老年人拥有床位数达33张以上；65%以上养老机构能以不同形式提供医疗卫生康复服务。新建农村幸福院760所，建制村养老服务设施覆盖率超过50%。乡镇敬老院床位平均使用率达50%以上，社会化运营比例达20%以上。所有县（市、区）全面落实老年人三项补贴制度。

2月 财政部、水利部联合印发《关于开展水土保持工程建设以奖代补试点工作的指导意见》。福建被列入水土保持工程建设以奖代补试点省份。

2月 福建银监局在全国率先出台《福建银行业服务乡村振兴战略行动计划》（2018—2020年）。

3月16日 《福建省第一批国家重点生态功能区县（市）产业准入负面清单（试行）》印发。首批列入国家重点生态功能区的永泰、泰宁、周宁等9个县（市）正式试行产业准入负面清单制度。

3月23日 科技部发布《2017年中国独角兽企业发展报告》，宁德时代以200亿美元的估值，位列第六，成为全省唯一入围的独角兽企业。

3月27日 中国（福建）国际贸易单一窗口进出口信用证管理系统上线，并在全国率先实现收付汇信用证综合服务功能。

3月28日 习近平总书记在中央全面深化改革委员会第一次会议讲话中要求，进一步深化福建自由贸易试验区改革开放，认真总结自由贸易试验区建设经验，按照高质量发展的要求，对照国际先进规则，以制度创新为核心，以防控风险为底线，扩大开放领域，提升政府治理水平，加强改革系统集成，力争取得更多可复制可推广的制度创新成果，更好服务全国改革开放大局。会议审议通过了《进一步深化中国（福建）自由贸易试验区改革开放方案》。

3月31日 省十三届人大常委会第二次会议在福州闭幕。会议表决通过新一届省政府组成人员任职名单并进行宪法宣誓。这是宪法新修订后省人大常委会举行的首次宪法宣誓仪式。

3月 福建省一流大学和一流学科建设高校及建设学科名单公布。具体为：福建省一流大学建设高校5所，分别为厦门大学、华侨大学、福州大学、福建农林大学、福建师范大学；福建省一流学科建设高校8所，分别为福建工程学院、集美大学、福建医科大学、福建中医药大学、闽江学院、泉州师范学院、闽南师范大学、厦门理工学院。同时发布的一流学科建设学科包括高峰学科建设学科43个、高原学科建设学科68个。

4月18日—19日 世界银行贷款医改项目现场会在尤溪县召开。贷款总金额达3.1亿美元，支持福建省深化医改，提升基层医疗卫生服务能力。

4月22日 首届数字中国建设峰会主论坛举行。会上，国家互联网信息办公室发布《数字中国建设发展报告（2017年）》。福建信息化发展水平位居全国第6位，信息服务应用惠及全民方面位居第1位。

同日 人社部在福州签发第一张全国统一的电子社保卡。社保卡线上线下全面打通，持卡人“扫码”即可实现就诊买药、医保结算等。

4月22日—24日 首届数字中国建设峰会在福州举办。中共中央总书记、国家主席、中央军委主席习近平发来贺信。此届峰会的主题是“以信息化驱动现代化，加快建设数字中国”，包括开闭幕式、主论坛、分论坛、成果展览会、报告发布、最佳实践推介等环节。293家企业参展，一批创业创新成果对接落地，涉及数字经济相关项目超过400个，总投资达3600亿元，现场签约29个项目，总投资423亿元。

4月23日 由福建广电网络集团承建的全省政务视频会议公共平台正式开通。

4月25日 省国家生态文明试验区建设领导小组暨省中央环保督察整改工作领导小组会议召开。会议强调，全省各级各部门要认真学习贯彻习近平总书记的重要指示精神，深入践行“绿水青山就是金山银山”理念，加快实施乡村振兴战略，进一步加大农村环境整治推进力度，全面学习浙江的经验做法，实施农村人居环境整治三年行动方案，继续开展美丽乡村工程建设，切实改善农村人居环境。

4月 省纪委监委发出《关于推动全面开展移风易俗专项治理工作的通知》。要求全省各级纪检监察机关立足监督执纪问责职责，对群众反映最强烈的不良风气展开专项治理，实现党风与民风良性互动、向上向善。

4月 财政部、税务总局、人社部、银保监会、证监会联合印发《关于开展个人税收递延型商业养老保险试点的通知》。明确自5月1日起，在福建省、上海市和苏州工业园区实施个人税收递延型商业养老保险试点。此后，《福建省实施个人所得税递延型商业养老保险试点工作方案》印发。

5月2日 省政府印发《2018年民生基础设施补短板实施方案》，提出实施城乡民生基础设施建设九大工程，着力增强城乡综合承载能力。

5月4日 国务院印发《进一步深化中国（福建）自由贸易试验区改革开放方案》。提出到2020年，率先建立同国际投资和贸易通行规则相衔接的制度体系，形成法治化、国际化、便利化营商环境，打造开放和创新融为一体的综合改革试验区、深化两岸经济合作示范区和面向21世纪海上丝绸之路沿线国家和地区开放合作新高地。

5月12日 《中共福建省委关于在全省进一步兴起习近平新时代中国特色社会主义思想“大学习”热潮的通知》印发。提出要全面兴起“大学习”热潮，确保习近平新时代中国特色社会主义思想在福建大地落地生根。

5月17日 《福建省星创天地管理细则（暂行)》印发。提出努力营造良好的农村创新创业环境，加快推动全省农业农村“大众创业、万众创新”，为乡村振兴提供人才和技术支撑。

5月18日 21世纪海上丝绸之路博览会暨第二十届海峡两岸经贸交易会在福州开幕，这是中央批准的唯一冠名“海丝”的博览会。主题是“拓展国际合作、打造海丝平台、深化两岸交流、共享发展机遇”。77个国家和地区参展参会，境内外参展企业达1559家，25个海丝沿线国家和地区全部参展参会。

同日 以“建设新福建·共创新机遇”为主题的国际资本投资福建对接会在福州举行。来自23个国家和地区的100多位客商参会，共对接世界500强、行业龙头、台湾百大企业等符合高质量发展要求的项目126个，总投资1470亿元。

5月29日—31日 省十三届人大常委会第三次会议通过《福建省人民代表大会常务委员会关于进一步推进数字福建建设的决定》。

5月30日 《福建省新一轮促进工业和信息化龙头企业改造升级行动计划（2018—2020年）》印发。提出到2020年，在全省工业和信息化领域重点培育300家以上规模体量大、带动力强的龙头企业，带动形成12个以上规模超千亿的产业集群，带动培育100家以上单项冠军和一批“隐形冠军”企业、100家以上省级服务型制造示范企业、500家以上“专精特新”中小企业、500家以上科技小巨人领军企业。

6月3日—4日 中共中央政治局常委、国务院副总理韩正在福建调研推进政府职能转变、优化营商环境等工作。

6月5日—11日 第十届海峡论坛举行。中共中央政治局常委、全国政协主席汪洋出席论坛开幕式并致辞。论坛安排大会活动，以及青年交流、基层交流、文化交流、经济交流四大交流版块36项49场活动，福建各设区市同期举办18项活动。

6月13日 闽宁互学互助对口扶贫协作第二十二次联席会议在宁夏银川举行。22年来，闽宁两地通过政策、资金等方面的支持和倾斜，创造了对口协作帮扶的“闽宁模式”。

6月15日 国家税务总局福建省税务局正式挂牌。7月20日，全省县级局税务机构统一挂牌成立，原各县级国税局、地税局合并。

6 月 17 日—21 日 第十六届中国 · 海峡项目成果交易会在福州举行。展会期间，共举办 65 场项目对接、产业论坛活动，对接合同项目 2049 项，总投资 682 亿元。

6 月 27 日 全省生态环境保护大会和国家生态文明试验区建设推进会在福州举行。会议对全省加强生态环境保护、打好污染防治攻坚战、推进国家生态文明试验区建设作出部署。自福建被确立为全国首个国家生态文明试验区以来，中央部署的 38 项重点改革任务有 37 项已经形成重要的改革成果。其中党政领导生态环保目标责任制、重点生态区位商品林赎买、生态司法保护机制、林业金融创新、全流域生态补偿、领导干部自然资源资产离任审计、河长制、厦门生活垃圾分类等一批领先全国的改革经验和制度成果，得到中央改革办、国家发改委等有关部委充分肯定，并向全国推广。

6 月 28 日 收听收看全国深化“放管服”改革转变政府职能电视电话会议后，省政府召开全省视频会议。会议强调，纵深推进全省“放管服”改革，要持续深化简政放权，进一步完善权责清单制度，进一步简化企业开办，抓好工程建设项目审批制度改革，放宽准营限制和市场准入，把该放的放彻底、放出动力活力。要大力推进“互联网 + 政务服务”，加快建设服务型政府，让企业和群众到政府办事像网购一样方便。

6 月 30 日 南龙铁路全线铺轨贯通。南龙铁路北起合福铁路南平北站，南至赣龙铁路龙岩站，设计行车速度 200 公里 / 小时。

6 月 省委、省政府印发《关于开展质量提升行动加快建设质量强省的实施意见》。

7 月 2 日 省国土资源厅、林业厅、海洋与渔业厅、水利厅、住房和城乡建设厅联合印发《福建省湿地占补平衡暂行管理办法》。明确经批准征收、占用总量管控目标范围内湿地并转为其他用途的，用地单位按照“先补后占、占补平衡”原则，恢复或重建与所占面积和质量相当的湿地。

7 月 25 日—28 日　中共中央政治局常委、全国人大常委会委员长栗战书到泉州、福州、南平等地，调研地方改革开放发展和人大工作情况。强调要以习近平新时代中国特色社会主义思想为指导，发挥人大在全面依法治国中的重要作用，为实现高质量发展、推进改革开放和社会主义现代化建设提供有力法治保障。

7 月 27 日　2018 年中国互联网企业 100 强发布会暨百强企业高峰论坛在厦门举行。福建省的美图、4399、网龙网络、吉比特、游龙网络、美柚等 6 家企业上榜。

8 月 2 日　福建省银政通系统正式上线运行。此举实现了全国首次工商登记与银行开户的深度融合，标志着全省人民币银行结算账户管理电子化迈上新台阶，标志着福建省政府部门与银行系统信息共享跨出坚实的一步。

8 月 5 日　福建向金门供水工程通水现场会在福建晋江举行。福建向金门供水工程线路总长约 28 公里，工程总投资 3.88 亿元人民币。

8 月 9 日　福建省出台《关于进一步降低成本减轻负担促进实体经济企业发展的若干意见》。从税收负担、涉企收费、制度交易成本、生产要素成本等 10 个方面，全面降低企业负担，主动服务企业，促进实体经济高质量发展。

8 月 14 日　全省扫黑除恶专项斗争视频会议召开。

8 月 16 日　省十三届人大常委会第五次会议表决通过《福建省人民代表大会常务委员会关于全面加强生态环境保护，依法推动打好污染防治攻坚战，持续推进国家生态文明试验区建设的决议》。这是省人大常委会在全国各省份中首个作出加强生态环境保护，打好污染防治攻坚战的决议。

同日　省委常委会会议研究推进全省进一步弘扬“马上就办、真抓实干”优良传统作风。同月，省委、省政府印发《福建省弘扬“马上就办、真抓实干”优良传统作风若干规定（试行）》。

8月22日　福建省跨境电商综合服务平台启动仪式在福州举行。福建省国际贸易“单一窗口”的功能从一般贸易业态拓展至跨境电子商务新兴业态。

8月29日　全省实施乡村振兴工作会议在福州召开。会议强调，要加快推进全省乡村振兴各项工作，努力开创新时代福建“三农”工作新局面。

同日　《福建省高中阶段学校考试招生制度改革的实施意见》印发。

同日　全国工商联发布2018中国民营企业500强榜单。福建省有阳光龙净集团有限公司、正荣集团有限公司、福晟集团有限公司等20家企业入选，上榜数居全国第6位。

8月　福建省出台《全面加强基础科学研究的实施意见》。提出到2020年，省自然科学基金经费规模达7500万元以上，力争全省国家重点实验室达12家以上、省重点实验室达240家以上。

8月　至本月，福建省公共法律服务体系平台建设取得明显成效，全省已建成78个市（县、区）公共法律服务中心、1033个乡镇（街道）法律服务站、14492个村（社区）法律服务联系点，实现市、县、乡、村四级全覆盖。通过推进一村（社区）一法律顾问工作，全省共有16728个村（社区）聘请律师等担任法律顾问，实现全省全覆盖。

8月 国家林业和草原局公布首批国家森林小镇建设试点名单，福建省有建宁闽江源森林养生特色小镇、武夷大安时光森林小镇、永泰大湖森林特色小镇等3个项目入选。

8月 《求是》杂志社创办的中央级大型政经类月刊《小康》杂志发布“2018中国营商环境百强区县排行榜”。福建省有8个县市入选，分别是晋江、石狮、南安、福清、连江、罗源、惠安、德化。

9月1日 《港澳台居民居住证申领发放办法》正式实施。9月3日，福建省发出第一张台湾居民居住证。

9月8日—11日 第二十届中国国际投资贸易洽谈会在厦门举行。国家主席习近平向投洽会发来贺信。此届投洽会突出“贯彻新发展理念，融入一带一路，促进双向投资”主题，128个国家和地区的1005个工商团组、约5000家企业的12万多名客商参会，2万多个优质项目通过对接洽谈，1982个项目达成合作协议，协议总投资额5275亿元。

9月11日 省政府办公厅印发《推行“马上就办”掌上便民服务实施方案》，明确提出按照“互联网＋政务服务”要求，依托数字福建公共平台，对接已上线的“e福州”“i厦门”“e龙岩”“闽税通”等掌上便民服务系统，实现互联互通、资源共享，构建以闽政通APP为基础架构的全省一体化掌上便民服务大平台。

9月23日 广深港高铁香港段正式开通运营，福州同步开通直达香港高铁，闽港进入“高铁互联互通时代”。

9月29日 省委十届六次全会在福州召开。审议通过《中共福建省委关于深入贯彻落实习近平总书记重要指示精神坚持高质量发展落实赶超的意见》，表决通过了《中国共产党福建省第十届委员会第六次全体会议决议》，传达了党中央、国务院批准的《福建省机构改革方案》等。会议强调，要把习近平总书记对福建提出的“机制活、产业优、百姓富、生态美”的重要要求，落实和贯穿到赶超的全过程各领域各方面。

10月4日 省政府公布第九批省级文物保护单位名单和保护范围。有252处（含7处合并保护单位）入列。全省省级文物保护单位数量累计921处。

10月12日 工信部、财政部公布68家入选2018年国家技术创新示范企业名单。其中福建省企业6家，数量居全国第1位。

10月15日—17日 中共中央政治局委员、国务院副总理孙春兰在福建调研。孙春兰强调，要深入学习贯彻习近平总书记关于卫生与健康工作的重要论述，认真落实全国医改工作电视电话会议精神，聚焦突出问题，深化改革攻坚，推动党中央、国务院关于全面深化医改的决策部署落地见效，不断增进人民群众的健康福祉。

10月19日—20日 全省实施乡村振兴战略现场推进会在永春召开。会议强调，要深入学习领会习近平总书记关于实施乡村振兴战略的重要论述，结合实际认真抓好贯彻落实。要按照全省实施乡村振兴战略工作会议上提出的“五个紧紧抓住”的要求，学习借鉴浙江经验，坚持从人民群众最关心的问题入手，全力推动乡村产业、人才、文化、生态、组织振兴。

10月26日—28日 中共中央书记处书记、中央统战部部长尤权在福建调研。尤权强调，要认真学习贯彻习近平新时代中国特色社会主义思想和党的十九大精神，积极促进非公有制经济健康发展和非公有制经济人士健康成长，进一步做好宗教工作，为经济发展和社会稳定作出新贡献。

10月31日 省政府常务会议通过《关于建立城乡居民基本养老

保险待遇确定和基础养老金正常调整机制的实施意见》。会议强调，要坚持以人民为中心，推动城乡居民基本养老保险待遇水平随经济发展而逐步提高，不断增强参保居民的获得感、幸福感、安全感。

11 月 20 日 全省脱贫攻坚现场推进会召开。会议指出，脱贫攻坚战已经到了决战决胜的关键时期。要以更精准更有力更有效的办法，优化政策供给，下好“绣花”功夫，确保完成脱贫攻坚各项任务。要紧盯重点任务，以更强力度、更实举措推进落实。要强化责任、精准施策，务必取得脱贫攻坚战的胜利。

11 月 21 日 中国社会科学院召开《中国城市创新竞争力发展报告（2018）》蓝皮书发布会。对我国 274 个城市创新竞争力进行综合评价分析。福建省的厦门、福州分列第 22 位、第 35 位，跻身全国前 50 强；泉州、龙岩排名第 55 位和第 71 位，成为另外两个进入前 100 名的福建城市。

11 月 23 日 国务院印发《关于支持自由贸易试验区深化改革创新若干措施的通知》。提出 53 项切口小、见效快的工作措施。其中，在福建自贸试验区内实行的措施集中在对台交流方面，包括支持平潭口岸建设进境种苗、水果、食用水生动物等监管作业场所，将台湾地区生产且经平潭口岸进口的第一类医疗器械的备案管理权限下放至福建省药品监督管理部门，允许平潭各金融机构试点人民币与新台币直接清算，允许境外机构境内外汇账户办理定期存款业务等。

12 月 6 日 改革开放 40 周年“福建影响力”案例发布会在福州召开。晋江经验、“漳州 110”、长汀水土流失治理等 44 个典型案例在会上发布。

同日 在漳平市不动产登记中心窗口，漳平台湾农民创业园台资企业福建漳平九德茶业有限公司的法定代表人杨咏安，领到申请办理的林权不动产证书。这是大陆首例台胞获得林权不动产证。

12月12日 生态环境部授予45个市县为第二批国家生态文明建设示范市县。厦门市思明区、将乐县、武夷山市、柘荣县、永春县等5个县（市、区）入选。

12月13日 省委常委会会议审议通过《中共福建省委、福建省人民政府关于加快民营企业发展的若干意见》《福建省中长期青年发展规划（2018—2025年）》等。研究同意永泰等5个县退出省级扶贫开发工作重点县。

12月24日 首艘冠名丝路海运的船舶“中远泗水号”，从厦门港东渡港区海天码头启航，由此宣告国内首个以航运为主题的“一带一路”国际综合物流服务品牌和平台——“丝路海运”正式启动。“丝路海运”运营平台——福建丝路海运运营有限公司正式成立。

12月25日 福建三钢成功获批国家AAA级景区，成为全省首个钢铁工业旅游区。

12月26日 省委十届七次全会在福州召开。会议强调，要在更高起点上推动新时代改革开放再出发，坚持以习近平新时代中国特色社会主义思想和党的十九大精神为指导，坚持党对一切工作的领导，坚持统筹推进“五位一体”总体布局、协调推进“四个全面”战略布局，坚持稳中求进工作总基调，坚持新发展理念，坚持以供给侧结构性改革为主线，紧紧围绕高质量发展落实赶超，解放思想、开拓创新，对标一流、奋力先行，继续全面深化改革、全面扩大开放，加快建设“机制活、产业优、百姓富、生态美”的新福建，努力成为高质量发展排头兵、综合改革试验田、对外开放新高地、对台合作先行区、生态文明先导区，为服务党和国家大局作出福建新的贡献。

12月28日 《关于表彰改革开放40年福建最有影响力企业家的

决定》公布。

12月29日 南龙铁路开通运营。南龙铁路全长248.1公里，设计时速200公里。

12月31日 国家林业和草原局公布第九次全国森林资源清查结果。福建省森林覆盖率为66.8%，连续40年位列全国首位。

本年 福建省以巩固脱贫成果、提高脱贫质量、引导有序退出为重点，实施精准扶贫精准脱贫方略，现行扶贫标准下的建档立卡贫困人口基本实现脱贫。实施重点县和贫困村退出3年滚动规划，23个省级扶贫开发工作重点县在2017年度退出5个县基础上，2018年度又有12个县达到退出标准；2201个贫困村累计退出2050个。

本年 全省生产总值3.58万亿元。一般公共预算总收入5045.4亿元；地方一般公共预算收入3007.4亿元。固定资产投资增长12.1%。外贸出口7615.6亿元，增长7.1%。社会消费品零售总额14317.4亿元。城镇居民人均可支配收入42120元，增长8%。农村居民人均可支配收入17790元，增长8.9%。实现节能减排降碳年度目标。

二〇一九年

1月1日　福建省第四次全国经济普查登记工作全面展开。经济普查标准时点为2018年12月31日。

1月4日　省委常委会会议暨数字福建建设领导小组会议召开，研究加快新时代数字福建发展，审议通过《新时代数字福建发展纲要》。

同日　省海洋与渔业局举行水产品质量安全“一品一码”全程追溯系统上线运行发布会。福建省进入水产品质量安全“源头可溯、去向可追、风险可控、公众参与”的赋码监管时代。

1月8日　2018年度国家科学技术奖励大会在北京举行。福建共有7项成果荣获国家科学技术奖，其中，国家自然科学奖二等奖1项、国家技术发明奖二等奖1项、国家科学技术进步奖二等奖5项。

1月10日　全省扶贫开发工作会议召开。会议指出，全面建成小康社会，脱贫攻坚是最硬的任务。要坚持目标、标准不动摇，强化“五级书记”抓攻坚、强化投入保障、强化群众参与、强化队伍建设，坚决打赢脱贫攻坚战。确保到2020年，现行扶贫标准下的农村贫困人口全部脱贫，23个省级扶贫开发工作重点县、2201个建档立卡贫困村全部摘帽。确保“两不愁三保障”不留死角，进一步加大控辍保学力度，强化基本医疗、大病保险、医疗救助等多种保障，扎实抓好农村危房改造。确保脱贫成果经得起检验，在产业扶贫、就业扶贫、搬迁扶贫上下功夫。确保对口帮扶地区贫困群众如期脱贫，继续加大投入，坚持精准施策。确保脱贫攻坚与乡村振兴有机衔接，认真研究解决边缘人口问题。

2月18日 福建省市场监管局牵头、福建省标准化院主导制定的GB/T37072—2018《美丽乡村建设评价》国家标准，获得国家市场监督管理总局、国家标准化管理委员会批准并发布。

3月6日 第二批“丝路海运”命名航线正式发布。共计18条航线，其中厦门港16条、福州港2条，涵盖马尼拉、胡志明、丹戎帕拉帕斯、杰拜阿里、阿巴斯等“一带一路”重要港口。

同日 中宣部、财政部、文化和旅游部、国家文物局发出关于公布《革命文物保护利用片区分县名单（第一批）》的通知，确定15个革命文物保护利用片区。福建省共有45个县（市、区）分别入选原中央苏区片区、海陆丰片区、闽浙赣片区。

3月10日 习近平总书记参加十三届全国人大二次会议福建代表团的审议。习近平在讲话中肯定福建的工作，希望福建坚持以新时代中国特色社会主义思想为指导，坚持稳中求进工作总基调，坚持新发展理念，统筹做好稳增长、促改革、调结构、惠民生、防风险、保稳定工作，努力在营造良好发展环境上再创佳绩，在推动两岸融合发展上作出示范，为全面建成小康社会圆满收官打下坚实基础。

3月12日 《八闽文库》全媒体出版工程启动。

同日 福建省在全国率先出台全民运动健身模范市和全民运动健身模范县（市、区）创建活动方案。

3月28日 省十三届人大常委会第九次会议表决通过《福建省非物质文化遗产条例》。

4月10日 福建正式上线全国首个省级生态环境领域的亲清服务平台。该平台整合生态环境部门12项行政审批、公共服务等，做到“一张网”审批，“一站式”办理。

4月22日 中国工程院发布的中国生态文明发展水平评估报告（2015—2017）显示，全国省区市中生态文明指数排名前三位的是福建省（75.73分）、浙江省（75.43分）、重庆市（74.81分），在全国地级及以上城市中，厦门排名第一。

4月23日 省政府发布《福建省高等学校考试招生综合改革实施方案》。提出福建省2020年实施新的高职院校分类考试招生制度，2021年实施新的普通高等学校考试招生制度。

同日 福建联通在联通信息广场成功打通省内首个基于5GNSA网络的5G高清语音电话，实现5G手机和网络的互通测试。

4月28日 省政府办公厅印发《福建省降低社会保险费率综合工作方案》。明确从2019年5月1日起，全省企业职工基本养老保险单位缴费费率从18%降至16%（厦门市企业职工基本养老保险单位缴费费率，按国家规定制订省级统筹过渡办法），机关事业单位养老保险单位缴费费率从20%同步降至16%，企业和机关事业单位养老保险参保职工缴费费率维持8%不变。

5月6日 福建省政府和生态环境部签署共建“数字生态”示范省战略合作协议，共建“数字生态”示范省。

5月6日—8日 第二届数字中国建设峰会在福州举行，主题为“以信息化培育新动能 用新动能推动新发展 以新发展创造新辉煌”，包括开幕式、主论坛、分论坛、成果展览会、政策发布、创新大赛和闭幕式等环节。峰会参展企业493家，对接数字经济项目587项，其中签约项目308项，总投资额2520亿元。

5月18日—22日 第二届21世纪海上丝绸之路博览会暨第二十一届海峡两岸经贸交易会在福州举行。此届“5·18”以“拓展海丝合作、深化两岸融合、共享发展成果”为主题，更加主动融入“一带一路”建设，进一步深化与海丝沿线国家的合作交流，进一步加强海峡两岸经贸交流合作。

5月22日 省委十届八次全会在福州召开。全会以习近平新时代中国特色社会主义思想为指导，深入学习贯彻习近平总书记在参加十三届全国人大二次会议福建代表团审议时的重要讲话和对福建工作的重要指示批示精神，对营造有利于创新创业创造的良好发展环境、探索海峡两岸融合发展新路、推进老区苏区脱贫奔小康和加强新时代党的建设等作出部署，动员全省干部群众牢记重托、奋力前行，坚持高质量发展落实赶超，谱写新时代新福建建设新篇章。

5月23日 福建省“千企帮千村”精准扶贫行动推进会暨民企参与实施乡村振兴战略工作会议在福州召开。会上表彰一批“千企帮千村”工作先进企业、商会，发出助力老区苏区脱贫攻坚和参与实施乡村振兴战略的倡议，举行了乡村振兴结对帮扶签约仪式。

6月2日 万寿岩国家考古遗址公园开园，为福建省首个国家考古遗址公园。

6月4日 福建省“不忘初心、牢记使命”主题教育工作会议在福州召开。会议深入学习贯彻习近平总书记在“不忘初心、牢记使命”主题教育工作会议上的重要讲话精神，认真落实党中央《关于在全党开展“不忘初心、牢记使命”主题教育的意见》，对福建省主题教育进行动员部署。

6月15日—21日 第十一届海峡论坛举办。中共中央政治局常委、全国政协主席汪洋出席并讲话。论坛安排大会活动和青年交流、基层交流、文化交流、经济交流四大版块，以及福建各地同期举办的活动，共67场。在闽期间，汪洋到福建省政协调研考察，提出建设

“政协大省”的要求。

6月18日—21日 第六届世界闽商大会在福州举行。本届大会共对接签约产业项目1797个，计划总投资7809亿元。

6月28日 十二届省政协常委会第十一次会议就“加快闽东北、闽西南两大协同发展区建设”开展专题协商。省委书记于伟国出席并讲话。

7月22日 莆田木兰溪生态文明建设实践入选由中组部组织编选的《贯彻落实习近平新时代中国特色社会主义思想在改革发展稳定中攻坚克难案例》一书，成为生态文明建设篇选编的全国30个案例之一。

7月31日 “天翼智家，美好生活”双千兆城市启动会在福州市举行，标志着数字福建基础设施迈向新台阶，百姓家庭信息生活更加智慧化，福建省国民经济和社会信息化发展迈入“5G+光宽”双千兆时代。

8月4日 习近平总书记给福建省寿宁县下党乡的乡亲们回信，祝贺他们实现了脱贫，鼓励他们发扬滴水穿石精神，走好乡村振兴之路。

8月19日 第十五届精神文明建设“五个一工程”表彰座谈会在北京举行。在此届精神文明建设“五个一工程”评选中，福建省共有6部作品获奖。

8月21日—23日 国务院副总理、国务院医改领导小组组长孙春兰在福建调研并出席医改推进现场会。她强调，要深入贯彻习近平总书记关于深化医药卫生体制改革的重要指示精神，认真落实党中央、国务院决策部署，发挥三明医改典型引领作用，推动新时代医改走深走实、扩大成效。

9月4日　文化和旅游部公示了首批国家全域旅游示范区名单，共有71个。福建省有福州市永泰县、南平市武夷山市及龙岩市武平县等三地入选。

9月8日—11日　2019厦门国际投资贸易洽谈会在厦门举办。来自130个国家和地区的1008个工商团组，约10万名专业客商参会，其中境外客商1.5万多名；共设13万平方米、6000个国际标准展位。本届大会共签订各类投资项目2100个，协议总投资额5591.5亿元，其中，利用外资2660.6亿元，对外投资712.32亿元，区域合作1953.58亿元。

9月24日　《福建省加快5G产业发展实施意见》印发，提出力争到2020年，全省建成5G基站1万个，2022年，全省建成5G基站5万个，5G个人用户数达800万，5G相关产业产值规模超3000亿元。

9月28日　连接闽粤两省的龙岩至龙川铁路福建段开工建设。为双线高速铁路，设计时速250公里。

9月29日　福建省民政厅、省文化和旅游厅联合下发《关于进一步加强革命遗址保护利用工作的通知》，提出坚持先行保护、逐步修缮、长效管理、合理利用的原则，统筹推进革命遗址保护利用工作，保护红色遗产、弘扬红色文化、传承红色基因，加快推进老区建设发展。

10月16日　我国具有完整自主知识产权的三代核电技术——“华龙一号”开工。这是由中核集团建设的第五台“华龙一号”核电机组，“国家名片”“华龙一号”批量化建设正式开启。2020年11月27日，“华龙一号”全球首堆——福清核电5号机组首次并网成功。这标志着中国打破了国外核电技术垄断，正式进入核电技术先进国家行列，对我国实现由核电大国向核电强国的跨越具有重要意义。

10月20日 国家数字经济创新发展试验区启动会召开。会上发布了《国家数字经济创新发展试验区实施方案》，并向福建省、浙江省、河北省（雄安新区）、广东省、重庆市、四川省等6个“国家数字经济创新发展试验区”授牌，正式启动试验区创建工作。

同日 《中国互联网发展报告2019》蓝皮书在乌镇发布。福建省的互联网发展指数综合排名居全国第8位。

10月22日 福建省实施乡村振兴战略暨农村人居环境整治推进会在福州召开。会议指出，要深入学习贯彻习近平总书记关于“三农”工作的重要论述和关于实施乡村振兴战略、改善农村人居环境、推进农村改厕工作的重要指示批示精神，深入推进实施乡村振兴战略，坚决打好农村人居环境整治硬仗。

11月15日 在全国森林城市建设座谈会上，全国绿化委员会、国家林业和草原局宣布批准28个城市为国家森林城市。福建省南平市、宁德市与平潭综合实验区在列。至此，全省9个设区市和平潭综合实验区全部晋级国家森林城市。

11月16日—17日 中国生态文明论坛年会在湖北省十堰市召开。生态环境部授予第三批84个市县“国家生态文明建设示范市县”称号。福建省泉州市鲤城区、明溪县、光泽县、松溪县、上杭县、寿宁县等6个县（市、区）上榜。全省入选国家生态文明建设示范市县累计达16个，数量居全国前列。

11月27日 省十三届人大常委会第十三次会议表决通过《福建省人民代表大会常务委员会关于加强文化和自然遗产保护利用工作的决议》。这是全国省级人大首个出台的关于加强文化和自然遗产保护利用工作的决议。

同日 平潭颁出首批5本台湾职业资格直接采认的职称证书。两岸在职业资格采信互认方面又迈出历史性的一步。

12月2日 《福建省加快推动制造业优势龙头企业和小巨人企业高质量发展的行动计划（2020—2022年）》发布，旨在推动制造业优势龙头企业和小巨人企业做强做大做优，加快全省产业高质量发展。

12月3日 福建省屏南县被住建部列入全国美好环境与幸福生活共同缔造活动第一批试点县，成为全省首个试点县。

12月4日 省深化医药卫生体制改革领导小组召开会议，研究通过《福建省全面推广“三明经验”深化医药卫生体制改革的意见》以及8个配套文件，深入推进全省医药卫生体制改革。

12月5日 省委十届九次全会在福州召开。全会以习近平新时代中国特色社会主义思想为指导，深入学习贯彻党的十九届四中全会精神，研究部署推进新时代新福建治理现代化，审议通过《中共福建省委深入贯彻〈中共中央关于坚持和完善中国特色社会主义制度、推进国家治理体系和治理能力现代化若干重大问题的决定〉的实施意见》和《中国共产党福建省第十届委员会第九次全体会议决议》。

12月6日 国家卫健委在三明召开新闻发布会。介绍福建省和三明市医改做法、进展及成效。要求各地把其探索建立的一套较完整的政策体系和实施路径作为“模板”，坚持方向、因地制宜，尽快加以推广和落实，扩大医改成效，让百姓更有获得感。

12月19日 国家发展和改革委员会等18家单位联合下发《关于开展国家城乡融合发展试验区工作的通知》。福州东部片区被列为首批国家城乡融合发展试验区，也是福建省唯一入列的片区，范围包含福州市仓山区、长乐区、马尾区、福清市、闽侯县、连江县、罗源县，平潭综合实验区，宁德霞浦县，面积约8935平方公里。

12月21日 在吉林长春召开的中国改革（2019）年会上，“福建省国家生态文明试验区创新探索”和“‘军门社区工作法’促进社区治理现代化”，在10个“2019中国改革年度案例”占据两席，留下了改革进程中的福建印记。

12月24日 国务院发布《关于同意在石家庄等24个城市设立跨境电子商务综合试验区的批复》，同意包括福建省福州市、泉州市在内的24个城市设立第四批跨境电商综合试验区。

同日 《福建省“数字丝路”建设实施方案》印发。提出力争到2022年，福建省“数字丝路”相关经济规模达到1000亿元，“数字丝路”成为推动全省数字经济发展的新引擎。

12月26日 文化和旅游部公布全国7个国家级文化生态保护区名单，闽南文化生态保护实验区入选其中，保护范围为福建省泉州、漳州、厦门3个市及所辖12区、4市（县级市）、13县（含金门县）。

12月27日 福州市连江黄岐向马祖近期供水工程正式启动，开启了福建向马祖供水的新篇章。

12月31日 省政府常务会议通过《福建省深化农村公路管理体制改革 推动“四好农村路”高质量发展实施方案》。会议强调，要结合创建交通强国福建先行区，加大对老区苏区的支持力度，加强农村公路与高速路网、普通国省干线的衔接，重点推进县道“四晋三”、乡道“单改双”，加快路网提档升级，完善农村物流网络，为实施乡村振兴战略提供更好保障。

同日 省委、省政府印发《关于建立健全城乡融合发展体制机制和政策体系的实施方案》。

12月 省委农办、省农业农村厅、省发改委等11部门联合印发《关于开展农民合作社规范提升行动的实施方案》。

本年 福建省取得决战脱贫攻坚的决定性胜利。45.2万农村建档立卡贫困人口全部脱贫，2201 个建档立卡贫困村全部退出，23 个省级扶贫开发工作重点县全部摘帽。

本年 全省生产总值同比增长 8% 左右，总量跃上 4 万亿元台阶。一般公共预算总收入 5147 亿元，增长 2%；地方一般公共预算收入 3052 亿元，增长 1.5%。固定资产投资增长 6%。进出口增长 7.8%，其中出口增长 8.7%。实际使用外资增长 3.3%。社会消费品零售总额增长 10%。全年居民人均可支配收入 35616 元，比上年增长 9.1%，扣除价格因素，实际增长 6.3%。其中城镇居民人均可支配收入 45620 元。农村居民人均可支配收入 19568 元。实现节能减排降碳年度目标。全省全面实现城乡救助标准一体化，成为继北京、天津、上海、浙江后全国第 5 个实现社会救助标准城乡一体化的省份。

二〇二〇年

1月9日 省委农村工作会议在福州召开。会议强调，要围绕全面建成小康社会和打赢脱贫攻坚战，大力实施乡村振兴战略，加快补上“三农”领域短板，进一步提高“三农”工作实效和水平，推动生活富裕新提升，焕发乡村文明新气象，构建乡村善治新格局，走出具有福建特色的乡村振兴之路。

1月10日 在2019年度国家科学技术奖励大会上，福建省共有14项成果荣获2019年度国家科学技术奖。其中，国家自然科学奖二等奖2项，国家技术发明奖二等奖2项，国家科学技术进步奖一等奖1项、二等奖9项。

1月15日 全省“不忘初心、牢记使命”主题教育总结会在福州召开。会议强调要以主题教育为新的起点，持续推动全省各级党组织和广大党员干部不忘初心、牢记使命的实践深入发展。

1月21日 省委、省政府印发《关于抓好“三农”领域重点工作确保如期实现全面小康的实施意见》。要求对标全面建成小康社会目标，强化举措，狠抓落实，集中力量完成打赢脱贫攻坚战和补上全面小康“三农”领域突出短板两大重点任务，努力推动生活富裕新提升，探索现代乡村产业发展新路径，焕发乡村文明新气象，构建乡村善治新格局，确保脱贫攻坚战圆满收官，确保农村同步全面建成小康社会。

1月23日 全省防控新型冠状病毒感染的肺炎疫情工作电视电

话会议召开。会议强调，全省各地各部门要贯彻“四快一稳一整治”要求，坚持以人民为中心，把疫情监测、防控的各项工作做得更加细致深入、具体周全、扎实到位。按照属地原则，严格落实责任，落细落实措施，坚决防止疫情扩散，确保人民群众过一个健康祥和的春节。

1月24日　根据《福建省突发公共卫生事件应急预案》，福建省启动重大突发公共卫生事件一级响应措施，要求各级各部门严格按照国家关于新型冠状病毒感染的肺炎“乙类传染病，采取甲类管理”的措施，制定周密方案，层层压实责任，确保最严格的科学防控措施落实到位，全力维护人民群众健康安全。

1月30日　省委印发《关于坚决贯彻落实习近平总书记重要指示精神、加强党的领导、为打赢疫情防控阻击战提供坚强政治保证的通知》。

2月6日　省委办公厅、省政府办公厅印发《福建省应对新型冠状病毒感染的肺炎疫情扎实做好“六稳”工作的若干措施》。

2月15日　福建省制定《分区分级差异化疫情防控和有序复工复产工作导则》。以县域为单元，根据新冠肺炎病例迄今发生数量、涉及本地感染的聚集性疫情状况和地理传播风险，将全省84个县（市、区）划分为无疫情区、零星散发疫情区、一般疫情区、较多病例疫情区等4类。

2月23日　省委实施乡村振兴战略领导小组印发《2020年福建省实施乡村振兴战略十大行动重点任务》，在全省组织实施特色产业发展、人居环境整治、乡村生态保护、文明乡风塑造、乡村治理提升、乡村民生改善、农村脱贫攻坚、人才科技支撑、农村改革创新、农村党建引领等十大行动，着力推进100项重点任务落实。

2月26日 根据国家有关法律法规规定和福建省当前新冠肺炎疫情防控形势，从当日24时起，将全省新冠肺炎疫情中风险区由执行突发公共卫生事件一级响应调整为执行新冠肺炎疫情防控省级二级响应，将低风险区由执行突发公共卫生事件一级响应调整为执行新冠肺炎疫情防控省级三级响应。

3月2日 省林业局、省民政厅、省卫健委、省总工会、省医保局联合发布关于加快推进森林康养产业发展的意见，提出森林康养产业发展的目标是依托森林生态景观资源，建设设施齐备、产品丰富、管理有序、服务优良的森林康养基地，培养一批森林康养骨干人才队伍。

同日 福建省出台《关于支持企业恢复发展的若干措施》。3月5日，印发《福建省阶段性减免企业社会保险费实施办法》，以纾解企业困难，推动企业有序复工复产，支持稳定和扩大就业。3月6日，出台《关于全面推进复工复产促进住房城乡建设事业健康发展的若干措施》。

3月11日 省政府办公厅印发《关于全面禁止非法野生动物交易、革除滥食野生动物陋习、切实保障人民群众生命健康安全的通知》。

3月16日 福建省出台《积极应对新冠肺炎疫情影响决战决胜脱贫攻坚十九条措施》。聚焦老区苏区脱贫奔小康，积极克服新冠肺炎疫情对脱贫攻坚的影响，采取针对性的措施，精准施策、精准发力，确保高质量打赢脱贫攻坚战。

3月19日—20日 省十三届人大常委会第十七次会议在福州举行。会议表决通过《福建省人民代表大会常务委员会关于切实保护关心爱护医务人员、营造尊医重卫良好风尚的决议》。这是全国首个尊医重卫决议。

3月27日 省发改委等八部门联合印发《福建省促进“互联网+社会服务”发展实施方案》，推进国家数字经济创新发展试验区建设。

3月30日 省医保局、省财政厅印发《福建省基本医疗保险家庭共济账户使用管理办法（试行）》。福建职工医保个人账户资金可与家人共享，职工医保个人账户资金整体使用效率将进一步提升。

3月31日 福建省出台《关于加快线上经济发展的若干措施》。深入实施数字经济领跑行动，加快发展线上经济新业态新模式，促进线上线下有机融合，增强高质量发展新动能。

3月 福建省出台《关于加快推进重大项目建设促进稳投资的若干措施》，全力推进重大项目建设，积极扩大有效投资。

3月 省级财政及时下达2020年学前教育政府助学金3113万元。政府助学金主要用于幼儿在园期间的保教费及伙食费补助，并根据困难类别进行分类补助，其中对城乡低保家庭幼儿、孤残幼儿、烈士幼儿、优抚家庭幼儿给予每生每年2000元补助，对其他家庭经济困难幼儿给予每生每年1000元补助。

4月8日 省财政安排专项资金持续支持大学生创业。对创业项目的资金扶持采取奖励、以奖代补等方式。自2008年起，省财政已连续13年安排专项资金支持大学生创业。

4月10日 省级财政统筹5.44亿元资金支持“十街十镇、百村千屋”行动。

4月16日 省民政厅、财政厅联合印发《福建省困难老年人家庭适老化改造实施方案》，提出为全省散居特困、低保家庭中的80周岁以上高龄老年人和失能半失能老年人提供家庭适老化改造，从而降低老人在家庭发生意外的风险。

4月22日 厦门市被正式命名为“国家生态园林城市”。这是福建省首个“国家生态园林城市”。

4月24日 省委、省政府印发《实施一二三产业“百千”增产增效行动方案》，把工作重心落到重点行业、重点企业、重点项目上，支持推动优势特色产业和优势企业满产超产，引领产业上下游联动发展，培育发展新动能，实现疫情防控和经济社会发展双胜利。

4月27日 省委办公厅、省政府办公厅出台《关于扎实做好“六稳”工作落实“六保”任务的实施方案》，努力克服新冠肺炎疫情带来的不利影响，在常态化疫情防控中全面推进复工复产达产，恢复正常经济社会秩序。

5月10日 省财政下达第二批中央财政专项扶贫资金6.09亿元，重点支持老区苏区脱贫奔小康。

5月18日 福建省组织重大项目和数字经济重点项目视频连线集中开工，共开工260个项目，总投资1463亿元，其中数字经济项目90个，总投资397亿元。这是继3月18日全省集中开工265个重大项目，总投资1950亿元,4月26日全省“云签约”391个重大项目，总投资7836亿元后又一次集中开工。

5月19日 省政府印发《关于促进中小企业平稳健康发展的若干意见》，出台24条支持措施，贯通产业链供应链堵点断点，促进中小企业平稳健康发展。

5月22日 中国（福建）国际贸易单一窗口4.0版正式上线。这是福建省落实“数字福建”建设，推进跨境贸易便利化的重点项目。

5月31日 省委、省政府审议通过《福建省生态环境监管能力建设三年行动方案（2020—2022年）》。

6月15日 省政府办公厅印发《巩固提升农村供水保障水平实施方案》，提出到2022年，完成3592个村供水巩固提升工程建设，全省农村居民饮水水量、水质达到《农村饮水安全评价准则》规定标准，并保持基本稳定。

7月3日 中宣部向全社会宣传发布了“闽宁对口扶贫协作援宁群体”的先进事迹，授予他们“时代楷模”称号。8月24日，省委发出开展向“时代楷模”闽宁对口扶贫协作援宁群体学习活动的决定。

7月8日 省工信厅等十部门联合印发《关于进一步加快新能源汽车推广应用和产业高质量发展推动“电动福建”建设三年行动计划（2020—2022年）》，旨在强化产业基础能力建设，坚持加快新能源汽车、储能电池和新能源装备推广应用，推动产业高质量发展，建设“电动福建”。

7月9日 福州市区域互联网医院平台上线并开出首张“云处方”。该平台是福建省首个区域互联网医院平台，也是全国首个基于健康医疗大数据打造的区域互联网医院平台。

7月17日 “两岸e账通”项目启动仪式在平潭举行。全国首个银行直联两岸电商平台跨境人民币服务正式上线。

8月9日 全省首个乡镇农村产权服务中心在沙县夏茂镇挂牌成立。

8月17日 省委十届十次全会在福州举行。全会深入学习贯彻习近平总书记对福建工作的一系列重要讲话、重要指示批示精神，科学谋划新的目标和举措。动员全省广大干部群众牢记嘱托、乘势而上、砥砺前行，更好统筹常态化疫情防控和经济社会发展。做好“六稳”工作，落实“六保”任务，加快建设“机制活、产业优、百姓富、生态美”的新福建，全方位推动高质量发展超越，为实现“两个一百年”奋斗目标、促进祖国统一发挥更大作用。全会审议通过《中共福建省委关于深入学习贯彻习近平总书记重要讲话重要指示批示精神，全方位推动高质量发展超越的决定》。

9月7日 省政府办公厅印发《福建省老旧小区改造实施方案》，提出力争用3年时间完成2000年前建成、失养失修失管、市政配套设施不完善、社会服务设施不健全、居民改造意愿强烈的城市或县城（城关镇）住宅小区（含单栋住宅楼）改造工作，加快推动城市更新。

9月8日—11日 2020厦门国际投资贸易洽谈会暨丝路投资大会在厦门举办。此届厦洽会与“云上投洽会”相辅相成，共吸引1018个客商团组参会，包括来自69个国家、地区的境外驻华客商团组248个。线下展览面积达11万平方米。大会期间共有2300多个项目达成合作协议，协议总投资额超8000亿元。

9月19日 第十二届海峡论坛在厦门开幕。9月20日，中共中央政治局常委、全国政协主席汪洋在论坛大会上发表视频致辞。此届论坛以线上线下相结合方式开展青年交流、基层交流、文化交流、经济交流四大版块34场活动，加上福建有关设区市同期举办的12场活动，共46场。

9月22日 福建省出台《关于加强公建民营养老服务机构监管的指导意见》，明确要求公建民营养老服务机构要坚持履行公益职能、坚持养老属性、确保资产安全、实行管办分离、加强服务管理等基本原则，明确监管清单，建立年报制度、检查制度、举报制度、评估制度等。

9月30日 省政府办公厅印发《关于加强历史文化名城名镇名村传统村落和文物建筑历史建筑传统风貌建筑保护利用九条措施的通知》，明确要建立文化遗产普查认定公布责任等9项工作机制，推动各地各有关部门切实保护好不可再生、不可替代的历史文化遗产。

10月12日 “摆脱贫困与政党的责任”国际理论研讨会在福州开幕。中共中央总书记、国家主席习近平向会议致贺信。10月15日，省委常委会会议认真学习贯彻习近平总书记致“摆脱贫困与政党的责任”国际理论研讨会的贺信精神，要求全面完成对口扶贫协作任务，确保全面建成小康社会一个都不能少。

10月12日—14日 第三届数字中国建设峰会在福州举行。此届数字中国建设峰会以“创新驱动数字化转型，智能引领高质量发展”为主题，包括开幕式、主论坛、分论坛、成果展览会、创新大赛、应用场景发布和闭幕式等环节，采用线上线下结合方式举办相关活动。该届峰会共签约数字经济项目426个，总投资3316亿元，涵盖人工智能、5G、工业互联网、区块链等前沿领域。

10月16日 全省深入推进扫黑除恶专项斗争工作会议在福州召开。会议强调，要全力抓好“六清”行动，建立健全长效机制，夺取扫黑除恶专项斗争全面胜利，推动平安福建建设提高到新水平。

10月17日 生态环境部发布《关于命名第四批国家生态文明建设示范市县的公告》和《关于命名第四批“绿水青山就是金山银山”实践创新基地的公告》。漳州市东山县、泉州市永春县2个县被命名为第四批“绿水青山就是金山银山”实践创新基地；三明市宁化县、三明市建宁县、泉州市安溪县、南平市顺昌县、南平市邵武市、龙岩市武平县等6个县（市）被授予第四批国家生态文明建设示范市县称号。

10月20日 全国双拥模范城（县）命名暨双拥模范单位和个人表彰大会在北京举行。福建省19个市（县）获全国双拥模范城（县）称号，实现全省所有设区市连续五届“满堂红”，成为全国唯一获此殊荣的省份。

10月30日 省委常委会（扩大）会议认真传达学习党的十九届

五中全会精神，研究学习宣传贯彻意见。会议要求，全省要迅速兴起学习宣传贯彻党的十九届五中全会精神热潮。要持续深入抓好“大学习”，确保学习宣传贯彻走深走实。要倾听人民呼声，汇聚人民智慧，科学编制福建省“十四五”规划。要扎实抓好统筹疫情防控和经济社会发展工作，确保如期打赢脱贫攻坚战，确保如期全面建成小康社会，为开启全面建设社会主义现代化国家新征程作出更大贡献。

11月6日　省教育厅、财政厅印发省高水平职业院校和专业建设计划实施方案。“福建省高水平职业院校和专业建设计划”（简称省级“双高计划”）正式启动。

11月20日　在全国精神文明建设表彰大会上，福建省宁德市、上杭县、福清市、德化县获得第六届全国文明城市荣誉称号。厦门市、福州市、龙岩市、三明市、莆田市、漳州市、沙县、石狮市、武平县保留全国文明城市荣誉称号。

11月25日　全省抗击新冠肺炎疫情表彰大会在福州举行。表彰为抗击新冠肺炎疫情作出重大贡献的先进个人和先进集体。会议强调要深入学习贯彻习近平总书记在全国抗击新冠肺炎疫情表彰大会上的重要讲话精神，大力弘扬伟大抗疫精神，进一步凝聚全方位推动高质量发展超越的磅礴力量，奋力谱写全面建设社会主义现代化国家的福建篇章。

12月1日　省委召开领导干部会议。会议宣布中央决定：尹力同志任中共福建省委委员、常委、书记，于伟国同志不再担任中共福建省委书记、常委、委员职务。

12月3日　省统计局的数据显示，2019年，福建省人均GDP为107139元，除港澳台地区外，仅次于北京、上海、江苏、浙江，排名全国第五。

12月6日 省财政厅等六部门联合印发《关于加快福建省农业保险高质量发展的实施方案》。提出到2022年，基本建成功能完善、运行规范、基础完备，与福建省农业农村现代化发展阶段相适应、与农户风险保障需求相契合的多层次农业保险体系。

12月14日 省委常委会会议认真学习贯彻习近平总书记在中央政治局常委会会议听取脱贫攻坚总结评估汇报时的重要讲话精神。会议决定，要推动巩固脱贫攻坚成果与乡村振兴有效衔接，严格落实"四个不摘"要求，保持现有帮扶政策，健全防止返贫监测帮扶机制，完善社会保障兜底制度，让脱贫群众逐步走上共同富裕的道路。

12月21日 省委十届十一次全会在福州举行。全会以习近平新时代中国特色社会主义思想为指导，深入学习贯彻党的十九届五中全会精神，听取和讨论了尹力受省委常委会委托作的工作报告。审议通过了《中共福建省委关于制定福建省国民经济和社会发展第十四个五年规划和二〇三五年远景目标的建议》。

12月22日 当日12时37分，福建省首颗卫星"海丝一号"搭载长征八号运载火箭在文昌卫星发射中心发射升空。实现了福建卫星零的突破。

12月23日 全国林业改革发展综合试点市授牌仪式在三明沙县举行。国家林业和草原局为三明市授牌。三明市正式成为全国首个林业改革发展综合试点市。

12月26日 福平铁路正式开通运营，平潭正式开启高铁时代，与福州形成"半小时生活圈"。

本年 福建省做实就业扶贫实名制数据库，研发就业扶贫信息监测平台，实施就业扶贫"挂图作战"。至"十三五"末，全省实现建档立贫困劳动力转移就业15.21万人，就业率100%；公益性岗位安置 13334 人，组织输入宁夏籍贫困劳动力 3757 人。全省 72.07 万贫困人员参加基本养老保险，实现应保尽保、应发尽发、应代缴尽代缴。“福州市定西扶贫劳务协作模式”入选“全球减贫案例”和中组部编写的攻坚克难案例。至年底，全省建成 600 余家社区居家养老服务照料中心，已覆盖全省所有街道和中心城区乡镇。

本年　省发改委、农业农村厅、教育厅、民政厅、财政厅等 14 个部门联合发文，推出 24 项措施，进一步加大对易地扶贫搬迁安置区和搬迁群众的后续扶持力度，确保 2020 年底如期打赢脱贫攻坚战。

本年　福建省出台《全方位推动住房城乡建设高质量发展超越行动计划》《2021 年全省城乡建设品质提升实施方案》等文件，全力推动全省城市更新与功能品质提升，大力建设美丽乡村，深入实施十大重点任务。力争用 3 年时间，推动全省城乡面貌有更明显的变化。

本年　全省公路水路投资逆势增长，首次突破千亿元，达 1048 亿元，沿海港口完成货物吞吐量首次突破 6 亿吨。“十三五”完成投资 4672 亿元，比“十二五”增加 503 亿元，规划的“两纵三横”综合运输通道全面建成，交通服务产业发展、服务新型城镇化、服务新农村建设、服务公众便捷出行的能力显著增强。

本年　全省生产总值 43903.9 亿元。一般公共预算总收入 5158.4 亿元，增长 0.2%；地方一般公共预算收入 3079 亿元，增长 0.9%。居民消费价格总水平上涨 2.2%。城镇登记失业率 3.8%。城镇居民人均可支配收入 47160 元，增长 3.4%。农村居民人均可支配收入 20880 元，增长 6.7%。节能减排任务全面完成。

二〇二一年

1月3日 省林业局、民政厅、卫生健康委员会、总工会、医疗保障局等五部门联合发布2020年福建省首批省级森林养生城市、森林康养小镇和森林康养基地名单。泰宁县、尤溪县入选省级森林养生城市；尤溪县汤川乡、泰宁县梅口乡、武平县城厢镇、清流县嵩口镇、安溪县桃舟乡等5个乡（镇）入选省级森林康养小镇；将乐龙栖山森林康养基地等20个基地入选省级森林康养基地。

1月12日 省政府新闻办召开新闻发布会，宣布在龙岩市上杭县发现晚白垩世（距今约8000万年）恐龙足迹群化石。这是福建在恐龙及其遗迹方面的首次发现。

1月18日 省委、省政府召开全省新冠肺炎疫情防控工作部署会暨省应对新冠肺炎疫情防控工作领导小组（指挥部）第七十次会议。会议强调，要坚持严字当头、周密部署、科学应对，坚持联防联控、群防群控、人防技防相结合，全力以赴做好疫情防控工作。

1月21日 省统计局发布2020年福建省国民经济运行情况。我省实现地区生产总值43903.89亿元。其中，泉州、福州的地区生产总值分别达到10158亿元、10020亿元，首次进入“万亿俱乐部”。

同日 省十三届人大常委会第二十五次会议表决通过《福建省餐饮服务从业人员佩戴口罩的规定》。这是全国首个对餐饮服务从业人员佩戴口罩的专项立法。

1月28日 全省民政工作视频会议公布。2020年我省脱贫攻坚兜底保障网更加密实，全省 13.39 万名建档立卡贫困人口实现兜底保障脱贫城乡低保平均标准提高到 8260 元 / 年，同比增长 12.4%。全省低保对象 51.56 万人，较上年增长 10%。新的一年要将城市低保标准占最低工资比例从 36% ～ 42% 提高到 42% ～ 48%，对老区苏区县低保、特困供养资金补助在原比例基础上再提高 10%。

1 月 30 日　“华龙一号”全球首堆——中核集团福建福清核电 5 号机组投入商业运行，成为全球唯一按计划建成的三代核电。我国成为世界上第六个拥有独立自主知识产权三代核电技术的国家。

1 月　省环境监测中心站在 2020 年度全省生态环境质量分析会议会上介绍：2020 年全省生态环境质量总体保持优良，9 个设区城市空气质量达标天数比例 98.8%，同比上升 0.5 个百分点；全省 12 条主要流域Ⅰ~Ⅲ类水质比例 97.9%，同比上升 1.4 个百分点；县级及以上集中式生活饮用水水源地水质达标率 100%。

2 月 5 日　全省住房和城乡建设工作视频会公布，“十三五”期间，我省积极推动城市品质提升和美丽乡村建设，城乡面貌发生明显变化，居民住房条件改善。“十三五”期间，全省有 70 万户棚户区居民住进新房，27.9 万户困难群众住进公租房，完成农村危房改造 7.06 万户，14 万户建档立卡贫困户实现住房安全有保障，城镇人均住房面积达 43.5 平方米，比全国平均水平高 3.7 平方米。城市综合承载力增强。完成城乡基础设施投资超过 1 万亿元，有史以来投入最大。城市轨道交通实现零的突破，福州、厦门迈入“地铁换乘时代”。新改扩建城市道路 7400 公里，新增城乡公共停车位近 20 万个，新建改造供水、雨水、污水、燃气管网 3 万公里，较“十二五”实现翻番。城乡环境更加宜居。累计建成绿道 6000 多公里，人均公园绿地面积达 15 平方米，建成区绿地率达 40.39%，居全国前列。设区市建成区 87

条黑臭水体基本消除。新扩建垃圾焚烧厂26座，总焚烧处理能力达3.7万吨/日，占总无害化处理能力的77.9%，居全国前列，全省市县生活垃圾无害化处理率达到100%。创建600多个美丽乡村示范村，推进240多条美丽乡村特色景观带建设。建成绿色建筑面积1.78亿平方米。

2月20日 国务院发布的《关于新时代支持革命老区振兴发展的意见》提出，研究支持赣州、三明等城市建设革命老区高质量发展示范区，支持赣州、龙岩与粤港澳大湾区共建产业合作试验区，建设好龙岩、梅州跨境电商综合试验区，支持三明推动海峡两岸乡村融合发展。

2月25日 全国脱贫攻坚总结表彰大会在北京举行。中共中央总书记、国家主席、中央军委主席习近平向全国脱贫攻坚楷模荣誉称号获得者等颁奖并发表重要讲话。习近平宣告，经过全党全国各族人民共同努力，在迎来中国共产党成立一百周年的重要时刻，我国脱贫攻坚战取得了全面胜利，现行标准下9899万农村贫困人口全部脱贫，832个贫困县全部摘帽，12.8万个贫困村全部出列，区域性整体贫困得到解决，完成了消除绝对贫困的艰巨任务，创造了又一个彪炳史册的人间奇迹。习近平强调，伟大事业孕育伟大精神，伟大精神引领伟大事业。脱贫攻坚伟大斗争，锻造形成了“上下同心、尽锐出战、精准务实、开拓创新、攻坚克难、不负人民”的脱贫攻坚精神。全党全国全社会都要大力弘扬脱贫攻坚精神，团结一心，英勇奋斗，坚决战胜前进道路上的一切困难和风险，不断夺取坚持和发展中国特色社会主义新的更大的胜利。

3月1日 省委常委会会议认真学习贯彻习近平总书记在全国脱贫攻坚总结表彰大会上的重要讲话精神。省委书记尹力指出，全省上下要深入学习贯彻习近平总书记重要讲话精神，大力弘扬脱攻坚精神，全面推进乡村振兴，巩固脱贫攻坚成果，为全方位推动高质量发展超越奠定坚实基础。

同日 全省党史学习教育动员大会在福州召开。省委书记尹力强调，要认真学习贯彻习近平总书记在党史学习教育动员大会上的重要讲话精神，按照党中央部署要求，高标准高质量完成我省党史学习教育各项任务。做到学史明理、学史增信、学史崇德、学史力行；学党史、悟思想、办实事、开新局，加快全方位推动高质量发展超越，以优异成绩迎接建党一百周年。4 月，中共福建省委党史学习教育领导小组印发《关于开展“我为群众办实事”实践活动的实施方案》，对我省“我为群众办实事”实践活动进行部署安排。

3 月 16 日 顺昌县国有林场与兴业银行南平分行签订林业碳汇质押贷款和远期约定回购协议。通过“碳汇贷”综合融资项目，林场获得兴业银行 2000 万元贷款。这是我省首例以林业碳汇为质押物、全国首例以远期碳汇产品为标的物的约定回购融资项目。

3 月 22 日—25 日 中共中央总书记、国家主席、中央军委主席习近平先后来到南平、三明、福州等地，深入国家公园、生态茶园、文物保护单位、医院、农村、企业、学校等，就贯彻党的十九届五中全会精神，推动“十四五”开好局起好步，统筹推进常态化疫情防控和经济社会发展等进行调研。习近平强调，要落实党中央决策部署，坚持稳中求进工作总基调，立足新发展阶段、贯彻新发展理念、构建新发展格局，深化供给侧结构性改革，扩大改革开放，推动科技创新，统筹疫情防控和经济社会发展，统筹发展和安全，在加快建设现代化经济体系上取得更大进步，在服务和融入新发展格局上展现更大作为，在探索海峡两岸融合发展新路上迈出更大步伐，在创造高品质生活上实现更大突破，奋力谱写全面建设社会主义现代化国家福建篇章。3 月 26 日，省委书记尹力主持召开省委常委会（扩大）会议，传达学习贯彻习近平总书记来闽考察重要讲话精神，研究学习宣传和贯彻落实工作。

3 月 29 日 工信部赛迪智库发布了《2020 年我国区域制造业营商环境白皮书》。福建省的制造业营商环境排名全国前列。

3 月 根据本月公布的福建省革命文物名录（第一批），全省拥有不可移动革命文物 1657 处，其中全国重点文物保护单位 19 处，省级文物保护单位 225 处，市县级文物保护单位 773 处，一般文物 640 处。可移动革命文物 142581（件 / 套）。全省共登记 28 家革命纪念专题博物馆（展陈馆）。不可移动革命文物和可移动革命文物数量均居全国前列。

4 月 1 日 省委全面依法治省工作会议在福州召开。会议指出，要深入学习贯彻习近平法治思想和中央全面依法治国工作会议精神，学习贯彻习近平总书记来闽考察重要讲话精神，锚定目标、再接再厉，建设更高水平的平安福建、法治福建。

4 月 6 日 厦门大学建校 100 周年庆祝大会在学校建南大会堂隆重举行。大会宣读了习近平总书记致厦门大学建校 100 周年的贺信。厦门大学建校迄今先后为国家培养了 40 多万名本科生和研究生。

4 月 21 日 《福建日报》报道，为贯彻落实《国务院关于新时代支持革命老区振兴发展的意见》，国务院办公厅印发《新时代中央国家机关及有关单位对口支援赣南等原中央苏区工作方案》。福建省 12 个县（市、区）获中央国家机关及有关单位对口支援。工作期限为 2021 年至 2030 年。

4 月 25 日—26 日 第四届数字中国建设峰会在福州举行，主题为“激发数据要素新动能，开启数字中国新征程”。在福建省数字经济签约对接会上，签约数字经济项目 523 个，总投资额达 3188 亿元。福建省与央企项目合作座谈会上共签约央企对接项目 60 项，投资额 2861.84 亿元。

5 月 8 日　闽江流域生态环保督察整改暨综合治理专题会议召开。强调要深入践行习近平生态文明思想，深入打好污染防治攻坚战，深化落实河湖长制，系统推进山水林田湖草生态保护修复，把闽江建设成为安全、健康、美丽、繁荣的幸福河。

5 月 9 日　2021 中国品牌价值评价在上海发布。福建省兴业银行、恒安集团、片仔癀、圣农发展、恒申控股等企业品牌和安溪铁观音、武夷岩茶等区域品牌价值超过百亿元。42 家参评的企业品牌价值达到 5 亿元以上。

5 月 11 日　国务院新闻办公室举行新闻发布会介绍第七次全国人口普查主要数据结果。全国人口共 1411778724 人。福建人口数达 41540086 人，占全国人口比重为 2.94%。在人口性别构成中，全省男性占比 51.68%，女性占比 48.32%，总人口性别比为 106.94。在人口年龄构成方面，0 至 14 岁占比 19.32%，15 岁至 59 岁占比 64.70%，60 岁及以上占比 15.98%（其中，65 岁以上人口比重为 11.1%）。人口受教育情况，我省每 10 万人口中拥有大学（指大专及以上）文化程度的人数为 14148 人；拥有高中（含中专）文化程度的人数为 14212 人；拥有初中文化程度的人数为 32218 人；拥有小学文化程度的人数为 28031 人。我省 15 岁及以上人口的平均受教育年限为 9.66 年。

5 月 13 日　厦门海沧港综合保税区正式开关运作。这是继象屿综合保税区后、厦门第二个获批的综合保税区。

5 月 14 日　全省脱贫攻坚总结表彰大会在福州举行。省委书记尹力指出，在福建工作期间，习近平总书记就矢志不移推进扶贫开发，提出了一系列创新理念，开创了一系列生动实践，为我们创造了宝贵的思想财富、精神财富和实践财富。福建历届省委省政府大力传承习近平总书记的重要理念和重大实践，一以贯之、接续奋斗。党的十八大以来，在以习近平同志为核心的党中央坚强领导下，全省上下全面贯彻落实党中央决策部署，披荆斩棘、栉风沐雨，脱贫攻坚战取得了全面胜利，脱贫地区处处呈现出山乡巨变、山河锦绣的时代画卷。尹力强调，脱贫摘帽不是终点，而是新生活、新奋斗的起点。我们要弘扬伟大脱贫攻坚精神，扎实做好乡村振兴各项工作，全方位推进高质量发展超越。

7 月 1 日　庆祝中国共产党成立 100 周年大会举行。中共中央总书记习近平代表党和人民庄严宣告：经过全党全国各族人民持续奋斗，我们实现了第一个百年奋斗目标，在中华大地上全面建成了小康社会，历史性地解决了绝对贫困问题，正在意气风发向着全面建成社会主义现代化强国的第二个百年奋斗目标迈进。习近平强调，我们要用历史映照现实、远观未来，从中国共产党的百年奋斗中看清楚过去我们为什么能够成功、弄明白未来我们怎样才能继续成功，从而在新的征程上更加坚定、更加自觉地牢记初心使命、开创美好未来。回首过去，展望未来，有中国共产党的坚强领导，有全国各族人民的紧密团结，全面建成社会主义现代化强国的目标一定能够实现，中华民族伟大复兴的中国梦一定能够实现。

后　记

中共福建省委宣传部高度重视“纪录小康工程”地方丛书编纂工作，组建工作专班，加强组织领导，统筹协调工作。省委常委、宣传部长张彦组织召开专题会议研究部署书稿编纂工作。2021 年 5 月初，省委党史方志办接到承担大事记编纂工作任务后，及时成立编纂工作机构，黄誌主任担任主编，林浩、王盛泽、曹宛红（执行）、戴振华、钟健英任副主编，具体工作由曹宛红副主任牵头主抓。室务会议多次专题研究，提出明确要求，制定工作方案，对编纂工作的任务分工、完成时限、具体要求等作了详细安排，确定由市县志指导处为主，省志指导处、研究三处协同承担编纂任务。3 个业务处室抽调业务骨干建立工作专班，组成 3 个小组。张朝阳、曹斌、张维义、李连秀、薛磊、孙洁斐、林春花、曾大林、詹世忠、张欢欢、郑舒参加书稿的编纂工作。秘书处张国珍等负责协调保障，做好与中央党史和文献研究院、省委宣传部等的对接工作。编纂人员在较短时间里完成资料收集工作，主要资料来源为本单位多年来编纂出版的第一轮、第二轮《福建省志》《中共福建省委执政实录》《历史性变革——福建改革开放四十年大事记》《先行的脚步（1978—2008）》，以及《福建日报》等。

编纂过程中，我们始终坚持“党史姓党、方志为党”的理念，坚定政治方向，树牢质量意识，认真严谨，筛选条目，钩沉甄核，求是存真，着力彰显福建省全面小康社会建设的历史发展脉络，努力打造党史方志文化佳作、堪存堪鉴的信史。

2021年6月底，我们如期按照省委宣传部要求的时间节点，提交40多万字的《全面建成小康社会福建大事记》(送审一稿)；后又经过修改，于9月提交了35万字的送审二稿，经省委宣传部审核后上传福建省纪录小康工程数据库。2022年4月，根据中宣部、省委宣传部关于“纪录小康工程”地方丛书编写出版工作的统一部署及要求，我室组织人员，对大事记送审二稿作进一步的审核、论证、修改、打磨，协调对接出版社，将书稿提交专家审阅把关，按期将《全面建成小康社会福建大事记》交付出版。在编纂出版过程中，省直部门相关专家领导、福建日报社、省农业农村厅、福建人民出版社相关负责人和编审人员，以及其他处同志等给予指导、帮助支持，在此谨表谢忱。

由于编纂工作政治性强，时间紧、任务重，加之编者水平所限，书中难免存在疏漏之处，恳请读者不吝指正。

本书编写组

2022年6月